박병천류
진도북춤

박병천류
진도북춤

임수정

민속원

머리말

1991년 박병천 선생님을 찾아뵙고 학습을 한 지 30년 이상의 세월이 흘렀습니다.

30년은 한 세대가 지났음을 의미하는 숫자이고 스승님께서 물려주신 예술세계를 후대에 남겨야 하는 사명감으로, 그 내용들을 책으로 정리하게 되었습니다.

아직도 스승님의 연습실을 찾아갔을 때의 인상이 눈에 선합니다. 북춤을 배우고 싶다고 했을 때 '너의 눈에는 이것이 춤으로 보이더냐?'라고 반문하시며 장단과 음률이 몸에 차오르고 그리했을 때 자연스럽게 추워지는 것이 춤이라고 말씀하셨습니다. 그리고는 가 · 무 · 악의 총체적 학습을 시키셨습니다. 먼저 장단과 설장구를 학습시키셨고, 전통춤사위와 판소리 눈대목을 배우고 하시고 북을 메고 춤을 추게 하셨습니다. 이러한 가 · 무 · 악의 총체적 학습으로 인해 전통춤의 기운생동한 세계에 깊이 빠져들었고, 그러한 시간들이 평생 전통춤의 길을 가도록 만들어 주었습니다.

전통예술에 발을 들여놓으면서 알고 싶은 열망에 쉴 새 없이 달려왔습니다. 박병천 선생님을 만나면서 그 진수眞髓를 알게 되었고, 호흡에 의해서 생겨나는 기운을 장구에 싣고, 장구의 성음에서 전달되는 느낌에 빠져들어 밤새는지 모르게 연습을 하며 마냥 행복해 했습니다. 장단이라는 기氣의 덩어리를 넘나들며 추어지는 춤사위에 매료되어 빠져나갈 수 없는 깊은 늪으로 발을 담갔습니다.

스승님께 학습하며 함께 했던 많은 날과 공연들, 일상의 추억들이 저의 몸 하나하나에 각인이 되어 이제는 공연 때마다 스승님과 하나가 되어 함께 춤을 추고 있다는 느낌을 받곤 합니다. “제대로 학습하면 도道, 즉 갈 길이 보인다”고 말씀하시며 애정을 가지시고 간직하고 계신 많은 예술세계를 물려주셨습니다.

세습무가 집안으로 300년을 넘게 전승되어 온 예술혼이 담긴 전통춤 유산이며 전통예인傳統藝人의 예술적 삶이 집약된 박병천류 진도북춤이 올곧게 후대에 전승될 수 있도록 기록을 남기고자 합니다.

스승님과 함께해 온 삶과 물려주신 예술세계를 역사와 기록이라는 측면으로 지금까지 해왔던 작업을 정리하고 그 가치를 발현시키려 합니다. 스승님 덕분에 30년 이상의 세월이 어찌 흘렀는지 모를 정도로 많은 공연활동과 후학들을 지도하며 살아왔고, 지금도 진행되고 있는 전승활동에 미래지향적인 가치를 담고자 합니다.

스승님께서 2007년 작고하신 후 스승님께서 물려주신 전통춤 유산을 조명하고 후대에 남기기 위해 박병천류 전통춤보존회를 만들고 1대 회장을 맡아 학술대회 및 추모공연을 하며 스승님의 예술세계를 조명하는 일들을 해 왔고, 두 권의 학술대회 자료집을 발간하였습니다. 이 학술대회를 통해서 박병천 선생님의 예술이 춤에서 철학과 역사로의 지평을 확장할 수 있었습니다. 이 자리를 빌어 당시의 학술대회에 힘을 실어주신 박환영 교수님을 비롯한 유족과 채상묵 선생님을 비롯한 전통예술계의 원로분들, 한국공연예술원 양혜숙 이사장님, 그리고 고故 노동은(1946~2016) 교수님과 이병옥 교수님을 비롯한 학계의 저명한 논객들께 다시 감사를 드립니다. 박병천류 전통춤 연구에 소중한 지침이 되었던 학술대회의 자료집을 발췌하여 이 책의 부록으로 수록하고자 합니다.

오묘한 가락, 오묘한 몸짓이라 표현하신 가·무·악의 총체적 에너지가 기운 생동하게 담겨있고, 심장을 고동시키는 북소리로 생기를 불어넣고 만물을 소생시키는 북춤이 춤사위뿐만 아니라 내재 된 의미들과 함께 후대에 영원히 살아나길 바라는 마음을 담아 이

책을 출간합니다.

책이 나오기까지 스승님께서 물려주신 위대한 전통춤 유산인 박병천류 진도북춤을 올곧게 전승하며 곁에서 늘 함께 하고 있는 제자들과 자료를 정리하고 무보화 작업을 도와주신 이희병 선생님, 책으로 세상에 나올 수 있도록 출판해 주신 민속원 홍종화 사장님과 도움을 주신 많은 분들께 감사의 마음을 전해 올리며, 늘 그리운 스승님께 이 책을 바칩니다.

무송舞松 박병천 선생님을 기리며

단월丹月 임수정 근지謹識

팔 벌려 비켜서면 바람도
긴장하고
디딤은 거침없어 눈부시게 맵시 나네
두손의 쌍채는 신명의 여의주인가
사위는 차고 자취는 현란한데
일거일동 흥興의 암호 그 누가 풀리

〈壁江 김명호〉

목 차

무송舞松, 박병천

I

무송舞松, 박병천

2007년 11월 20일 새벽 3시 35분, 세계를 무대로 예술혼을 펼치시며 한국전통예술의 우수성을 널리 알리셨던 인간문화재 박병천朴秉千 선생께서 별세別世하셨다. 선생님의 장례는 5일장으로 치러졌고 아산병원 영안실에 모셔져 많은 문화예술계 명사名士들의 조문을 받은 뒤, 23일 고향인 진도로 모셔졌다. 그날 저녁 선생님의 명복冥福을 빌기 위해 가족들과 제자들, 전국의 예인藝人들, 진도의 고향민이 모여 진도다시래기와 씻김굿을 벌이며 망자의 한恨을 위로하였고, 선생이 가시는 길을 영상으로 담고자 하는 언론사들의 취재 경쟁이 치열하였다. 다음날 선생의 시신屍身이 담긴 상여를 메고 진도만가를 부르며 모든 사람이 세계의 별이 지는 비통함에 애절한 눈물을 흘리며 장지葬地인 진도군 지산면 인지리에 도착, 선생의 시신을 묘지에 안착安着하였다.

(1) 박병천의 일생

박병천 선생은 진도신청珍島神廳의 당장堂長이던 박범준朴凡俊씨와 진도에서 굿을 제일 잘하는 단골무당이던 김소심金小心씨의 2남으로 1933년 11월 18일 진도군 지산면 인지리에서 세습무가世襲巫家의 자손으로 태어났다. 그의 종조부 박종기朴鍾基씨는 대금산조의 창시자이고 당숙인 박만준朴萬俊씨는 피리의 명인이었으며 어머니인 김소심씨와 고모인 박선내朴先乃씨는 당대 제일의 무당이었다. 이러한 가계에서 태어난 선생은

1960년대까지 진도는 물론 인근 지역의 모든 가歌·무舞·악樂을 섭렵하고 1970년대에는 진도 민속예술을 발굴하여 전국민속예술경연대회를 통하여 이들을 발표하게 된다. 72년에는 남도들노래(국무총리상), 74년 강강술래(대통령상), 75년 거문도뱃노래(국무총리상), 76년 진도만가(문공부장관상), 77년 진도다시래기 등의 발표를 통해 남도의 민속예술 복원에 크게 공헌하였으며, 이들 종목의 국가무형유산 지정에 결정적인 역할을 하였다. 그 후 YMCA와 국립극장, 공간사랑 극장에서 자신의 특기인 진도씻김굿을 발표함으로써 1980년 진도씻김굿의 예능보유자(제72호)로 지정되었다.

선생은 진도씻김굿의 가歌·무舞·악樂에 능통할 뿐만 아니라 북춤에도 달인達人이었다. 그의 북춤은 전라남도 무형유산으로 지정된 진도북놀이를 바탕으로 예술화한 춤으로, 진도북놀이는 판소리 고법鼓法의 명인이었던 김득수金得洙의 부친인 김행원(1878~1935)이 창안하였으며 진도북놀이의 예능보유자인 양태옥(1919~2003)에게 사사 받은 북놀이를 그가 독보적인 형태인 북춤(박병천류 진도북춤)[1]으로 탄생시켰다.

선생은 국내뿐만 아니라 해외공연에도 남다른 열의를 보여 82년에는 국제민속예술제의 초청으로 유럽 6개국을 순회공연하고, LA올림픽 개관공연, 니카라과 민속음악제 참여 금상 수상, 85년 독일 베를린 국제민속음악제에 국가대표로 나가 유럽 7개국 순회공연, 94년 Asia Society가 주최한 'KOREA FESTIVAL'에 초청되어 미국순회공연, 99년 인도무역박람회 공연, 국보전 계기 유럽순회 공연, 세계무속 Festival 공연, 2002년 태국에서 열린 세계드럼축제 공연, '전통음악과 춤의 대향연' 일본 공연 등 세계를 무대로 그의 예술혼을 불태웠다. 그 공로를 인정받아 1999년 보관문화훈장을 수여 받기도 했다.

사단법인 민속놀이진흥회 이사장이기도 했던 그는 서울예전, 중앙대, 이화여대, 용인대 대학원에서 강의를 했으며, 한국예술종합학교(전통예술원, 무용원)의 객원교수로 후진양성에 힘을 쏟았고 2003년 목포 대불대학교에 '전통연희학과'를 설립하여 석좌교수로 재직하면서 전통 가歌·무舞·악樂을 체계적으로 학습할 수 있는 토대를 마련하였다.

1 박병천 선생이 정립한 북춤은 오늘날 '박병천류 진도북춤'으로 명명되어 전승·공연되고 있다.

(2) 박병천의 작품세계

선생의 대표적 작품은 '진도씻김굿'과 '진도북춤' '강강술래'이다. 그는 일평생 동안 진도씻김굿의 음악, 춤, 노래를 통해 망자亡者의 한을 풀어주고 왕생극락往生極樂을 기원하였으며, 전통적인 굿판을 무대화하는 작업을 통하여 진도씻김굿의 의식儀式에 사용되는 춤(지전춤, 영돗말이, 고풀이, 길닦음)을 무대예술화시켰다. 또한 그는 징의 연주에 탁월하여 어느 진도 사람은 '박병천 선생이 징을 잡으면 누웠던 환자도 일어나고 소도 일어난다'고 하였을 정도다. 그의 소리口音는 망자의 혼을 부르고, 달래주고, 떠나보내고, 살풀이로 풀어주며 하나하나에 혼이 배어 나온다. 망자를 천상 세계로 인도하는 진도씻김굿의 무의식舞儀式에 기반을 두고 재창조된 선생님의 음악은 '박병천 구음口音 다스름'이라는 음반을 통해 널리 울려 퍼지며 망자의 한을 풀어주고 있다.

1980년대 '국악의 향기'를 통해 선보인 선생의 독보적인 진도북춤은 기존의 북춤과 달리 화려한 북장단과 춤사위를 기본으로 양손에 북채를 쥐고 자유자재로 구사하는 즉흥성과 신명을 바탕으로 춤을 이끌어 나간다. 선생의 진도북춤은 강렬한 북가락과 함께 다양하고 유연한 장구가락을 동시에 가지고 있어, 남성적인 힘과 여성적인 섬세함이 어우러져 독특한 흥과 멋을 함축하고 있는 춤으로 한국의 대표적 전통춤으로 자리매김하였다. 흰 머리띠를 질끈 동여매고 양손에 북채를 쥐고 멋들어진 춤사위와 신명을 펼쳐내며 전국 방방곡곡뿐만 아니라, 세계로 한국의 북소리를 울리며 그의 예술혼을 표출하였다. 이렇듯 선생은 진도씻김굿의 음악과 춤, 진도북춤, 강강술래 등을 무대 예술화시켰고, 세계 여러 무대에서 공연함으로써 한국 전통예술의 우수성을 널리 알렸다.

이외에도 앞에서 언급했듯이 진도의 민속예술(진도만가, 진도다시래기, 강강술래, 남도들노래, 거문도뱃노래)을 발굴, 지도함으로써 이들 종목의 국가무형유산 지정에 결정적인 역할을 하였다.

(3) 박병천의 가르침

박병천 선생은 제자인 필자에게 다음과 같은 가르침을 주셨다. "전통예인藝人들은 가歌·무舞·악樂의 학습을 통해 춤추면 장구를 잡을 줄 알았고 장단을 치면 구음을 할 줄 알았다. 이렇게 가·무·악을 고루 학습해 나가야 전통예술의 맥을 이어가는 것이다. 옛 선인들의 가르침에 '소 같이 배우고 여우처럼 써 먹어라'라는 말씀이 있듯이 지금까지 소처럼 묵묵히, 성실하게 전통예술 전반에 걸쳐 많은 것들을 학습해 왔으니, 이제부터는 여우처럼 학습한 것을 바탕으로 유용하게 활용할 단계이다. 좋은 검劍을 가지고도 활용을 못하면 아무 소용이 없듯이 이제는 지금까지 학습한 것을 바탕으로 새롭게 활용하는 방법을 배워야 한다. 모든 예술은 시대와 함께 발전되어 왔으므로 전통의 원형 보존과 함께 우리 시대에 적합한 형태로의 재창조 작업이 필요하다. 동시대를 살아가는 사람들과 함께 할 수 있는, 공감을 줄 수 있는 이 시대의 새로운 예술양식을 만들어 나가야 한다. 경력이나 이력을 위해 하는 예술이 아니라 정신과 마음을 담아 동시대인들에게 공감을 줄 수 있는 예술세계를 펼쳐 나가길 바란다. 스승에게 배운 것을 이제는 모방이 아니라 자신의 개성을 살려 자신에게 맞는 형태로 발전시켜 나감으로써, 관객과 함께 대화하며 감동을 줄 수 있는 예술인이 되어야 한다. 화려한 기교와 현란한 춤사위에 머무르지 말고, 무한히 깊은 사상을 담아 손 하나만 들고 있어도 그 속에 사상과 감정을 담아낼 수 있는 진정한 예술인으로 성장하길 바란다." 또한 "제대로 학습하면 도道, 즉 창작의 방법이 나온다, 도끼를 갈아서 바늘이 될 때까지 실력을 갈고 닦아라, 동양예술의 핵심인 음陰·양陽을 표현해 낼 줄 알아야 한다, 춤사위만을 익혀 추는 가벼운 춤이 아닌, 음악과 장단을 이해한 무거운 춤을 추거라" 등의 가르침을 주셨다. 선생께서는 필자에게 주신 가르침대로의 삶을 사시며 모범을 보이셨던 이 시대의 진정한 예술인이셨다. 전통적인 굿판과 북춤을 현대적 감각에 맞게 무대 양식화했으며, 진정한 의미의 씻김굿을 하기 위해 북한을 방문하고 백두산에서 한라산에 이르기까지 맺혀 있는 한과 세계 각지에 살고 있는 한민족의 한을 풀고자 하셨다.

(4) 박병천의 춤 철학

박병천 선생이 평소에 말씀하신 춤 철학은 다음과 같다.

춤은 장단에 맞추어 자신의 몸을 움직이는 것이기 때문에 장단과 매우 밀접한 관련성이 있다. 따라서 장단의 구조를 이해하지 못하고선 제대로 춤을 출 수가 없다. 또한 춤은 기화氣化의 과정을 몸으로 나타내는 것이기 때문에, 날숨과 들숨의 효과적인 사용과 맺고 푸는 호흡을 제대로 하지 않고선 본래의 형상을 겉으로 드러낼 수 없다. 춤의 동작에 따라 기氣를 넣는 부위가 다르게 나타나는데, 주로 발바닥(편), 무릎(굽), 궁(자궁), 가슴, 머리 뒷꼭지에 기를 넣고 뺌으로써 여러 가지 기화氣化의 형태를 나타낸다. 따라서 춤꾼에게는 철저한 '기氣넣기' 훈련을 통해 기를 제대로 운용하는 능력이 요구된다. '기넣기' 훈련은 다음과 같은 단계로 이루어진다.

첫째, 몸 전체에서 힘을 빼고 자연스런 호흡에 의한 기氣의 흐름을 지켜보고 몸으로 느껴본다. 즉 공空의 상태를 만든다. 이러한 훈련은 춤을 시작하기 전에 몸을 공空의 상태로 만듦으로써, 자신의 몸을 음악과 하나가 될 수 있게 하는 데 응용된다.

둘째, 공空의 상태에서 발바닥(편)에 순간적인 힘을 줌으로써, 기운氣의 흐름을 일시적으로 정지시키고(맺고) 다시 서서히 힘을 빼면서 기氣가 서서히 몸으로 흐르는 것을 느낀다(푼다). 이런 훈련은 춤의 발동작 중에서 디딤발을 사용할 때 혹은 순간적인 정지동작에 응용된다.

셋째, 무릎(굽)은 발바닥과 같이 순간적인 힘을 가하는 것이 아니라, 서서히 숨을 들이마시면서 무릎을 올리고 숨을 서서히 내쉬면서 무릎을 내린다. 이런 훈련은 춤의 발동작 중에서 여물썰기에 응용된다.

넷째, 궁(자궁)에 기를 넣은 방법은 두 가지가 있다. 자궁에 순간적인 힘을 주어 발바닥(편)에 힘을 주는 것과 같은 원리로, 기를 정지시키고(맺고) 서서히 기를 흐르게 한다(푼다). 다른 방법은 우주의 모든 기운을 자궁으로 빨아들이듯이 서서히 숨을 들이마시면서, 자궁 속으로 기운을 빨아들여 온몸 전체에 기가 퍼지는 것을 느끼게 하는 방법이다. 이런 훈련은 서서 짓는 동작을 하거나 잔발로 서서히 기운을 일으킬 때 응용된다.

다섯째, 숨을 들이마셔서 생긴 기氣를 머리 뒷부분으로 끌어 올리는 훈련이다. 이때는 기가 머리 뒷부분에 왔을 때 순간적으로 머리 뒷부분에 힘을 줌으로써, 기의 흐름을 일시 정지시킨다. 춤의 동작 중 일시적인 정지 동작은, 순간적으로 숨을 멈춤과 동시에 발바닥과 자궁과 머리 뒷부분에 힘을 주어 기의 흐름을 정지시킨다.

춤을 추는 데 있어서 가장 중요한 점은 몸의 중심 즉 자신의 축을 아래로 눌러 무겁게 기氣를 움직이는 것이다. 또한 어깨가 살아있으면 춤이 가볍게 보이기 때문에 어깨를 눌러놓고, 엉덩이에 힘을 주어 전체의 무게를 아래로 내려 눌러야 한다. 예로부터 소리를 잘하면 '공력있다', 장단을 잘 치면 '가락좋다'라는 말을 사용했듯이 춤을 잘 추면 '무검질좋다(무겁게 잘춘다)'라는 말을 사용한 것도 이 점 때문이다. 또한 장단의 원리를 알고 자신의 기를 잘 운용하면서 춤을 추는 춤꾼에게는 지무知舞라는 말을 사용했다. 춤은 크게 앞으로 가기, 뒤로가기, 옆으로 가기, 서서놀기, 돌기, 앉았다 일어서기, 뛰기의 7가지 형태로 나타난다. 따라서 7가지 형태에서 나올 수 있는 춤사위와 발동작을 완전히 몸으로 익힌 후, 실제의 판에서는 판의 형태에 맞게 이것을 응용하면 지금과 같이 짜여진 형태가 아닌 자유로운, 해방된 춤판을 벌릴 수 있다.

박병천 생애사*

舞松 박병천朴秉千

중요무형문화재 제72호 〈진도씻김굿〉 예능보유자

대금명인 박종기朴鍾基의 종손자

진도 세습무가世襲巫家 출신 - 진도씻김굿의 명인 박범준과 진도 최고의 단골 김소심의 둘째 아들로 태어남. 부모와 당숙 박만준, 고모 박선내, 당숙모 한씨에게 무가와 무악을 사사 받음.

1933년 전라남도 진도군 지산면 인지리 출생(11월 18일)

1952년 목포상선전문학교 졸업

1971~1974년 전국민속예술경연대회 - 남도들노래(국무총리상), 강강술래(대통령상), 진도만가(문공부장관상) 지도

1976년 〈진도다시래기〉 복원발표 지도

1978년 〈진도씻김굿〉 서울YMCA에서 공연

1980년 중요무형문화재 제72호 〈진도씻김굿〉 예능보유자 지정

1981년 박병천 문화재전수관 개설(서울)

1982~1995년 한국문화재보호재단 공연단 악장 및 예술감독

1987~2007 전통연희협회 이사장 역임

2007년 11월 20일(75세) 작고 시까지 사단법인 민속놀이진흥회 이사장

한국예술종합학교 전통예술원 초빙교수 역임

대불대학교 석좌교수 역임

수상

1971년 제 12회 전국민속예술경연대회 남도들노래 지도. 국무총리상

1972년 제 13회 전국민속예술경연대회 강강술래 지도. 국무총리상

1973년 제 14회 전국민속예술경연대회 강강술래 지도. 대통령상

1974년 제 15회 전국민속예술경연대회 진도만가 지도. 문화공보부장관상

1975년 〈거문도뱃노래〉 발표

1976년 〈진도다시래기〉 발표

1999년 대한민국 보관문화훈장 수훈

음반

〈박병천 구음다스름〉

〈한국의 슬픈소리〉

〈박병천의 씻김〉

〈강강술래〉

해외공연

1982년 국제민속예술제 초청 유럽 6개국 순회공연

1984년 LA올림픽 개막축제공연. 니카라과 민속음악제 금상

1985년 베를린 국제민속음악제 국가대표 유럽 7개국 순회공연

1988년 서울올림픽 개막식 〈화합〉협동안무

1990년 LA 아·태지역 토속신앙 페스티벌 공연

1994년 아시아 소사이어티 초청공연 〈진도씻김굿〉 미국 순회공연

1999년 독일 오스트리아 빈 이탈리아 유형문화 전시·무형문화재 공연. 독일 세계문화의 집 초청 공연

2000년 DMZ 2000 임진각 공연

2000년 백남준 비디오 씻김공연 지도 및 출연

2005년 러시아 나라 음악 큰잔치

2006년 몽골제국 건국 800주년 기념공연

2007년 한·베트남 수교 15주년 기념공연

* 『악·가·무 명인 박병천의 예술세계』(2014년 박병천선생 추모 학술세미나 자료집)의 내용.

박병천류 진도북춤의 예술적 형식

II

▮연구목적 및 필요성▮

춤과 북가락이 절묘한 조화를 이루며 표출되어지는 한국의 대표적 전통춤으로 자리매김한, 가歌·무舞·악樂 명인이었던 박병천 선생이 남긴 전통문화유산인 '박병천류 진도북춤'의 독특한 예술적 양식을 고찰하고, 후대에 전승될 수 있는 토대를 마련하고자 한다.

▮연구방법 및 내용▮

다음과 같은 방식으로 연구를 진행하였다.

- 문헌연구와 선행연구 검토 - 박병천류 진도북춤에 관해 연구된 선행논문*을 검토하였다.
- 채록 - 필자가 박병천 선생에게 진도북춤을 학습하며 녹화한 영상자료를 분석하여, 진도북춤의 특성과 구성양식을 도출해 내었다.
- 춤사위의 구성 및 특징 연구 - 박병천류 진도북춤에 담긴 특징적인 춤사위를 도출하여 기록하였다.
- 음악과 복식, 소품 연구 - 박병천류 진도북춤에 사용된 음악과 복식, 소품에 관한 내용을 정리하였다.
- 예술적 특징 고찰 - 박병천 선생의 예술관과 박병천류 진도북춤에 담긴 예술적 표현기법들을 고찰하였다.

▮연구배경▮

한국을 대표하는 전통 예인인 박병천 선생의 예술세계가 담긴 박병천류 진도북춤에 관한 기존 연구는, 일부 요소만을 다룬 사례가 대부분으로 총체적 접근이 미흡하다. 또한 도제식 교육에 기반한 전승 방식의 특성상, 오랜 시간 동안 학습을 하며 익혀야 하는 춤의

* 선행논문 및 단행본의 목록은 참고문헌에 제시하였다.

내재된 원리보다 겉모습만을 기술한 연구가 주를 이루어 춤의 본질에 접근하지 못하고 있다. 이에 본 연구는 오랜 기간을 걸쳐 쌓아온 춤사위·장단·음악을 통합적으로 고찰하는 구체적이고 종합적인 분석을 통해, 학술적 기반과 올바른 전승체계를 확립하고자 한다.

▌연구결과▐

가·무·악 일체의 학습이 사라진 채로 전통춤이 추어지고 있는 현 상황에서, 춤과 장단과 음악이 절묘한 조화를 이루는 독특한 양식인 박병천류 진도북춤에 나타난 예술양식을 규명하고, 이를 바탕으로 체계적인 전통춤 학습방법을 제시할 것이다. 특히 춤사위의 기교에만 얽매이며 학습, 전승되고 있는 현실 속에서 전통춤이 지닌 본연의 의미를 회복하고, 전통예인 박병천 선생이 담아낸 역동성과 예술철학을 학술적으로 정립하는데 기여할 것이다. 또한 박병천류 진도북춤에 담겨 있는 다양한 장단 기법과 전통적 춤사위 및 예술적 특성을 정리함으로써, 전통춤 유산으로 후대에 영원永遠히 전승될 수 있는 토대를 마련할 것이다.

I.

박병천류 진도북춤의 형성배경

한국의 북춤은 타악 연주와 춤사위를 결합한 독특한 형식으로 오직 무용동작만으로 표현되는 여타의 춤과 달리 음악과 움직임이 융합되어 시청각적으로 생동감 있고 역동적인 미감을 제공한다. 그 중 가歌·무舞·악樂에 능통한 전통예인傳統藝人 박병천朴秉千(1933~2007)에 의해 예술적으로 체계화된 진도북춤은 음악(樂), 춤(舞)이 통합된 형태로서 복합적인 북가락, 표현적인 춤사위, 그리고 한국적 미감의 핵심 개념인 신명을 구현한 대표적 전통춤이다. 한국의 북춤은 한 손에 북채를 들고 북을 연주하며 춤을 추는 외북춤과 양손에 북채를 들고 북을 연주하며 춤을 추는 양북춤이 있다. 박병천류 진도북춤은 양손을 사용하여 북의 양쪽 면을 넘나들며 북을 연주함으로써 가락에 음·양이 생성되고, 춤사위에 음·양을 담은 춤으로 북소리는 강렬하고 춤사위는 화려하게 펼쳐진다. 변화무쌍한 북가락과 다양한 춤사위를 바탕으로 양손에 북채를 들고 자유자재로 장단을 구사하며, 다채로운 춤사위와 신명으로 춤을 이끌어간다. 강렬한 북가락과 함께 다양하고 유연한 장구가락을 동시에 가지고 있어 역동적인 힘과 섬세함이 어우러져 독특한 흥과 멋을 함축하고 있는 춤이다.

1) 유래 및 역사

박병천류 진도북춤의 유래는 모내기를 할 때 치는 북이라는 뜻인 모북(모방구, 못방구)[1]

과 농악 판굿의 개인놀이인 설북놀이에서 그 유래를 찾을 수 있다. 진도에서는 모내기를 할 때 줄이 틀린 모폭이나 떠있는 모를 지적하는 신호용 악기로 북이 사용되었고, 모북을 칠 때 북수는 큰 삿갓을 쓰고 양손의 북채를 갈라쥐고 북을 치며 들노래 맞추어 흥을 돋우며 모내기를 지휘하는 역할을 하였다. 또한 진도의 신청농악, 소포농악 등에서 연행되던 판굿의 개인놀이를 할 때, 북놀이의 설북주자가 개인기를 발휘하여 독창적이고 즉흥적인 북가락과 춤사위를 발휘하였다.

섬 지역인 진도에서는 제작하기 수월한 북이 장구를 대신하여 다양한 가락을 연주하기 위해, 양손에 북채를 들고 연주하며 놀이하는 문화가 형성되었다. 박병천류 진도북춤[2]은 이러한 북놀이의 문화를 바탕으로 우리 고유의 전통예술을 전수, 육성하여 창악, 기악, 춤, 무악, 농악 등을 전수하던 신청神廳의 학습을 통해 가·무·악에 통달하였던 예인藝人 박병천에 의해, 향토적 색채와 더불어 다양한 가락과 춤사위, 공간 활용, 음양陰陽의 원리, 전통적 춤의 어법과 미의식 등을 담아내며 예술적인 춤으로 정착되었다. 1980년대 초반부터 서울의 무대[3]에 선보인 박병천의 북춤은 무용계에 알려지면서 '84 무용예술큰잔치-민속무용의 밤'(1984.11.14. 국립극장 대극장)공연에 초청되어 공연하였고, '10회 아시안게임 문화예술축전(1986. 9.20. 국립극장대극장)', '신년맞이 전통명무공연(1987.1.2~4. 문예회관 대극장)'의 공연을 통해 박병천류 진도북춤의 구성과 특징을 갖추었다.[4]

1 진도에서는 모심기를 할 때 일꾼들의 뒤편에서 농악을 치지만 북을 치는 사람은 일꾼들의 앞편에서 왔다 갔다 하면서 양북을 친다. 이것을 '모북', '모방구'라고 한다.(백혜경, 「진도북춤의 춤사위 연구: 박병천류를 중심으로」, 동덕여자대학교대학원 석사학위논문, 2001, 21쪽)

2 풍물춤이 갖고 있는 즉흥성과 신명성을 살려내는 한편 기교적이고 세련된 춤사위를 보여주면서 다양한 미적 감흥을 불러 일으킨다.(문근성, 「날뫼 북춤과 진도 북춤의 비교 연구」, 중앙대학교대학원 석사학위논문, 1997, 40~41쪽)

3 1981년 한국의 집 마당에서 열린 '제1회 전국무속예술발표회'에 출연한 박병천선생의 당시 북춤은 즉흥성이 강했다.(이치헌, 『무송(舞松) 박병천』, 문보재, 2021, 127쪽)

4 김영희, 「박병천류 진도북춤의 공연 현황」, 『舞松 박병천 '전통춤 유산' 재조명 』, 악(樂)·가(歌)·무(舞) 명인 박병천 9주기 학술심포지움, 2016, 68쪽.

2.

복식 및 무구

1) 복식

① 박병천류 진도북춤의 복식은 남성의 복식과 여성의 복식이 다르게 나타난다.

아래의 사진에 나타나듯 남성은 흰색저고리와 바지를 착용하고 버선이나 버선 모양의 흰색신발[5](白色鞋)을 착용한다.

박병천 공연사진 1

박병천 공연사진 2

박병천 공연사진 3

박병천 공연사진 4

5 앞부분이 버선코 모양의 신발이라는 뜻으로 '코슈즈'라 불리기도 한다.

② 여성은 흰색 혹은 미색저고리와 흰색 혹은 붉은색, 감물색치마를 착용하거나, 치마, 저고리 위에 쾌자를 착용하고 삼색띠를 매기도 하는 등 다양하게 나타난다[6]. 버선이나 버선 모양의 흰색신발을 착용한다.

치마, 저고리

쾌자 1

쾌자 2

삼색띠

흰 띠

버선, 백색혜(白色鞋)

6 필자도 공연 때마다 박병천 선생님의 제안에 따라 다양한 형태의 의상을 착용하였다. 여성에게 정해 놓은 의상이 없는 상태라 현재는 여러 형태로 변화되어 착용되고 있다.

필자가 박병천 선생에게 사사 받으며 공연을 한 영상자료의 의상들을 제시하면 다음과 같다.

1994년도 공연[7]에서는 흰색저고리, 흰색치마에 북을 메고 붉은색 쾌자를 입었고
1995년도 공연[8]에서는 분홍색저고리, 남색치마에 북을 메고 붉은색 쾌자를 입었다.
1999년도 공연[9]에서는 비취색저고리, 자주색치마를 입고 북을 메었고
2008년 공연[10]에서는 흰색저고리, 겨자색치마를 입고 붉은색 쾌자, 삼색띠를 하고 북을 메었다.
2009년 공연[11]에서는 미색저고리, 붉은색치마를 입고 흰색띠를 하고 북을 메었고
2019년 공연[12]에서는 흰색저고리, 붉은색치마를 입고 흰색띠를 하고 북을 메었다.

①

②

7 1994년 Asia society 초청 미국공연(미국, 시카고)
8 1995년 임수정 舞 · 樂 발표회(서울, 예음홀)
9 1999년 임수정의 '오묘한 가락, 오묘한 몸짓'(서울, 민속박물관)
10 2008년 임수정 전통춤판 '예혼'(서울, 국립국악원 예악당)
11 2009년 임수정 전통춤판 '무향'(서울, 남산국악당)
12 2019년 임수정 전통춤판 '춤푸리'(서울, 한국문화의집 KOUS)

① 1994년 공연, 악사 모습(박병천 선생님 장구연주 모습)
② 1994년 공연, 흰색저고리, 흰색치마에 북을 메고 붉은색 쾌자를 입은 모습
③ 1995년 공연, 박병천 선생님과 함께
④ 1995년 공연, 분홍색저고리, 남색 치마에 북을 메고 붉은색 쾌자를 입은 모습
⑤ 1999년 공연, 박병천 선생님과 함께
⑥ 1999년 공연, 비취색저고리, 자주색치마를 입고 북을 멘 모습

⑦ ⑧ 2008년 공연, 흰색저고리, 겨자색치마를 입고 붉은색 쾌자, 삼색띠를 하고 북을 멘 모습
⑨ ⑩ 2009년 공연, 미색저고리, 붉은색치마를 입고 흰색띠를 하고 북을 멘 모습
⑪ ⑫ 2019년 공연, 흰색저고리, 붉은색치마를 입고 흰색띠를 하고 북을 멘 모습

2) 무구

① 북은 주로 소나무로 제작하며, 소가죽을 씌운다. 크기는 1자 2치·3치·4치 등이 있으며, 지름은 약 36~42㎝, 북통의 너비는 24~30㎝ 정도이다. 종류로는 궁편과 채편을 가죽끈으로 연결한 줄북과, 나무를 통으로 깎아 궁편과 채편에 징을 박아서 고정한 통북이 있다. 북채는 박달나무, 탱자나무, 홍목, 흑단과 같은 단단한 나무를 사용하여 만들고, 왼쪽 북채가 오른쪽 북채보다 짧으며[13] 손잡이 부분이 얇다. 북채의 끝을 둥글게 제작하여 양손으로 북가락을 연주하기 적합하게 변화시켰다.

줄북

통북 1

통북 2

박달나무 북채

홍목 북채

흑단 북채

13 왼쪽 북채는 오른쪽 북면으로 넘겨 치기 때문에 양쪽 북채가 서로 부딪치는 것을 방지하도록 더 짧게 제작된다.

② 북을 몸에 고정하기 위해 북끈은 두 개를 사용한다. 흰색으로 제작하여 하나는 왼쪽 어깨에 메고 북을 가슴 아래에 두고, 하나는 허리에 메어 북을 고정한다. 소재는 소창 혹은 광목을 사용한다.

북끈(어깨끈, 허리끈)

북에 북끈을 맨 모습(위)

북에 북끈을 맨 모습(아래)

북을 멘 모습(앞)

북을 멘 모습(뒤)

북채를 잡은 모습

3.

음악 구성

박병천 선생은 진도북춤을 표현할 때 오묘한 가락, 오묘한 몸짓이라 표현하며 장단 가락의 중요성을 강조하였다.[14] 그는 국가무형유산 진도씻김굿의 보유자로서 장단을 주관하고 음악의 흐름을 이끌었기 때문에, 전통예술의 실체가 장단의 기화氣化로 나타나고 있음을 체득하였다.

필자는 박병천의 장단론[15] 대한 연구를 하며 진도씻김굿에 사용되는 장단을 박병천 선생에게 사사하고, 그 내용을 정리하여 책으로 출간하였고[16] 공연으로 발표하였다.[17] 신청농악에 쓰이는 장단 역시 박병천 선생과 대담과 실기를 통해 학습을 하고, 그 내용들을 정리하여 논문으로 발표하였다.[18]

14 "자기가락을 자기가 알아야 올바른 몸짓이 나온다고 생각합니다. 오묘한 장단을 알아야 정녕 오묘한 춤이 나오는 것이지요. 거기에 직선과 곡선이 조화하며 장단은 음과 양이 어울려야 합니다."(이치헌, 앞의 책, 2021, 132쪽)

15 노동은 · 임수정 · 이수정, 「박병천과 신청음악」, 『민족음악의 이해』, 1994.

16 임수정, 『한국의 무속장단』, 민속원, 1999.

17 1995년 임수정 舞 · 樂 발표회(서울, 예음홀)

18 노동은 · 임수정 · 이수정, 앞의 글, 1994, 135~143쪽.

박병천류 진도북춤의 실체에 있어, 진도씻김굿에 사용되는 장단의 기술과 신청농악이 박병천류 진도북춤의 구성에 있어 미친 영향과 부분들을 살펴보고자 한다.

박병천류 진도북춤의 장단은 다음과 같다.

1) 장단[19]

장단의 변화에 따라 입장 자진모리 - 굿거리 - 자진모리 - 동살풀이 - 휘모리 - 호성虎聲 - 마무리 굿거리로 구성되어 있고, 장단은 굿거리장단, 자진모리장단, 동살풀이 장단, 휘모리장단[20]으로 구성되어 있다.

① 입장 부분은 자진모리장단이며 기본형은 다음과 같다.

19 박병천류 진도북춤의 반주음원(박병천 녹음 음악 - 1994, 2002, 2007)을 바탕으로 장단구조를 분석하였다.

20 각 장단의 장구 표기법은 다음과 같다.

① 왼손 타법

 : 손바닥으로 왼편 가죽(북편)을 편안하게 치는 타법

 : 손바닥으로 두 번을 빠르게 겹쳐치는 타법

 : 손바닥으로 북편을 눌러 울림을 잡는 타법

② 오른손 타법

 : 채를 사용하여 오른편 가죽(궁편)을 편안하게 치는 타법

 : 채 끝부분을 사용하여 궁편을 가볍게 치는 타법

 : 채 끝부분으로 여러 번 굴려서 치는 타법

 : 채로 두 번을 빠르게 겹쳐치는 타법

③ 양손 타법

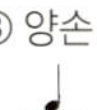 : 왼손바닥과 오른손의 채를 동시에 치는 타법으로 장구의 울음을 열어준다.

 : 왼손바닥과 오른손의 채를 동시에 치는 타법으로 장구의 울음을 닫는다.

〈악보 1〉 자진모리장단

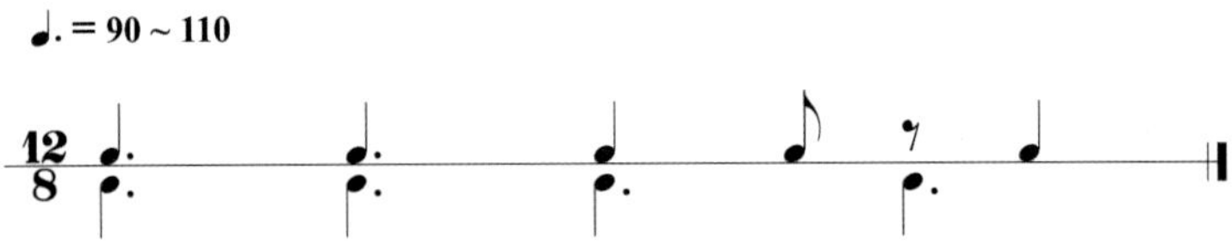

② 굿거리 부분은 굿거리장단이며 기본형은 다음과 같다.

〈악보 2〉 굿거리장단

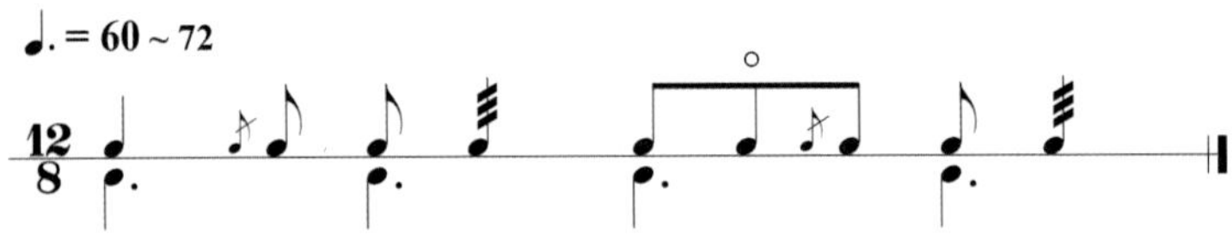

③ 자진모리 부분은 자진모리장단이며 기본형은 다음과 같다.

〈악보 3〉 자진모리장단

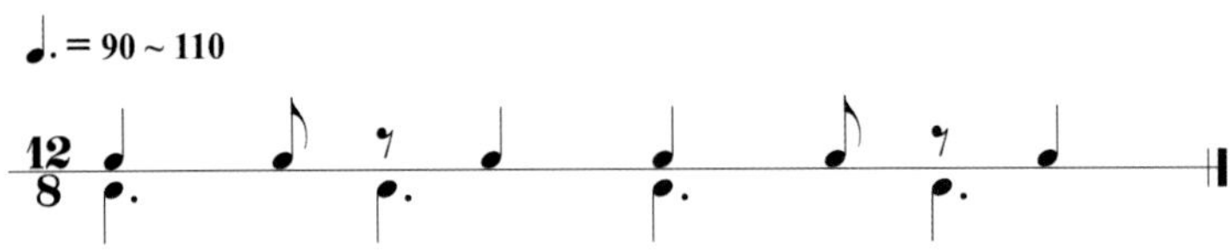

④ 동살풀이 부분은 동살풀이장단이며 기본형은 다음과 같다.

〈악보 4〉 동살풀이

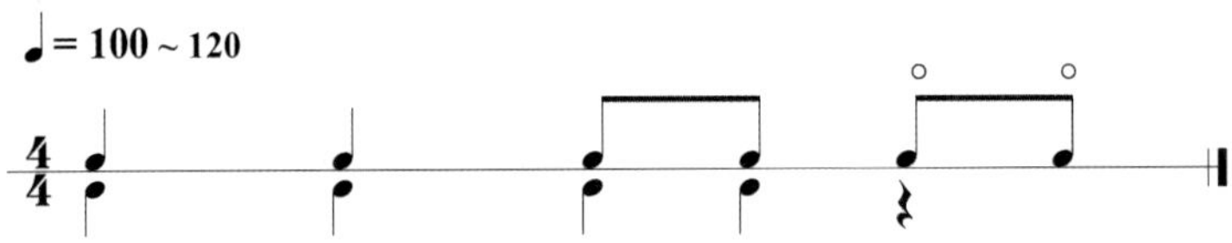

⑤ 휘모리 부분은 휘모리장단이며 기본형은 다음과 같다.

〈악보 5〉 휘모리장단

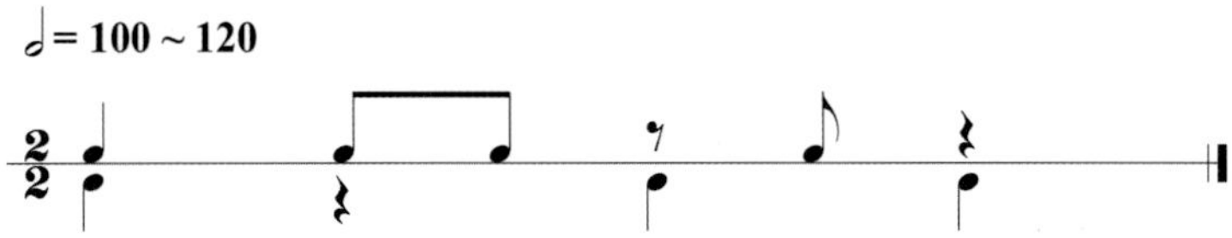

⑥호성 부분은 설장구의 후두둑 가락과 같은 방식으로 점점 몰아친다.

〈악보 6〉 호성 가락

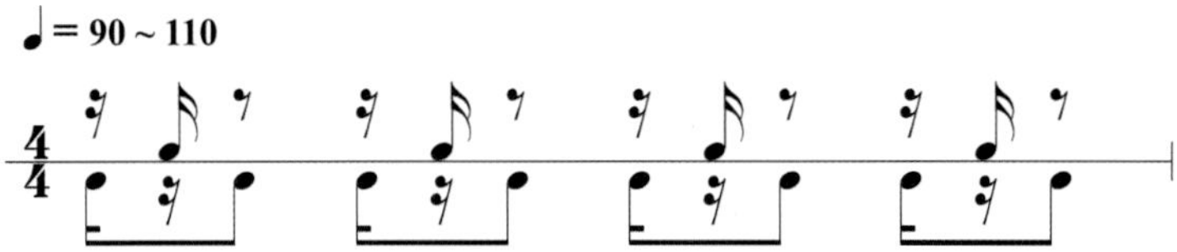

각 장단을 설명할 때 박병천 선생이 강조한 부분과 북춤[21]의 장단이 담고 있는 구성원리들을 살펴보면 다음과 같다.

(1) 애기어깨

굿거리장단을 칠 때 '애기어깨'를 넣어 쳐야 한다고 강조하였다. 애기어깨는 호흡과 관련된 용어로 정상적인 호흡(정박)에서 살짝 머물렀다가 다음 박에 호흡을 몰아치는 것을 말한다. 즉 정박보다 약간 늦추어서 비끌어 들어간다. 이 용어는 장단뿐만 아니라 소리,

21 박병천선생이 필자를 가르칠때는 '북춤'이란 용어를 사용하였기에 박병천선생의 설명부분에서는 북춤으로 사용한다. 박병천선생의 북춤을 '진도북춤'이란 명칭으로 공연명에 붙인 것은 다른 북춤과의 양식의 차별성을 두기 위해 붙여진 것이다.

춤에도 사용되고, 북춤에서 굿거리 부분에 넘실~, 넘실~ 대면서 춤을 표현하라고 강조한 부분에 애기어깨 기법을 사용한다. 장단의 느낌을 알아야 춤사위로 발현될 수 있는 대표적인 예이다.

(2) 모실장단

같은 장단을 쳐도 음·양을 모르고, 강·약을 갖추지 않고 치는 장단을 일컬어 '놀러다니는 장단'을 친다는 의미로 '모실장단'이라 한다. 자진모리장단과 동살풀이장단은 두 개의 장단이 짝을 이루어 음과 양의 장단으로 되어 있고, 그 장단에 맞게 북춤의 춤사위를 구성하였다. 굿거리장단의 북가락 변주에도 대삼·소삼을 넣어야 장단에 맞는 몸짓이 형성되며, 이는 자진모리, 동살풀이장단의 북가락을 연주할때도 적용이 된다.

(3) 장단이 집을 이룬다

굿거리장단, 자진모리장단, 동살풀이장단은 집을 이루어 단락이 구성되고, 북춤의 춤사위 역시 집을 이루어 흐름이 구성된다. 두 장단 이상이 하나의 단락을 이룰 때 '장단이 집을 짓는다'라고 말한다. 북춤의 춤사위를 구성할 때 장단의 단락을 이루는 집을 먼저 짓고, 장단에 맞는 춤사위를 구성하고 있다.

(4) 끌채의 사용

연주되고 있는 장단의 뒷부분에 다음에 연주될 장단의 요소를 미리 끌어당겨 연주하는 것을 말한다. 북춤에서도 굿거리장단에서 자진모리장단으로 변화시킬 때, 자진모리장단에서 동살풀이장단으로 변화시킬 때 이런 기법을 사용하여 춤의 흐름이 끊기지 않고 자연스럽게 다음 장단으로 연결된다.

(5) 장단의 넘나듬

진도씻김굿에 사용되는 흘림장단은 2분박 4박자(4/4)로, 박병천선생은 흘림의 속도가 빨라지면 동살풀이장단이 되고 동살풀이장단이 빨라지면 휘모리가 된다고 설명하였다.

실제로 동살풀이 한 장단 안에 휘모리가 두 장단 연주될 수 있다. 그 원리를 알고 있기에, 동살풀이 춤사위 중간에 휘모리 장단으로 북가락을 연주하고 다시 동살풀이장단과 춤사위로 환원시켜 느낌의 변화를 일으킨다. 이는 장단의 원리를 알지 못하면 표현해낼 수 없는 탁월한 구성방식이다. 동살풀이 안에 들어가는 휘모리 연주 부분의 리듬 형태는 흘림을 변주했을 때 리듬과 같다.[22] 이 부분을 박병천 선생은 '다스름'이라 칭했고, 북춤에서도 이 리듬 형태를 '다스름'이라고 명명했다.

(6) 품앗이, 꼭지장단

품앗이[23]는 북춤에서 악사와 주고 받는 부분으로 쇠악기와 가죽악기가 서로 주고 받으면서 연주하는 형태를 일컫는다. 이는 신청농악(신청굿)[24]에서 나오는 품앗이 장단을 북춤에 활용한 부분으로, 신청농악의 판굿에서는 상쇠편과 부쇠편이 서로 주고 받으며 가락을 연주한다. 꼭지 장단 역시 신청농악에서 사용하는 장단을 북춤에 활용하였다.

(7) 동살풀이장단

신청농악에서 후원을 돌 때(오방돌기라고 한다) 치는 장단으로 북춤의 장단에 활용되었음을 알수 있다. 신청농악의 동살풀이장단과 설장구에 사용되는 동살풀이나 장단[25]을 활용하여 북춤의 북가락과 춤사위을 구성하였다.

22 임수정, 앞의 책, 1999, 237쪽.

23 '품앗이 장단' 혹은 '품앗이 가락'이라는 용어로 사용한다, '품앗이가락'은 가락 자체가 악사와 품앗이를 한다는 전제가 있기 때문인지 박병천류에서만 활용될뿐 나머지 세 유파에서는 두드러지지 않는다. 이를 통해서 박병천류가 타 유파에 비해 악사를 전제하고 있는 춤적 요소가 많다는 점을 알 수 있다.(이윤선, 「진도북춤의 유파별 특성을 통해서 본 놀이와 춤의 상관성」, 『대한무용학회논문집』 48, 대한무용학회, 2006, 201쪽)

24 신청에서는 한해의 경비를 마련하기 위해 춘추양동(1년에 2번)으로 신청굿(걸립굿)을 차리게 되는데 신청굿을 차릴 때는 전국에서 평상시 풍물을 치던 사람들이 모이게 되고 이들 중에서 심사를 해서 인원을 편성한다. 인원이 편성되면 신청에서 모든 경비를 다 대주며 연습을 시킨다. 농악을 치던 당대의 유명한 잽이들로 편성되었고 이들이 하는 농악이 신청농악이다.(노동은 · 임수정 · 이수정, 앞의 글, 1994, 135쪽)

25 박병천선생은 필자에게 선반 설장구를 가르치며 동살풀이 장단을 익히게 하였다.

살펴본 바와 같이 박병천류 진도북춤의 장단은 씻김굿에 사용되는 장단의 기법들과 신청농악의 장단들이 결합되어 이루어져 있다. 박병천선생은 이러한 요소들을 체화하여 자신의 북춤의 가락[26]과 춤사위에 오묘하게 담아내었다.

다음은 각각의 장단에 사용되는 북가락의 변주형태를 살펴보고자 한다.
북가락의 표기법은 다음과 같다.

2) 북가락 표기법

〈표 1〉 북가락 표기법

타법	표기	설명
왼손 타법		북채로 궁편(북의 왼쪽면)을 치는 타법
	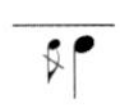	북채로 두번을 감아서 궁편을 빠르게 치는 타법
		북채로 채편(북의 오른쪽면)을 치는 타법
	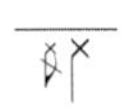	북채로 두 번을 감아서 채편을 빠르게 치는 타법

26 박병천 선생은 "북의 소리를 이해하려면 먼저 북을 알아야 한다"고 강조하였다. 그는 수천 년 된 고찰(古刹)일수록 반드시 북이 있으며, 세계 어느 나라를 가도 북은 예외 없이 존재한다고 말씀 하였다. 또한 북소리는 인간과 신(神) 사이를 연결해주는 매개적 역할을 한다고 표현하였다. 그는 "자신의 북소리는 여러분들의 만복을 빌어주는 그런 소리의 뜻을 지니고 있다"는 말도 남겼다.(이치헌, 앞의 책, 2021, 153쪽)

오른손 타법		북채로 채편을 치는 타법
		북채로 채편을 두 번을 감아서 빠르게 치는 타법
		북채로 북테를 치는 타법
양손 타법	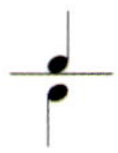	양손의 북채를 동시에 치는 타법
		왼손의 북채를 채편으로 넘기고 양손을 동시에 치는 타법
	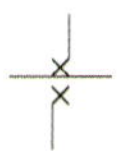	양손의 북채로 북테나 북통의 윗면을 치는 타법
		양손의 북채를 서로 마주쳐 소리를 내는 타법

장단의 변화에 따라 북가락이 어떻게 형성되는지를 알려면 다음과 같은 개념[27]에 대한 선행이해가 필요하다.

27 노동은 교수는 『한국음악론』을 통해 한국음악의 정체성을 탐구하는 논문들을 실었고 「음악기학 Ⅰ」을 통해 장단의 실체에 관해 정의하였다. 〈그림1〉~〈그림5〉는 「음악기학 Ⅰ」에 실린 내용을 인용하였다.(노동은, 『한국음악론』, 한국학술정보, 2002, 28~32쪽)

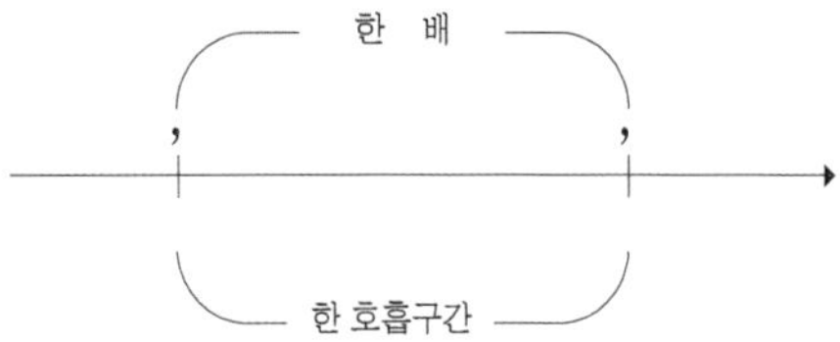

〈그림1〉 한 호흡에 따른 한배

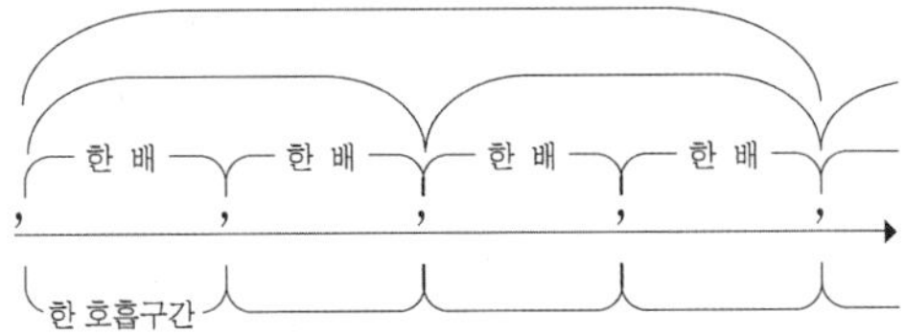

〈그림2〉 호흡 연속에 따른 배들의 연속

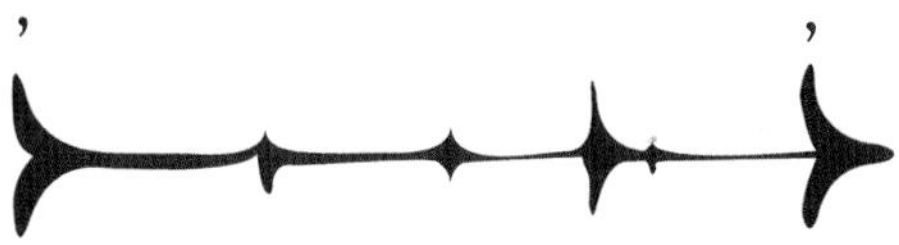

〈그림3〉 한배의 장단 흐름

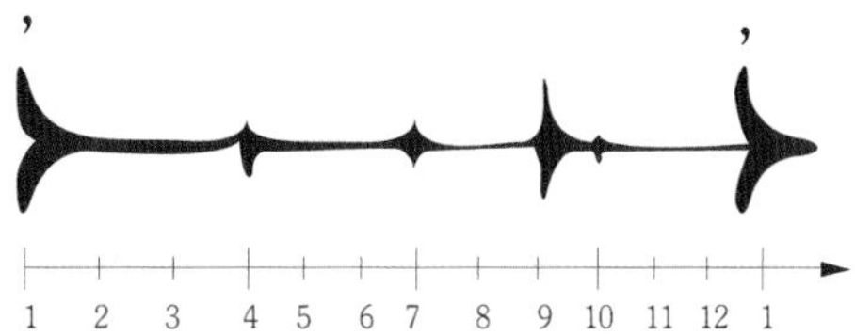

〈그림4〉 한배의 장단흐름과 8분의 12박자 조건화

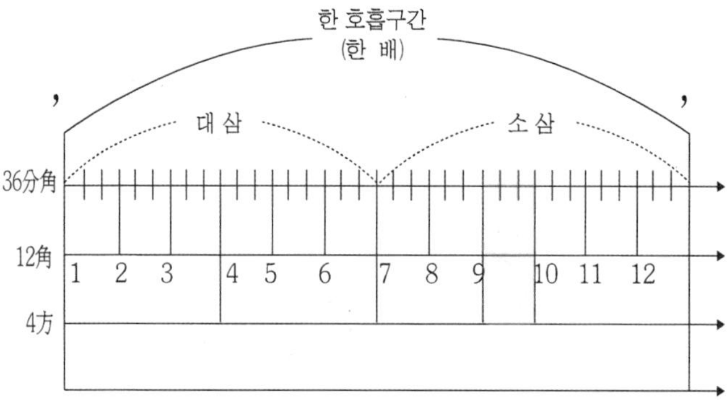

〈그림5〉 한배 장단 공간의 음양 대립과 통일도표[28]

28 8분의 12박자 중 9박째에 ■표로 표시한 것은 기화의 흐름을 이 공간에서 쳐서 모아지게 함으로써(맺음으로써) 다음 한배의 합장단에 호흡을 예비해 주고 있음을 표시한 것이다.(노동은, 앞의 책, 2002, 33쪽)

〈그림1〉에서 한 호흡에 따른 한배는 〈그림3〉과 같이 기화氣化를 일으킬 수 있도록 에너지를 기본적으로 적용한다. 장구의 경우는 궁편의 음과 채편의 양을 합으로 쳐서 소리를 일으키고, 이 소리가 한 호흡 구간이 끝나기까지 음陰과 양陽을 배분함으로써 氣의 소리를 여러 가지 방식으로 이끌고 나간다. 음양을 궁편과 채편으로 합쳐서 氣를 밀어내고, 약해지는 기氣를 닮으로써 이어지게 하고, 이어지는 기氣를 몰아서 맺고, 맺어진 氣를 그 다음 호흡을 준비하기 위해 풀어내는 것에 다름 아니다.[29]

북가락의 변주에 있어 〈그림3〉의 한배의 장단 흐름은 각각의 북가락마다 다르게 나타난다. 기본 가락은 〈그림5〉와 같이 한 장단에서 앞의 부분은 대삼, 뒤의 부분은 소삼으로 표현하지만, 두 장단이 연속적으로 연결될 때는 다음 장단 흐름에 음·양과 대·소삼의 변화를 일으켜 가락의 집(단락)을 이루어 간다.

한 호흡 구간(또는 그 이상의 판짜기)의 가락의 기화성氣化性에 따라 장단치기의 기본은 더욱 그 틀을 벗어나 '자유함'으로써 기화氣化 그 자체에 충실하게 하는 계기가 이루어진다. 따라서 8분의 12박자 내에서 장단치기의 방식은 수만 갈래 길이 있으며 그것이 수만 갈래일지라도 목적하는 바는 기화성이다.[30]

3) 굿거리 북가락

(1) 염가락

염가락은 '염을 주는 가락'이라는 뜻으로, 굿거리장단에 춤을 추다가 북으로 굿거리 변주장단을 연주하기 위해 염(신호)을 주는 가락이다. 즉 춤을 추다가 북가락을 연주한다는 신호의 가락이다.

29 노동은, 앞의 책, 2002, 29쪽.
30 노동은, 앞의 책, 2002, 33쪽.

①
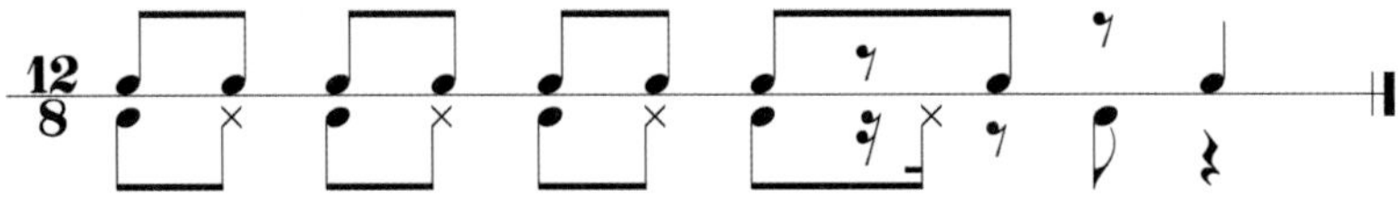

②
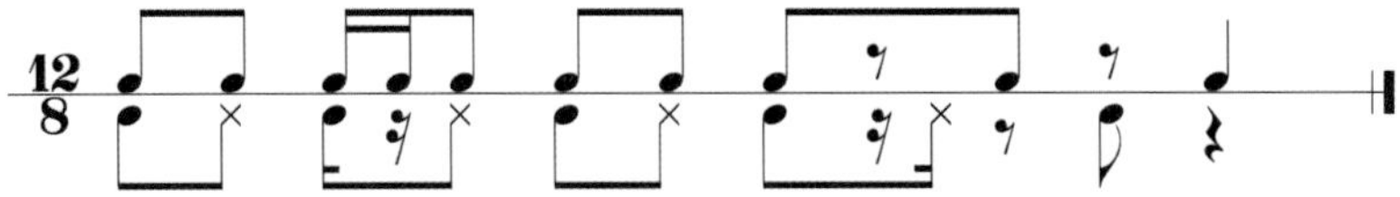

(2) 변주가락

굿거리장단의 북가락은 다음과 같이 나타난다.

대삼, 소삼을 넣어 연주하여야 하고, 각 장단의 대삼, 소삼은 변화를 일으키고 그 변화가 장단마다 다르게 나타나며 한 단락 안에 기(起)·경(耕)·결(結)·해(解) 의 흐름을 만들어 낸다.

①

②

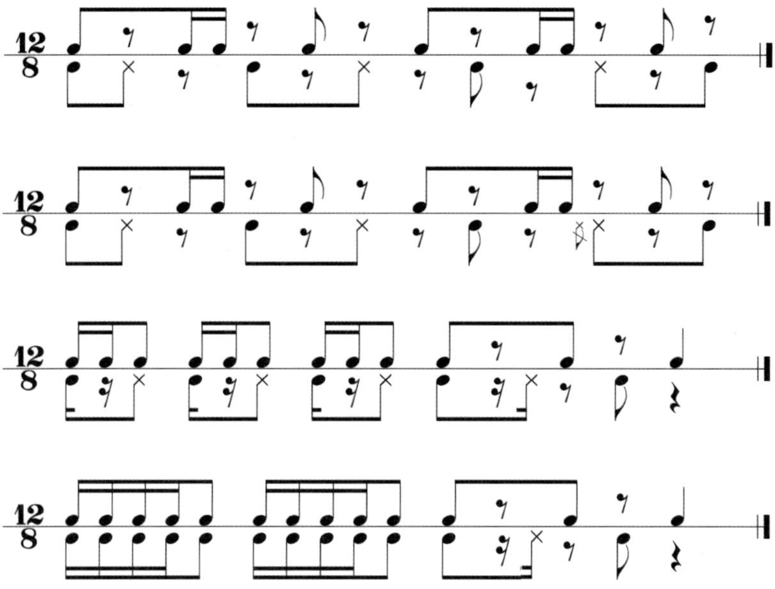

③

(3) 연결채

연결채는 굿거리장단에서 자진모리장단으로 춤을 넘길 때 사용하는 북가락을 의미한다. 북가락에 북의 테를 치는 타법을 사용하여 음색과 느낌의 변화를 일으킨다. 마지막 부분에 자진모리장단으로 넘기기 위해 끌채를 사용하여 자연스럽게 장단의 변화를 일으킨다. 즉 굿거리장단에서 북가락으로 연결채를 연주하고, 자진모리로 넘어갈 때 끌채를 활용하여 자진모리장단으로 자연스럽게 넘어간다. 1박, 2박은 굿거리 장단을 연주하고, 3박, 4박에 끌채를 사용하여 자진모리장단을 연주한다.

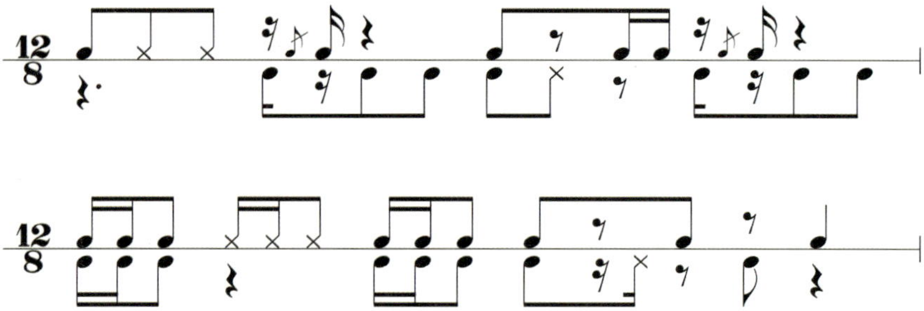

자진모리 끌채 (♩. =90~110)[31]

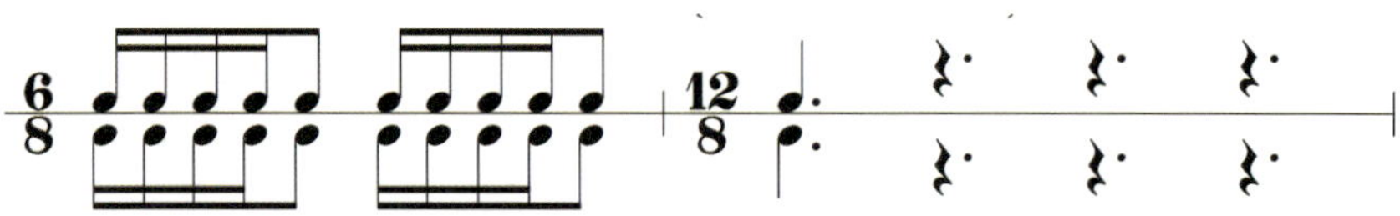

4) 자진모리 북가락

(1) 입장 부분

입장부분에 사용하는 자진모리 북가락은 다음과 같다.

자진모리장단에서 굿거리장단으로 넘어갈 때도 끌채를 사용한다. 1박, 2박은 자진모리장단 속도로 3박, 4박은 굿거리장단 속도로 연주한다.

31 굿거리장단에서 자진모리로 넘어갈 때 끌채를 활용하여 자진모리장단으로 자연스럽게 넘어간다. 굿거리장단을 1박, 2박 연주하고 3박, 4박에 자진모리장단을 연주한다.

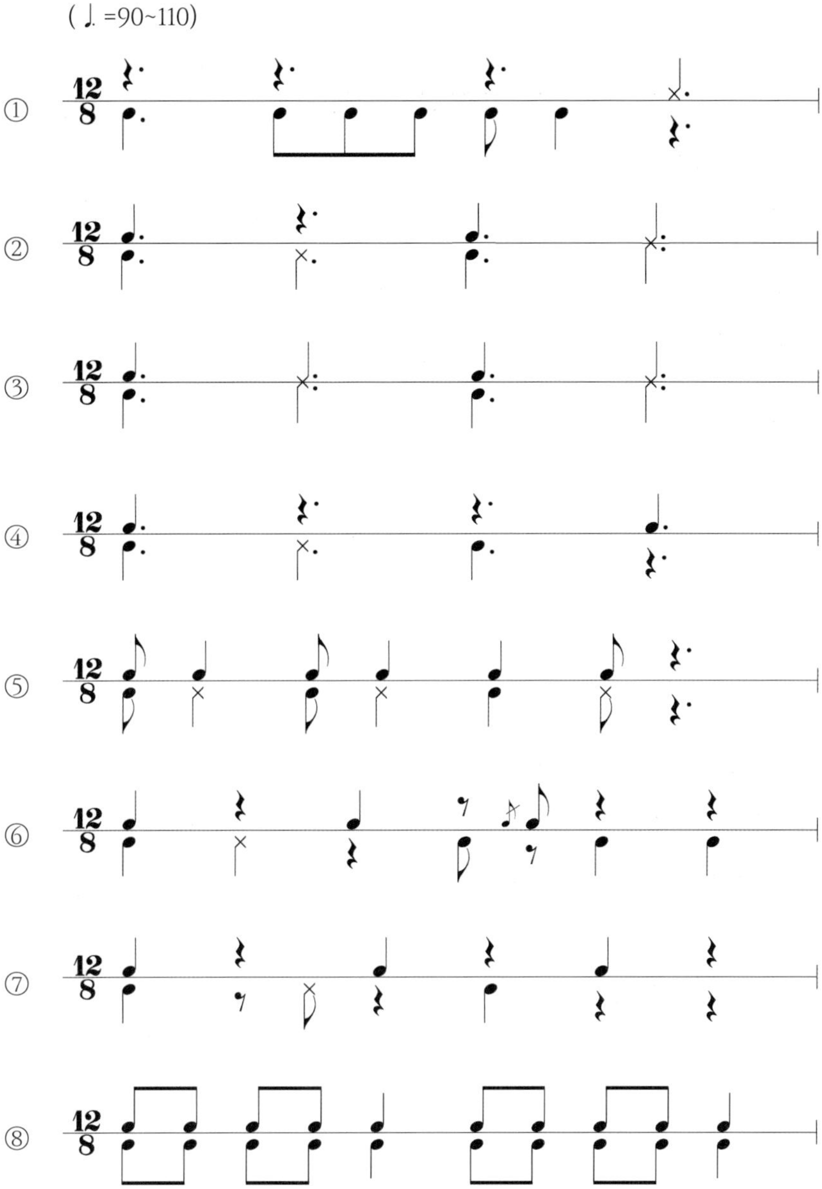
(♩. =90~110)
①
②
③
④
⑤
⑥
⑦
⑧

굿거리 끝채 (♩.=60~72)[32]

⑨ 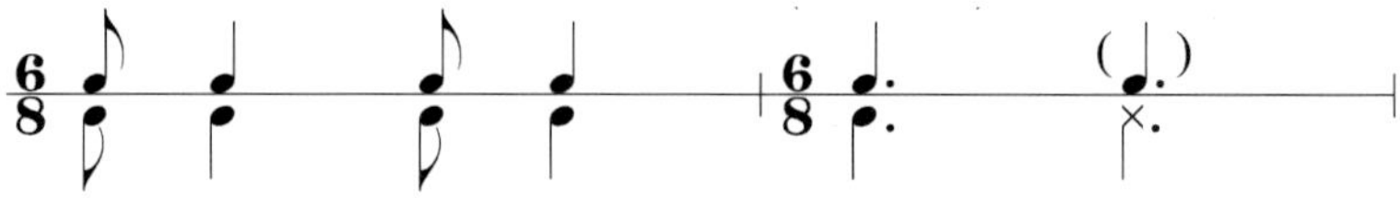

(2) 변주가락[33]

자진모리장단에 북춤을 추며 나타나는 북가락은 다음과 같다.

12개의 소박[34]이 3으로 묶어서 나타나기도 하고 2로 묶어서 헤미올라[35]로 다채로운 리듬의 형태를 만들어 낸다. 한국의 장단 특성이 두드러지게 나타나며 역동적인 미감을 창출한다.

① 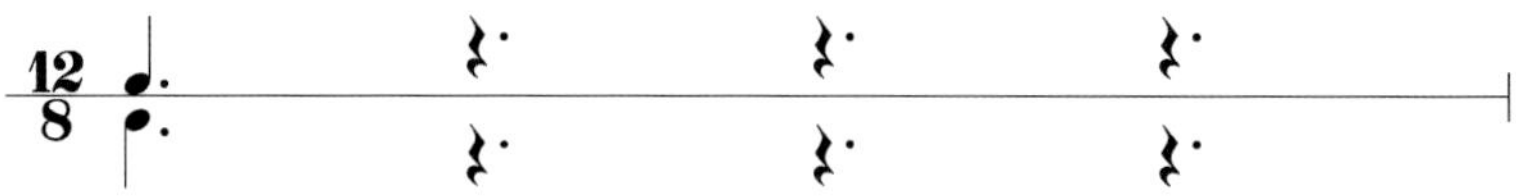

② 

③ 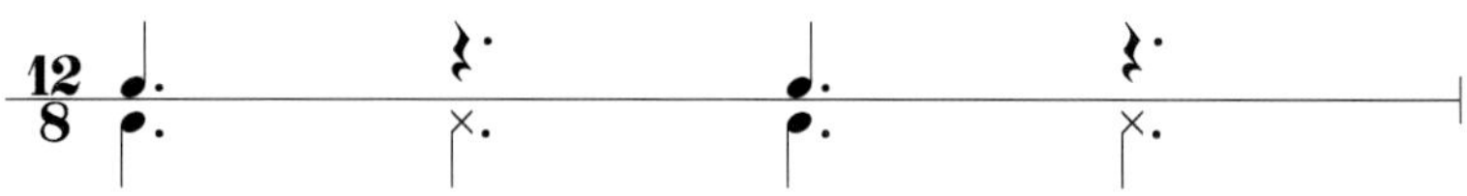

32 자진모리장단에서 굿거리장단으로 넘어갈 때도 끝채를 사용한다. 1박, 2박은 자진모리장단 속도로 3박, 4박은 굿거리장단 속도로 연주한다.

33 한국의 장단은 한 박이 3개의 리듬으로 분할되거나(3분박) 3개의 리듬이 모여(3소박) 한박을 형성하며 다채로운 리듬형태를 만들어 낸다.

34 장단의 기보에 있어 ♩.(♪)에서 ♩.를 박으로 보았을 때 ♪는 분할론에서는 분박(分拍)이라는 용어로 집합론에서는 소박(小拍)이라는 용어로 통용되고 있다.(이보형, 「전통기보론에서 박의 집합론과 분할론의 합리성과 효용성」, 『민족음악학』 제17집, 서울대학교 음악대학 부설 동양음악연구소, 1994, 29쪽)

35 헤미올라 리듬은 3박자 계열의 음악에서 2박의 리듬을 사용하는 것을 일컫는 음악용어이다.

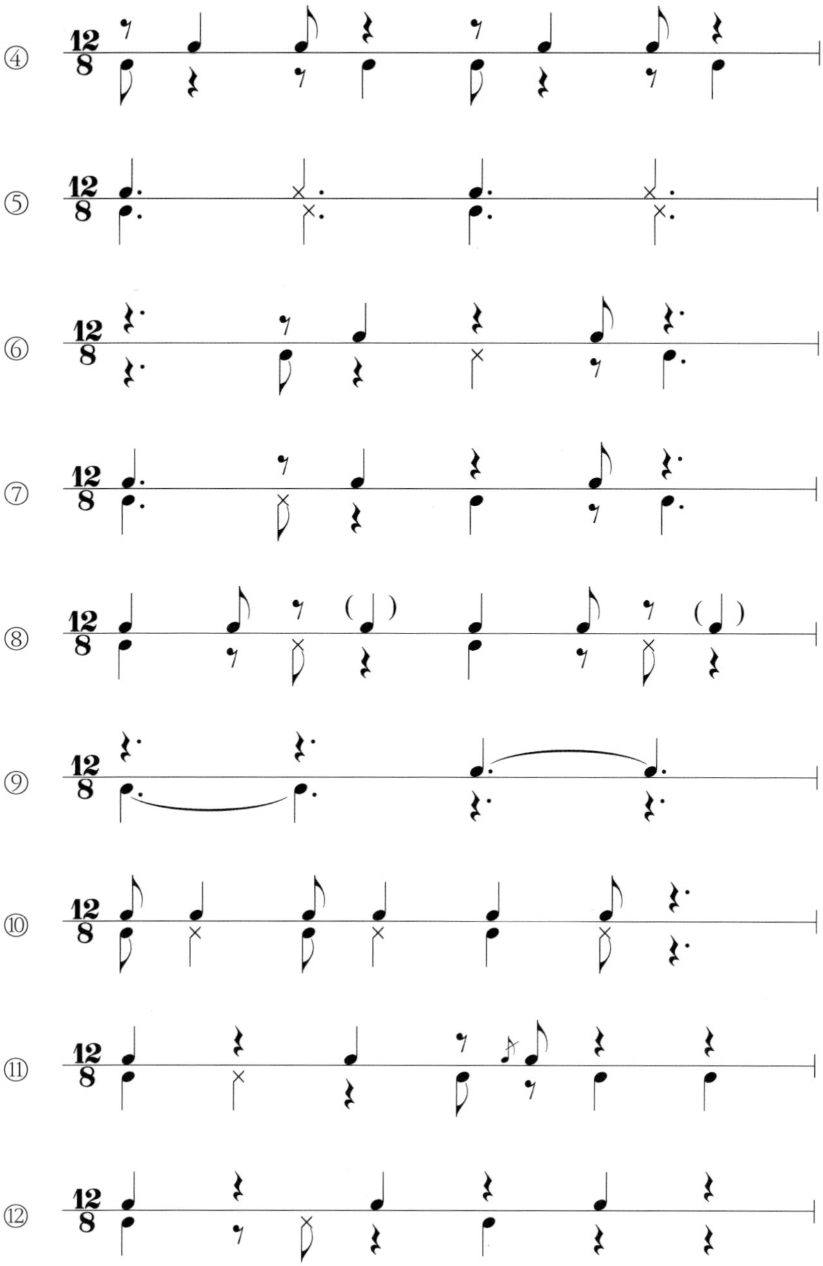
④
⑤
⑥
⑦
⑧
⑨
⑩
⑪
⑫

⑬ 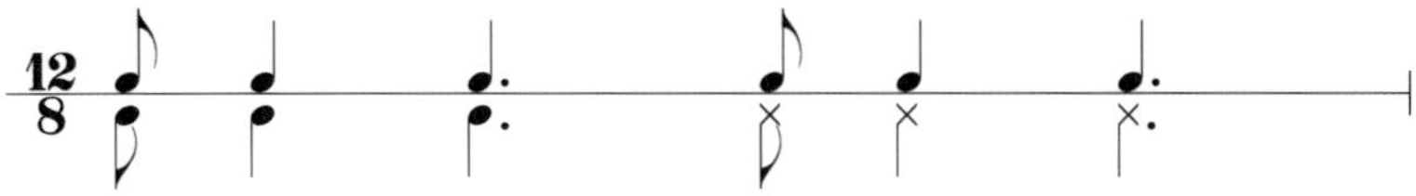

⑭ 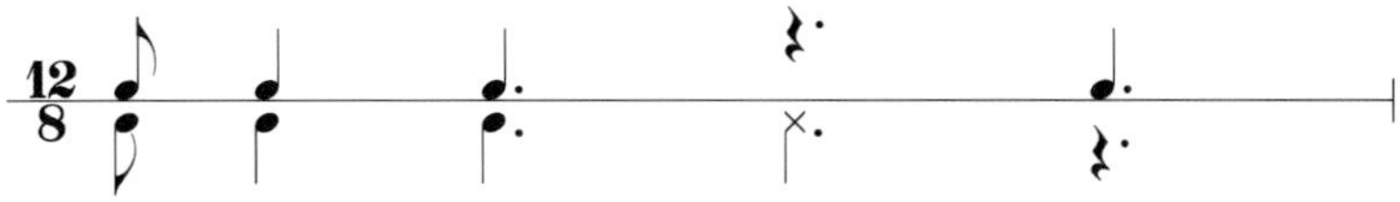

⑮ 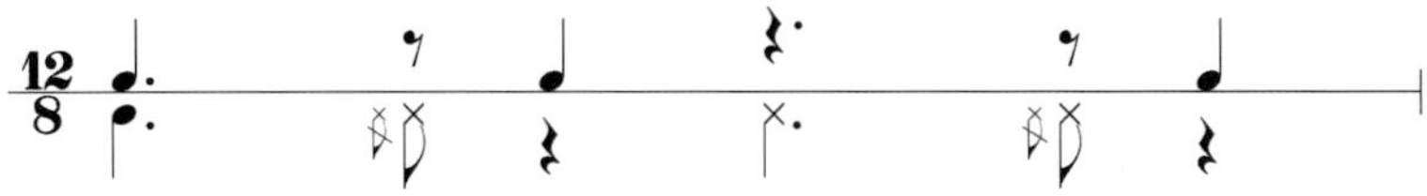

⑯ 

⑰ 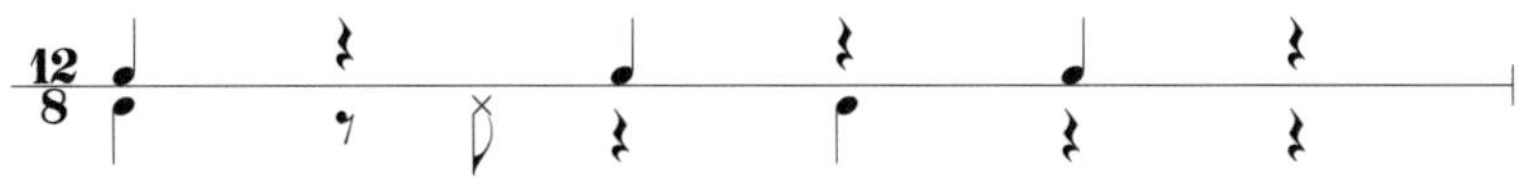

다음은 채를 겹쳐서 치기(가세질)로, 양손에 잡은 채를 X 모양으로 서로 부딪치며 가락을 만든다.

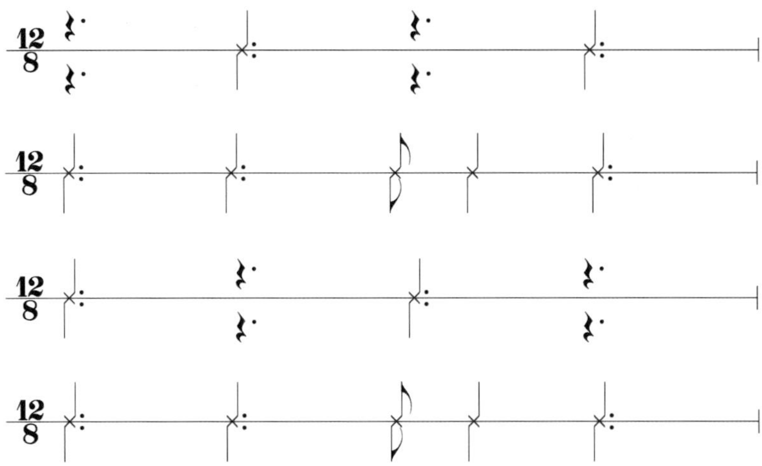

(3) 품앗이 장단

품앗이 장단은 노동에서 나오는 용어인 '품앗이(서로 돌아가며 노동을 도움)'의 용어를 사용한 것이다. 한번은 꽹과리(쇠 악기)가 연주하고, 한번은 북(가죽 악기)이 연주하는 것으로 서로 주고받으며 치는 장단(가락)이다.

①

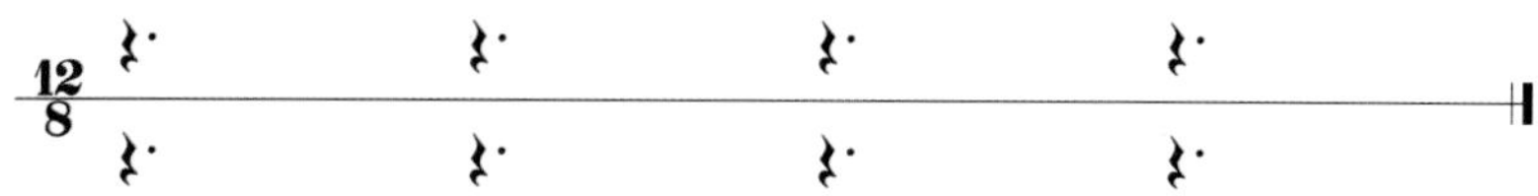

(꽹과리)

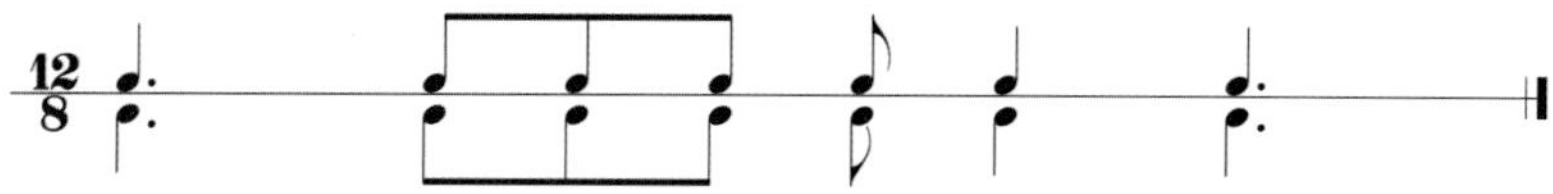

(북)

②

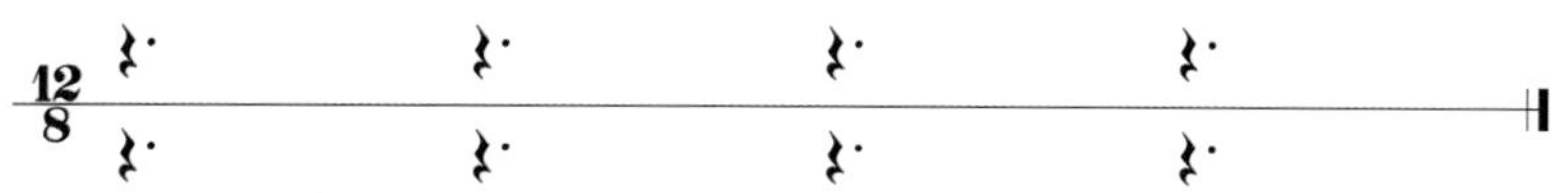

(꽹과리)

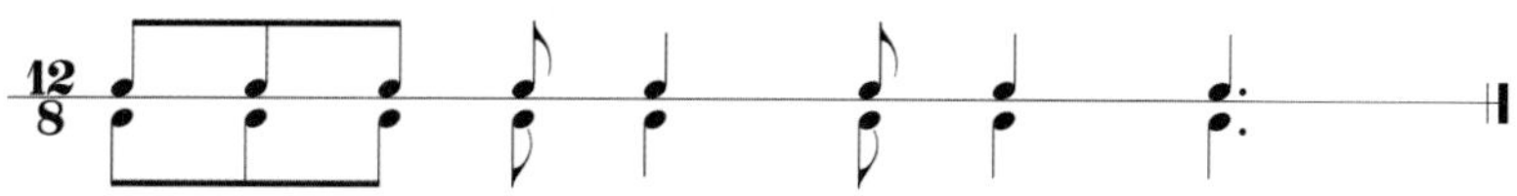

(북)

③

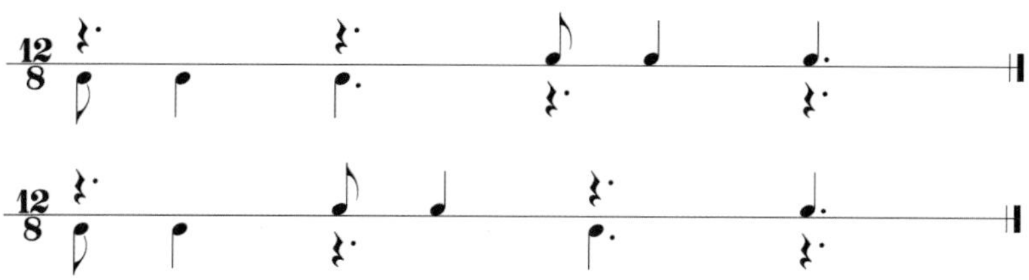

(4) 꼭지 장단

꼭지장단은 머리꼭대기에 있다는 뜻으로, 자진모리장단 변주 중 가장 어려운 장단이라고 박병천 선생은 설명하였다. 북춤에서 자진모리 부분에 꼭지 장단은 두 번 연주하는데, 품앗이 장단 다음에 연주되는 꼭지 장단은 마무리에 동살풀이 장단으로 넘어가기 위한 끌채를 사용한다.

① 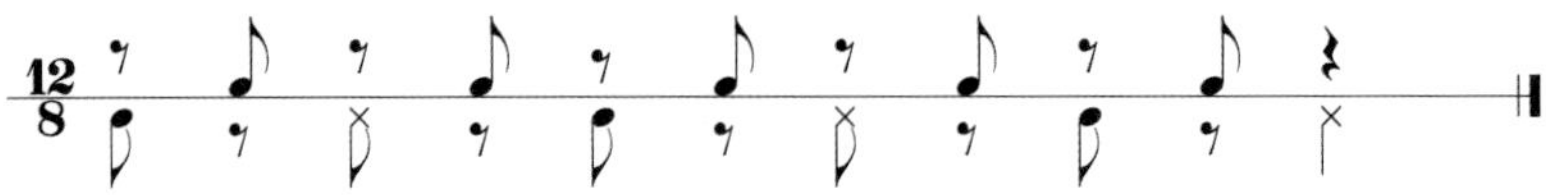

② 

③ 

④ 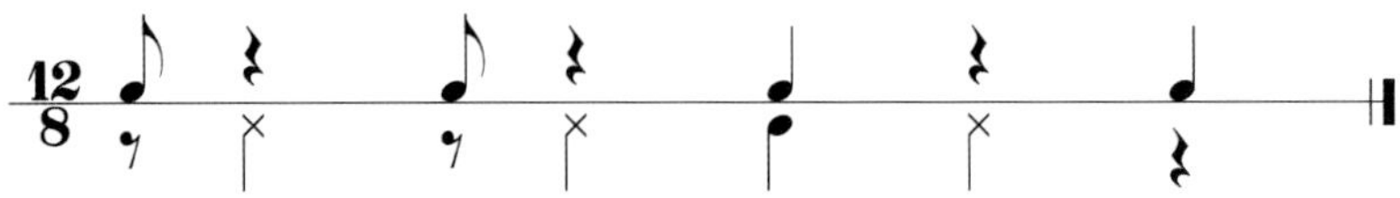

⑤ 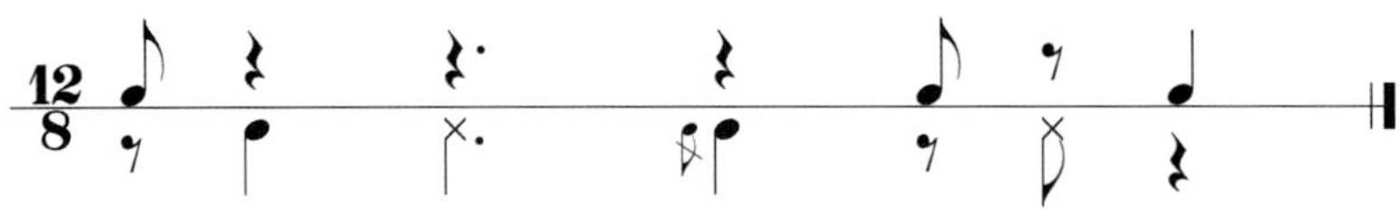

동살풀이 끌채 (♩=100~120)[36]

⑥ 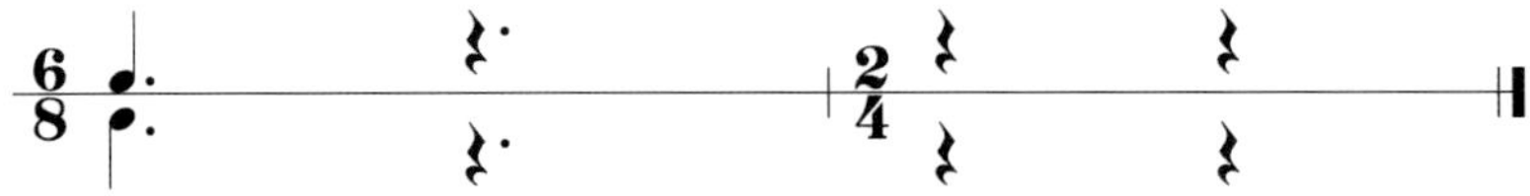

36 자진모리 장단에서 동살풀이 장단으로 넘어갈때도 끌채를 사용한다. 1박, 2박은 자진모리 장단(3분박) 속도로 3박, 4박은 동살풀이 장단(2분박) 속도로 변화시킨다.

5) 동살풀이 북가락

동살풀이 북가락은 설장구에 사용되는 가락과 발차기 동작의 가락, 다스름 가락 등이 나타나고, 두 장단씩 짝을 이루어 연주된다. 2분박 4박(4/4)으로 경쾌한 리듬으로 구성되어 있다.

(1) 변주가락 1

①

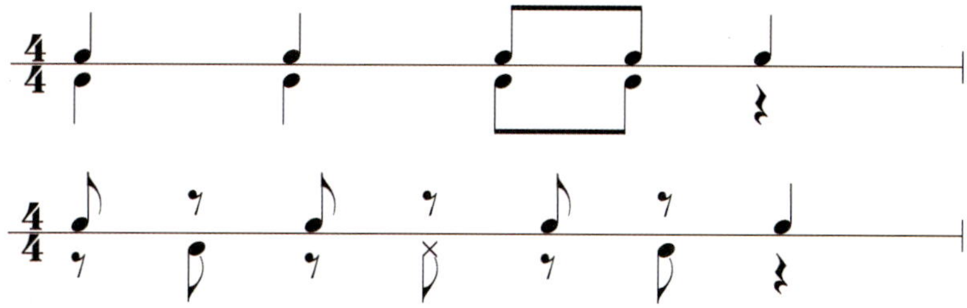

②

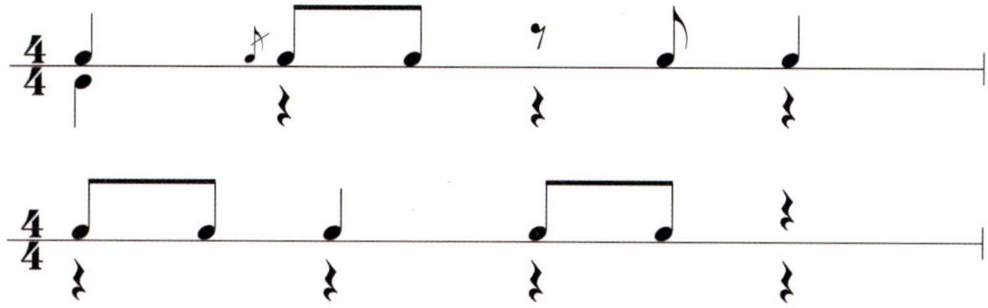

③

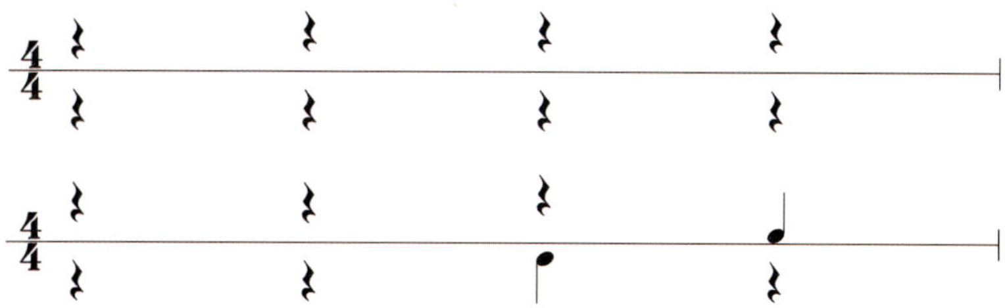

④

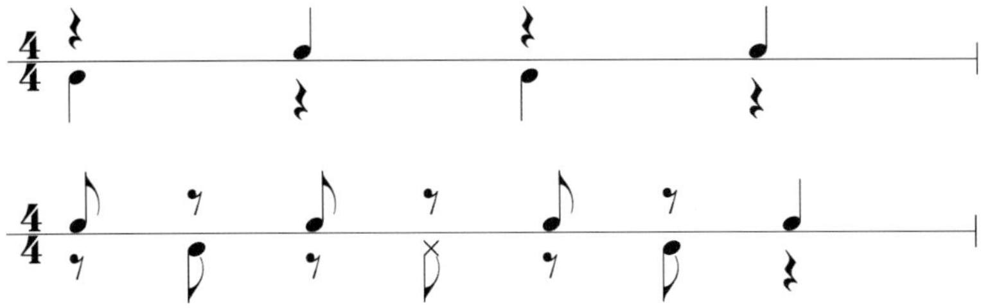

⑤

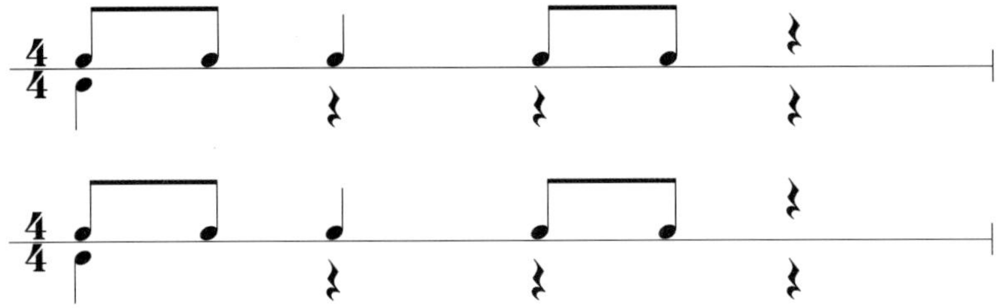

(2) 발차기 가락

춤사위 중 옆으로 발을 차는 동작을 할 때 치는 북가락이다.

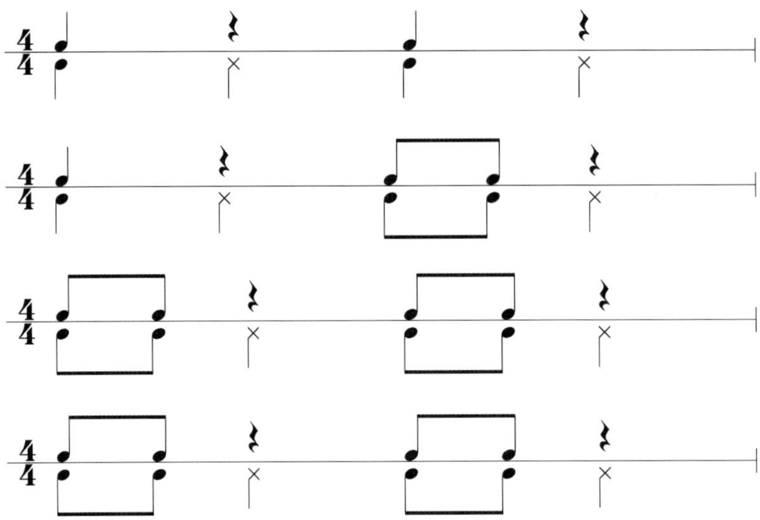

(3) 다스름

다스름 가락은 동살풀이장단 속에 휘모리 장단의 리듬꼴을 넣어 북가락을 연주할 때 사용하는 용어이다. 동살풀이 한장단(2분박 4박자)을 치는 동안에 휘모리 두장단(2분박 2박자)을 칠 수 있기에, 동살풀이 장단 안에 휘모리 장단을 끌어들여 연주한다. 이는 박병천 선생이 장단에 능했고, 장단을 넘나들며 북가락을 구사했음을 알수 있다.

마무리는 다음과 같이 연주한다.

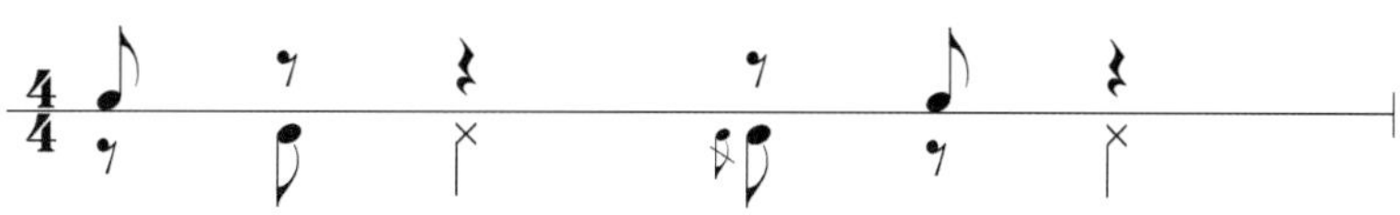

(4) 변주가락 2

①

②

③
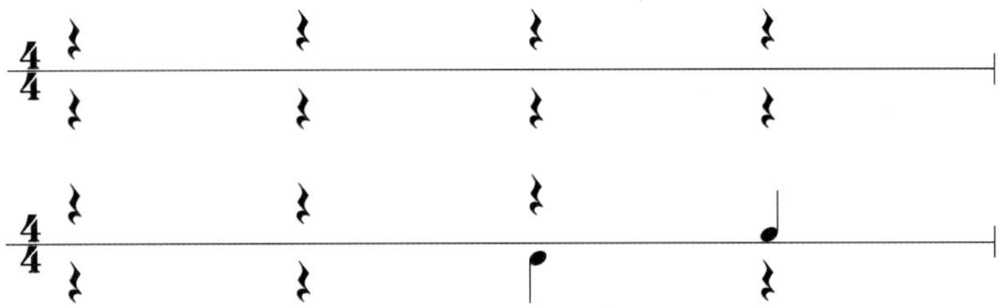

④
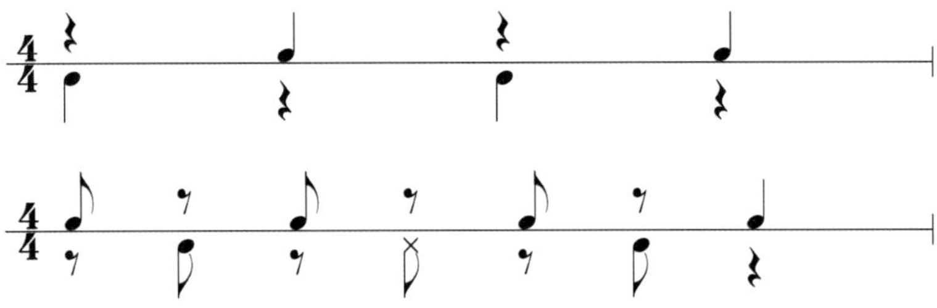

⑤
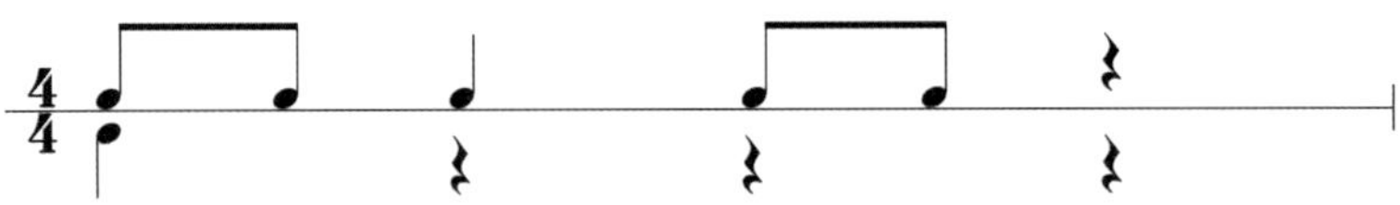

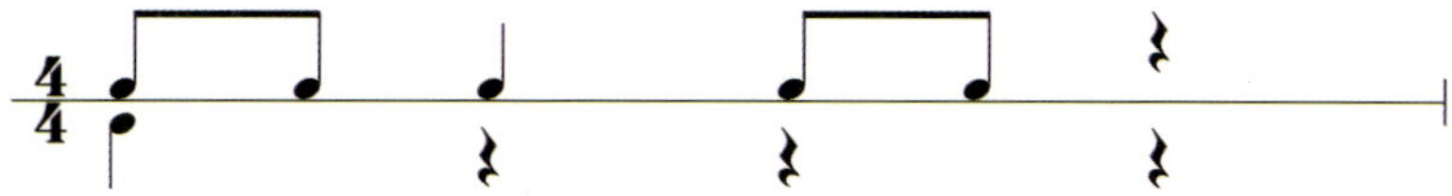

6) 휘모리 북가락

동살풀이 속도로 2분박 4박(4/4)에 휘모리 두 장단을 연주하는 방식으로 휘모리 북가락을 구성하고 있다. 점점 속도를 몰아 북가락을 연주하며 몰입하여 신명[37]의 경지에 이르게 한다.

(♩=200)

①

②

③

37 춤을 진행하며 몰입의 심리적 단계를 표현한 용어이다.

④ 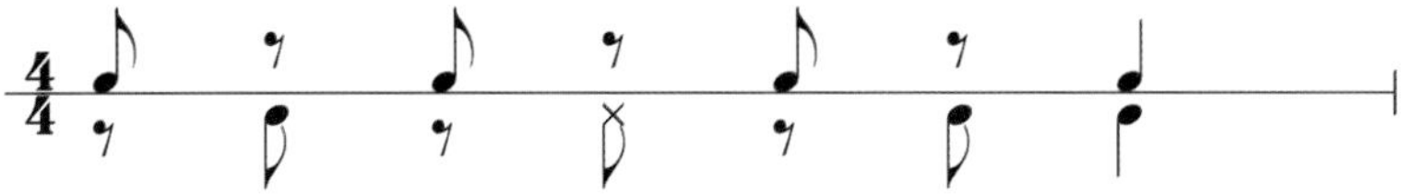

7) 호성 북가락

호성虎聲은 '호랑이 성음'이라는 뜻으로, 설장구의 후두둑 가락처럼 반복되는 리듬을 점차 몰아가며 북가락을 연주하는 것을 칭한다. 호성의 북가락은 악사들의 추임새와 함께 호랑이가 포효하듯이 힘이 있게 쳐야 한다.

① 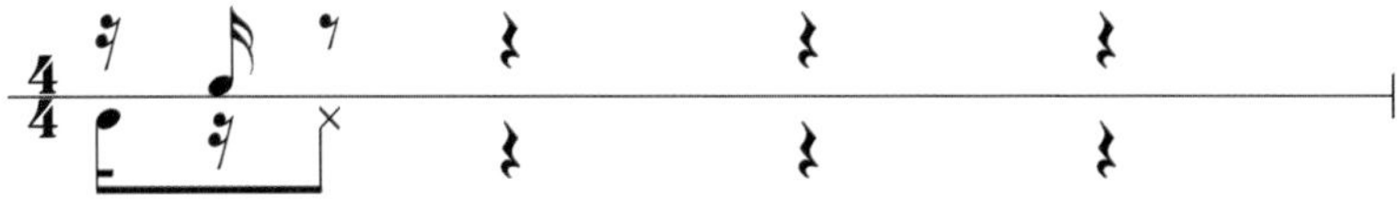

② 

③ 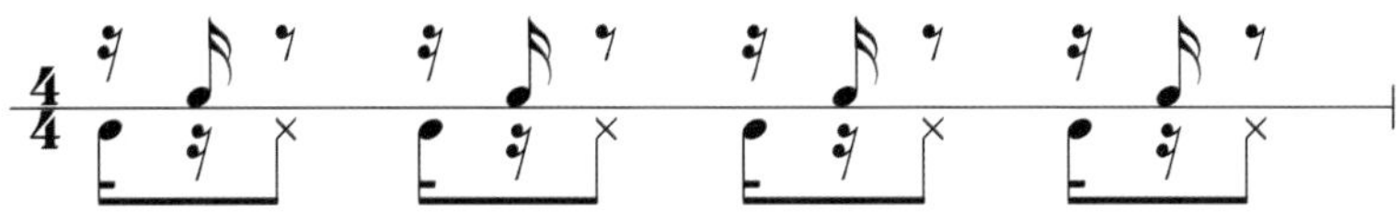

④ 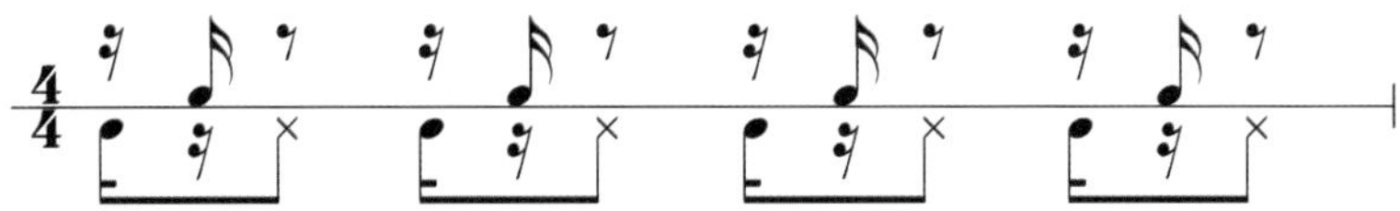

poco a poco accelerando

⑤ 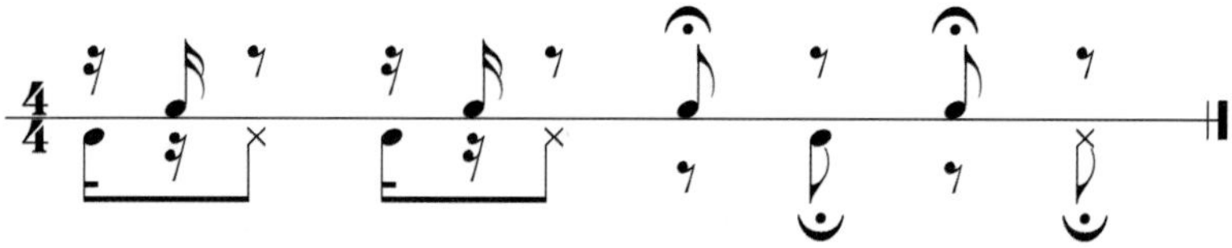

8) 반주음악

반주악기는 꽹과리, 장구, 북, 징의 타악기와 선율악기인 태평소로 구성되어 있고, 태평소가 시나위를 연주하고 중간에 구음口音으로 시나위 가락을 곁들이기도 한다. 타악기의 장단 연주에 태평소와 구음이 시나위로 선율을 만들어 간다.

박병천류 진도북춤 고찰

III

I.

박병천의 일가一家교육

한국의 전통춤 중 악기를 연주하며, 북소리와 춤사위가 합일되어舞·樂合一 표현되는 대표적인 전통춤인 박병천류 진도북춤의 춤사위 및 예술적 양식의 연구를 위해, 그동안 학습한 자료들을 디지털화하고 무보작업을 진행하였고, 진도북춤에 내재된 특성과 예술적 양식을 고찰하여 전통춤 유산으로써의 중요성을 인식하는 토대를 마련하였다.

박병천 선생은 필자가 선생님이 추시는 북춤을 배우고 싶다고 하자, 이게 네 눈에는 춤으로 보이더냐? 라고 말씀하시며 장단과 음률이 몸에 차올라 저절로 추어지는 경지가 춤이라 하셨고, 장단, 굿거리춤, 지전춤, 소리, 선반 설장구 등의 교육과 더불어 북춤을 가르쳐주셨다. 가·무·악의 총체적 학습 속에 이 모든 것들이 융합된 경지가 바로 박병천류 진도북춤의 실체이다.

박병천 선생은 북춤을 지도하기에 앞서 장단 교육을 우선하였다. 장단을 치며 기氣를 몸으로 느끼고 체화하는 방식으로 수행하게 하였고, 장단 교육은 구음口音으로 교육함으로써 장단의 체계를 익히게 하였다. 장단의 기본을 구음으로 익히고, 장구를 통해 장단의 기본과 변화 장단을 익히게 하였다. 반주장단 학습과 함께 기氣 넣기 훈련과 굿거리춤·지전춤 등을 병행하여, 호흡의 실체를 몸으로 인지하고 표현할 수 있도록 가르쳤다. 또한 음률을 알게 하기 위해 판소리 눈대목과 무가를 익히게 하여, 몸이 장단과 음악으로 흥건히 젖고 차올랐을 때 저절로 춤이 나오는 경지를 체득하도록 지도하였다. 이렇듯 가·무·악이 통합된 예술교육을 실행하였으며, 북춤에 사용되는 타법을 훈련시키기 위해 선반 설장구를 가르치셨다. 북춤을 학습한 후에는 현장 적용의 단계로, 공연을 통해 춤판에서 관객들에게 어떻게 감흥과 신명을 일으킬 수 있는지를 경험하게 하였다. 박병천 선생의 북춤은 이러한 일가 교육의 합일체로 표현되는 전통예인의 예혼藝魂이 담긴 전통춤 유산이다.

박병천 선생은 예술인이 아니라 예술가가 되기 위해선 '가家'를 이루어야 하고, '家(집)'를 이루려면 집을 구성하는 많은 요소들의 학습이 되어야 한다고 강조하였다. 다음은 필자가 일가교육을 받은 자료들이고, 그러한 일가교육을 마치고 박병천 선생은 필자에게 이수패와 북과 정주를 하사하고 수제자라는 명칭을 부여하였다.

1) 일가 교육 학습자료 및 현장 공연 목록[1]

〈표 2〉 8㎜ 비디오테이프 목록

연번	비디오제목	비고
1	1995_제1회 무악발표회1	8㎜ Tape
2	1995_제1회 무악발표회2	8㎜ Tape
3	1999_지전춤 공연연습	8㎜ Tape
4	1999_공연발표연습_01	8㎜ Tape
5	1999_발표공연(북춤연습)_02	8㎜ Tape
6	1999_발표연습(지전춤)_03	8㎜ Tape
7	1999_발표연습(지전춤, 북춤)_04	8㎜ Tape

1 이 표는 필자가 1991년부터 별세하신 2007년까지 박병천 선생님 문하에서 수련하며 축적한 학습자료와 공연영상 목록들이고 해당 자료들을 디지털화 하였다.

8	1998_호암아트홀(지전춤, 북춤)	8㎜ Tape
9	1999_북춤, 지전춤 연습_05	8㎜ Tape
10	1999_북춤(발표회준비 지전춤, 북춤)_06	8㎜ Tape
11	1999_오묘한 가락, 오묘한 몸짓 발표회	8㎜ Tape
12	2000_ 소고춤1(전통예술원)	8㎜ Tape
13	2000_ 소고춤2(전통예술원)	8㎜ Tape
14	2000_전문사 수업(징, 부정풀이)	8㎜ Tape

〈표 3〉 16㎜ 비디오테이프 목록

연번	비디오제목	비고
1	1991_대한민국국악제	16㎜ Tape
2	1992_명인전	16㎜ Tape
3	1992_ 북춤	16㎜ Tape
4	1992_전통예술 한일비교발표	16㎜ Tape
5	1993_세계의 북잔치_93대전엑스포	16㎜ Tape
6	1993_명인전 10번째 무대	16㎜ Tape
7	1993_북춤_미국공연용	16㎜ Tape
8	1994_공연	16㎜ Tape
9	1994_미국공연	16㎜ Tape
10	1995_KBS홀 공연	16㎜ Tape
11	1112_박병천의 춤 소리 씻김굿	16㎜ Tape
12	1995_공연 총연습(장단, 북)	16㎜ Tape
13	1995_북춤 공연연습	16㎜ Tape
14	1995_제1회 무악발표회	16㎜ Tape
15	1998_동양삼국의 북춤(한국편)	16㎜ Tape
16	1998_진도씻김굿_인간문화재 Festival_호암아트홀	16㎜ Tape
17	1998_북춤 연습	16㎜ Tape

18	1998_굿거리춤_01	16㎜ Tape
19	1998_굿거리춤_02	16㎜ Tape
20	1998_공연연습	16㎜ Tape
21	1999_박병천혼_유럽순회공연	16㎜ Tape
22	1999_박병천의 예술세계_국악한마당과 MBC 퓨전국악	16㎜ Tape
23	1999_서울연극제	16㎜ Tape
24	1999_독일세계무속 Festival	16㎜ Tape
25	1999_공연발표 연습과정	16㎜ Tape
26	1999_굿거리춤,지전춤, 소고춤	16㎜ Tape
27	2001_북춤_01	16㎜ Tape
28	2001_북춤_02	16㎜ Tape
29	2001_북춤_03	16㎜ Tape
30	2002_북춤	16㎜ Tape
31	2002_북춤_일본군무연습_경기도립	16㎜ Tape
32	2002_북춤_경기도립연습용	16㎜ Tape
33	2002_지전춤 북춤_김해_경기도립공연	16㎜ Tape
34	2002_경기도립_북춤	16㎜ Tape
35	200206_북춤 시나위_KBS국악한마당	16㎜ Tape
36	20020117_북춤특강_	16㎜ Tape
37	20020725_방학기획 오늘 한국의 음악 動	16㎜ Tape
38	2002_진도, 그 신명의 땅으로의 초대_01	16㎜ Tape
39	2002_진도, 그 신명의 땅으로의 초대_02	16㎜ Tape
40	영돗말이 지전춤	16㎜ Tape
41	강강술래_한국의집	16㎜ Tape
42	일본 교토 조개 제이주쯔마이가쿠 공연	16㎜ Tape
43	제3회무용발표회_한국예술종합학교	16㎜ Tape
44	북춤_지후무	16㎜ Tape
45	2003_류파별공연	16㎜ Tape

46	2005_제1회 한국춤제전_북춤	16㎜ Tape
47	2005_북춤	16㎜ Tape
48	2007_지전춤 공연연습_02	16㎜ Tape
49	2007_지전춤 공연연습_03	16㎜ Tape

〈표 4〉 6㎜ 비디오테이프 목록

연번	비디오제목	비고
1	1994_미국 공연	6㎜ Tape
2	2001_북춤	6㎜ Tape
3	2002_굿거리춤_01	6㎜ Tape
4	2002_굿거리춤_02	6㎜ Tape
5	2002_굿거리춤_03	6㎜ Tape
6	2002_북춤_01	6㎜ Tape
7	2002_북춤_02	6㎜ Tape
8	2002_북춤_03	6㎜ Tape
9	2002_북춤연수_굿거리_자진모리	6㎜ Tape
10	2002_지전춤_01	6㎜ Tape
11	2002_지전춤_02	6㎜ Tape
12	2002_지전춤_북춤종합	6㎜ Tape
13	2002_북춤_자진모리_01	6㎜ Tape
14	2002_북춤_동살풀이_02	6㎜ Tape
15	2002_북춤_동살풀이_03	6㎜ Tape
16	2002_북춤종합	6㎜ Tape
17	2002_지전춤(김해)_01	6㎜ Tape
18	2002_지전춤(김해)_02	6㎜ Tape
19	2002_지전춤(김해)_03	6㎜ Tape
20	2002_지전춤_김해_04	6㎜ Tape
21	2002_지전춤_김해_05	6㎜ Tape

22	2002_지전춤_김해_06	6㎜ Tape
23	2002_북춤_01	6㎜ Tape
24	2002_북춤_02	6㎜ Tape
25	2002_일본교토공연_01	6㎜ Tape
26	2002_일본교토공연_02	6㎜ Tape
27	2002_일본교토공연_03	6㎜ Tape
28	2002_문화재청주관 일본공연리허설_01	6㎜ Tape
29	2002_문화재청주관 일본공연리허설_02	6㎜ Tape
30	2002_일본 시코쿠공연_01	6㎜ Tape
31	2002_일본 시코쿠공연_북춤_02	6㎜ Tape
32	2002_북춤_01	6㎜ Tape
33	2002_북춤_02	6㎜ Tape
34	2002_경기도립 북춤공연	6㎜ Tape
35	2002_부산공연_북춤	6㎜ Tape
36	2002_북춤연습_경기도립공연	6㎜ Tape
37	2003_굿거리춤1	6㎜ Tape
38	2003_지전춤4_굿거리춤2	6㎜ Tape
39	2003_지전춤	6㎜ Tape
40	2003_북춤_01	6㎜ Tape
41	2003_북춤_02	6㎜ Tape
42	2003_북춤종합_03	6㎜ Tape
43	2003_북춤종합_04(동살풀이)	6㎜ Tape
44	2003_북춤종합_05	6㎜ Tape
45	2007_영돗말이 (올림채_이음채_다스름)	6㎜ Tape
46	2007_지전춤공연연습_02	6㎜ Tape
47	2007_지전공연연습_03	6㎜ Tape
48	2007_고풀이	6㎜ Tape
49	2007_박병천류 설장구	6㎜ Tape

이 수 패
성명 임 수 정
10여년을 넘게 박병천류 북춤
지전춤 무가 장단을 성실히 학습
하여 그 기량이 인정됨에 이수패를
증정합니다.
2003년 10월
국가지정 무형문화재 七二호
기예능보유자

이수패

정주

북

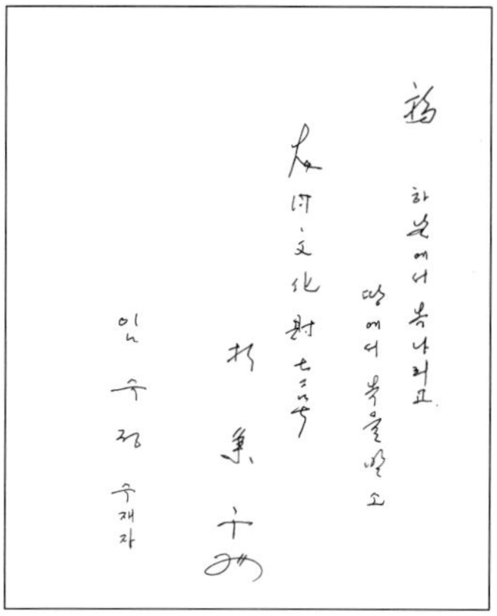

친필 글씨 1

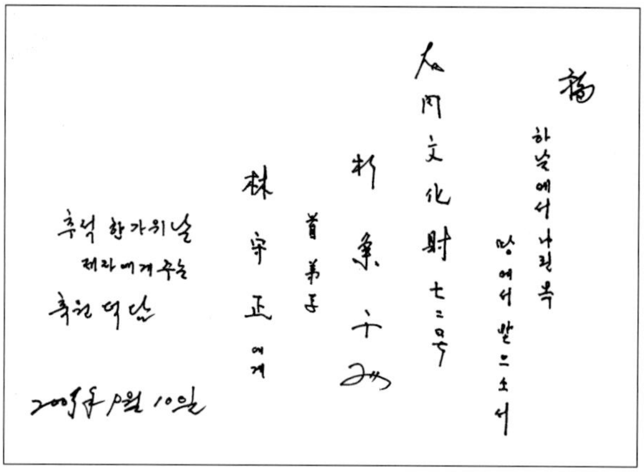

친필 글씨 2

격려사

전통예술의 길을 걷고자 끊임없이 노력하는 나의 제자「임수정」 그를 지켜보는 모든 사람들에게 들을 수 있는 공통적인 한 마디는 '열심히 배우고, 끊임없이 노력한다'는 것이다.
맨 처음 나를 찾아왔을때의 서투름과 가벼움에서 벗어나 이제는 장단속에 동양예술 사상의 핵심인 음(陰)·양(陽)을 표현해 낼 줄 알며 춤사위만을 익혀 추는 가벼운 춤이 아닌, 음악과 장단을 이해한 무거운 춤을 출 수 있게 되었다.
이러한 단계에 이르기 위해 그는 남달리 한가지 분야에 머무르지 않고 전통예술의 바탕이 되는 가(歌)·무(舞)·악(樂)의 학습에 매진해 왔다. 이번 발표회를 통해 그가 지금까지 애정과 열정을 가지고 학습해온 모든 것들을 유감없이 쏟아내리라 믿는다.

마지막으로 당부하고픈 말은 화려한 기교와 현란한 춤사위에 머무르지 말고 이제부터는 가득채웠던 것을 하나씩 덜어내고 그 안에 무한히 깊은 사상을 담아 낼 수 있는 사람이 되었으면 한다. 그리하여 징 하나를 치고 있어도, 손 하나만 들고 있어도 그속에 모든 사상과 감정을 담아 낼 수 있는 진정한 예술인으로 성장하길 바란다.

인간문화재 **박 병 천**

1995년 임수정 무·악(舞·樂) 발표회 격려사

2.

박병천의 예술관

박병천 선생은 필자에게 가·무·악의 일가교육을 통해 평생을 전통예술을 실현하며 쌓아온 예술관을 전수하였으며, 필자는 장기간의 수련을 통해 이를 체화하였다. 강조하신 내용을 정리하면 다음과 같다.

1) 오행의 흐름

"의식은 오행이 바탕이 되어야 한다(오행이 받쳐주어야 한다). 동양의 철학은 오행이 바탕이 되어야 하고, 우리 것은 오행이 바탕이 되어야 한다.

오행의 근본은 음·양이다. 오행 속에는 음양이 들어가 있다(음과 양의 공존). 춤에도 마찬가지이다. 계속 정확하게만 추는 것이 아니라 부서진 것이 있어야 정확한 것이 보인다. 공空에서 찾아야 한다. 공空은 둥근 원이다. 테두리는 있는데 안이 없는 것을 의미한다.

북춤에서도 마찬가지이다. 예를 들어 자진모리 첫 동작은 직선이어야 한다. 처음이 곡선이면 묘하게 된다. 그 다음이 곡선이라 파가 생긴다. 처음을 직선으로 표현해야 다음이 곡선으로 맞물릴수 있다."

2) 장단의 형성과 체화體化

장단 교육을 할 때는 한 장단은 통일시키고, 다음 장단에 다양한 변주가락을 넣어 장단을 형성시키는 원리에 대해 설명하였다. 선생은 A 장단을 직접치고 B 장단에 다양한 변주가락을 만들게 하여, 장단이 체화되어 다채로운 리듬을 만들어 낼수 있도록 교육했다. 다채로운 장단에 춤사위를 생성시키는 방식으로 전통춤을 학습시켰다.

장단 종류	A 장단	B 장단
자진모리	통일시킨다.	변형장단(많은 변화가 있어야 한다, 자유롭게 친다)
	①덩~~ /덩~~ /덩~따/ 궁따~	덩~~ /따~따/ 읏따~/ 따다~
	②덩~~ /덩~~ /덩~따/ 궁따~	따궁~/궁따따/ 궁~따/ 궁따~
엇모리	덩~덩덩~ / 덩~따쿵~	따구궁따궁따 / 궁~따 쿵~(변형장단)

3) 밀고 당기는 원리, 당기고 미는 원리

"발을 디딜 때 똑같은 속도로 규격이 딱딱 맞는 것은 서양식이다. 발을 디딜 때 앞의 동작과 같이 규칙적으로 딛지 않고, 발을 찍고 미리 들어서 다음 동작을 준비해야 한다. 우리 것은 곡선과 직선, 빠르고 늦은 것이 겸해야 한다."

4) 공간에서 동선 활용

"결국 춤은 크게 보여야 한다."고 설명하며 공간에서의 동선에 대해 언급하였다. 품앗이 상난의 동작을 할 때, 처음 동직은 앞으로 가디리도 두 번째 동작은 춤을 크게 보이기 위해 동선을 사선으로 사용한다.

5) 연희적 동작

"북춤을 출 때 무용적인 동작 뿐만 아니라, 어느 부분에서는 연희적인 동작이 나타나야 한다. 저절거리는 느낌, 덜컥하고 호흡을 떨어뜨리는 동작, 몸은 내려가도 톡하고 손목이 올라가야 한다."

6) 장단에 따른 춤의 표현

"굿거리는 저절거리고 흥청, 흥청하는 맛이 있어야 한다. 자진모리는 빨리 돌고 빨리 뛰고 힘만 있게 보이면, 빡빡한 배처럼 딱딱하게만 느껴진다. 연한 맛이 나야 한다. 빡빡한 중에도 선한, 사근사근한 맛이 있어야 한다. 예를 들어 새끼꼬기 동작할 때, 처음에는 연하게 하고 셋~셋, 넷부터 힘이 들어가야 한다. 처음에는 찍찍 끌어서 써야 한다. 힘을 빼고 찍찍 끌다가 (연한 맛이 들어가야 한다. 연한 맛이 있어 주어야 한다), 셋~셋, 넷부터 힘이 들어가야 한다."

7) 굿거리장단의 춤사위

굿거리장단의 춤사위는 '저절거린다'의 느낌으로 표현하며, 굿거리장단에 춤을 출 때 강조한 부분은 다음과 같다.

"턴다(털어낸다), 흥청거리며 돈다, 북을 치면서(때리면서) '덩실'이 들어가야 한다. 돌고 움직일 때보다 서서 저절거릴 때 '얼씨구' 소리가 난다. 힘있게 돌아라, 힘차게 들어오는 것은 되는데 중간에 서서 저절거리는 것이 안되면 춤이 안온다. 굿거리 동작 중 셋~셋, 넷~/하나~에 힘을 밀어서 다음 첫 박이 강하게 표현되게 하고, 그 다음을 푼다."

"굿거리 원형바꾸기 2번 동작은 흥~청, 흥~청, 흥~청 같은 느낌으로 돌아가야 한다. 굿거리는 멋을 넣어야 한다. 털어내는 부분에서 멋이 들어가야 한다."

8) 동작에서의 끌채 사용

"이 동작에서 다음 동작으로 들어갈 때 뒷가락이 무엇인지를 알고, 미리 그 전부터 다음 동작의 색깔을 넣어주어야 한다. 힘만 많이 들어가면 사근사근한 맛이 없이 뻑뻑하다. 예를 들어 타령장단에 춤을 출 때 두 번째 장단의 처음이 소삼이면, 첫 번째 장단의 뒷부분을 소삼으로 표현하며 다음 장단과 맞물려야 한다. 춤의 동작도 마찬가지로 뒷부분에 나오는 동작의 느낌을 미리 준비해야 한다."

9) 즉흥성의 표현

"이제는 순서를 알았으니 나무를 그릴 때 똑같이 그리려고 하지 말고 색칠을 하고 다양한 기법이 쓰여야 한다."

10) 춤의 이음새

"자진모리를 칠 때 너무나 서두르고 너무 강하게만 들어가면 뻑뻑해진다. 힘이 들어간다. 유한 것을 찾으려 했을 때 강하게 보이려고 하면 반대로 유한 것을 넣어야 한다. 강하고 유한 그 중간 이음을 잘 넣어야 한다. 강하게 보이려면 반대로 유한 것을 넣어야 한다. 유한 것을 찾으려고 했을 때 강하고 유한 그 중간 이음새를 잘 넣어야 한다."

"굿거리는 덩실거려야 한다. (아~아~아 노래처럼)

자진모리는 강단을 주는 속에 (착, 착 치는 속에) 유한 것이 들어가야 한다.

이음새를 잘 만들어 주어야 한다. 자진모리 동삭 중 서두르시 말고 멋을 넣어야 한다(발들어라, 고갯짓). 자진모리 고개짓을 미리 준비해야 한다."

11) 태점의 사용

“태점을 놓아야 한다. 중간에 쉰박이 있어야 덩실거리는 것이 살아난다. 쉰박이 있어야 덩실거리는 것이 보인다.”

12)장단의 변화

“자진모리로 넘기는 장단에서는 발을 강하게 디뎌 땅을 다지듯이 하여 느낌의 변화를 주며 흥을 일으키고, 동살풀이로 넘기는 장단에서는 두 번째 발을 콱콱 딛어서 동살풀이 장단의 느낌을 주어야 한다.”

13) 장단과 몸짓의 합일

“굿거리 변주가락은 장단에 맞추어 발을 딛어야 한다.”
예를 들어 굿거리 1조 변주가락은 다음과 같은 느낌으로 발을 딛어야 한다.

굿거리장단			
1)덩 궁 따 (기)	2)덩 다르르르(경)	3)저저구궁딱(결)	4)궁따-(해) (살짝, 역동작)

14) 음양의 조화

북 가락과 춤사위를 만들어 갈 때 음양의 조화가 중요하고, 조화로운 흐름이 아닐 때 다음과 같이 표현하였다.

"음양을 못짠다. 소리 같으면 위, 아래 물진다."

15) 무대에서의 표현법

"임춘앵은 북을 치는 것보다 북을 치러 올라가는 것이 더 멋있었다. 포즈, 멋, 멋덩어리가 굴러다닌다. 북을 한번 치면 머리끝이 송긋해진다. 북춤도 처음에 입장해서 무대에 버텨 서면 박수가 나와야 한다. 와글, 와글 소리가 나야 한다."

3.

춤의 구성방식

박병천류 진도북춤은 양손에 북채를 쥐고 장구와 같이 다양한 가락을 연주하고, 다채로운 춤사위를 구사하며 춤을 진행한다. 양손에 북채를 갈라 쥐고 채편과 궁편을 자유자재로 넘나들며 잔자락을 다양하게 구사하면서, 때로는 북테를 치며 흥을 고조시킨다. 느린 가락에서 빠른 가락으로 진행되고 맺고 얼렀다 푸는 것이 기본형식이다. 느린 가락에서 섬세한 호흡의 춤사위가 표현되고[2] 빨라지는 가락은 북의 힘차고 역동적인 느낌이 들고, 맺고 얼렀다 푸는 가락은 흥을 유발하고 몰아치는 가락과 춤사위는 신명의 경지에 이르게 한다.[3]

1) 입장

자진모리장단에 북가락과 춤사위를 구사하며 춤판에 입장하여, 춤의 시작을 알리는

2 굿거리장단에서 추어지는 춤사위는 북으로 추는 살풀이라 할 정도로 춤이 유연하고 동작이 정제되어 멋이 한껏 우러나게 추어야 한다.(이미영, 「진도북춤 춤사위에 나타난 미적 특징 - 박병천류를 중심으로」, 『한국무용사학』 3, 한국무용사학회, 2004, 48쪽)

3 장단을 점점 몰아가는 형식으로 구성되어 있어 춤을 진행하며 무자(舞者)와 관객이 몰입하여 혼연일체가 되어 신명에 이르게 한다.

도입부에 해당한다. 북가락과 춤사위가 합일되어 표현됨으로써 흥과 신명을 일으키며 즉흥적인 요소가 강하다.

2) 굿거리

굿거리장단에 맞추어 북가락을 치며 춤사위를 표현하고 굿거리 1조와 굿거리 2조로 구성되어 있다. 1조와 2조의 마무리에는 북가락을 중심으로 구성하고 있어, 단락을 맺어주는 효과를 준다. 굿거리는 춤사위를 중심으로 가락을 엮어나간다. 굿거리에 추어지는 춤사위는 9대째 이어오고 있는 세습무가世襲巫家(박씨가계)에서 전승된 굿거리 춤사위를 바탕으로 하고 있다. 굿거리 춤사위는 섬세한 호흡과 발디딤, 유연한 동작과 정제된 멋이 담겨 있다.

3) 자진모리

자진모리장단에 맞추어 북가락을 중심으로 춤사위를 엮어가며 음·양의 짝을 이루며 춤사위가 진행된다. 첫 부분은 외꼭지장단으로 맺고, 두 번째는 품앗이꼭지장단으로 맺는 구성으로 되어 있다. 노동의 동작들이 춤사위에 나타나며, 춤과 가락이 일체 된 형상으로 춤을 진행하여 흥을 고조시킨다. 굿거리장단에 비해 빠른 장단에 의해 춤사위가 진행되지만, 강유剛柔와 대삼大衫, 소삼小衫, 직선과 곡선, 음·양의 조화를 통해 점층적으로 흥을 몰아가는 방식으로 맺고 어르고 풀어낸다.

4) 동살풀이

동살풀이장단에 맞추어 다양한 보법의 춤사위가 나타난다. 동살풀이는 1부[4]와 동살풀이 2부로 나뉘며, 발차기, 갈둥말둥, 어깨춤, 고개짓 등 익살스럽고 놀이적인 춤사위로 구성된다. 특히 1부의 마무리를 휘모리 장단인 다스름장단으로 맺음으로써 신명을 끌어 올린다.

5) 휘모리

동살풀이 2부 끝에 휘모리장단으로 몰아가고, 동선을 좌우로 꺾어 변화를 긴박하게 일으키며 무자舞者와 관객을 몰입시켜 신명의 경지[5]에 이르게 한다.

6) 호성虎聲

'호성'은 '호랑이 성음'이라는 뜻으로 북가락을 치며 호랑이의 기세를 표현한다. 휘모리장단으로 신명을 고조시켜 맺은 후, 긴장감을 더해가며 호성가락을 점점 몰아쳐서 연주한다.

7) 마무리

춤을 마무리 하는 부분으로 굿거리장단에 춤사위를 진행하다 맺음가락으로 춤을 맺는다. 여러 형태로 변화를 일으키며 춤을 마무리 한다.

4 박병천선생은 굿거리1조, 굿거리2조라 하여 굿거리를 두 개의 부분으로 나눌 때 1조, 2조라는 명칭을 사용하였다. 동살풀이는 장단을 설명할 때 1조에서 5조까지 있고, 각각의 장단이 2개씩 구성되어 총 10장단이라고 설명하고 10장단에 춤사위를 구성하였다. 이에 동살풀이에 사용하신 '조'와 혼용을 피하기 위해 동살풀이는 1부, 2부라는 명칭을 사용하였다.

5 춤을 진행하며 몰입의 심리적 단계를 표현한 용어이다.

4.

주요 춤사위

박병천류 진도북춤에 사용되는 주요 춤사위는, 겨누기 사위, 바람막이 사위, 외바람막이 사위, 원형바꾸기 사위, 꽃봉오리 사위, 가세질 사위, 게걸음 사위, 북채 돌려잡기 사위, 갈둥말둥 사위, 옆으로 발차기 사위, 새끼꼬기 사위, 품앗이 사위, 열십자 사위, 발춤 사위, 여물썰기 발사위, 우물푸기 사위, 맷돌갈기 사위 등 세습무가世襲巫家에서 전승된 춤사위와 노동에서 유래된 춤사위, 놀이에서 유래된 춤사위, 발동작을 표현하는 춤사위 등이 있다.

특징적인 춤사위를 상체사위(윗몸사위)와 하체사위(아랫몸사위, 발동작)로 나누어 내용을 살펴보면 다음과 같다.

〈표 5〉 주요 춤사위

상체사위(윗몸사위)	하체사위(아랫몸사위, 발동작)
1. 겨누기 사위	1. 게걸음 사위
2. 바람막이 사위	2. 갈둥말둥 사위
3. 외바람막이 사위	3. 발춤 사위
4. 원형바꾸기 사위	4. 여물썰기 사위
5. 가세질 사위	5. 갈지자 사위
6. 북채 돌려잡기 사위	6. 새끼꼬기 발사위

7. 원 그리기 사위 8. 새끼꼬기 사위 9. 열십자 사위 10. 우물푸기 사위 11. 맷돌갈기 사위 12. 꽃봉오리 사위 13. 허리치기 사위 14. 허리틀며 회전하는 사위 15. 무지개 사위 16. 채돌림 사위	7. 끌어올리는 사위 8. 옆으로 발차기 사위 9. 찍는 사위 10. 들어 올리는 사위 11. 무릎을 들어 올리는 사위 12. 끌어당기는 사위

1) 상체사위

(1) 겨누기 사위

한곳을 겨누는 듯한 동작으로, 왼팔은 앞사선을 향해 수평으로 들고 오른팔은 뒷사선쪽에 위로 들어 올리고 양손으로 북채를 잡는 동작이다. 왼팔을 직선, 오른팔은 곡선의 형태를 만든다.

(2) 바람막이 사위

양 어깨를 활짝 펴고 정지한 모습으로, 독수리가 공중에서 날개짓도 하지 않은 채 그 자리에서 머물러 있는 모습을 본뜬 동작이다.

(3) 외바람막이 사위

한팔을 옆으로 펴고 있는 동작이다.

(4) 원형바꾸기 사위

북을 치고 방향을 바꾸는 동작을 의미한다. 왼쪽으로 진행하다가, 북을 치고 오른발을 오른쪽으로 딛으며 몸의 방향을 바꾸어 오른쪽으로 진행하는 동작이다.

(5) 가세질(가위질)사위

북채를 교차시키며 X 모양을 만드는 동작이다.

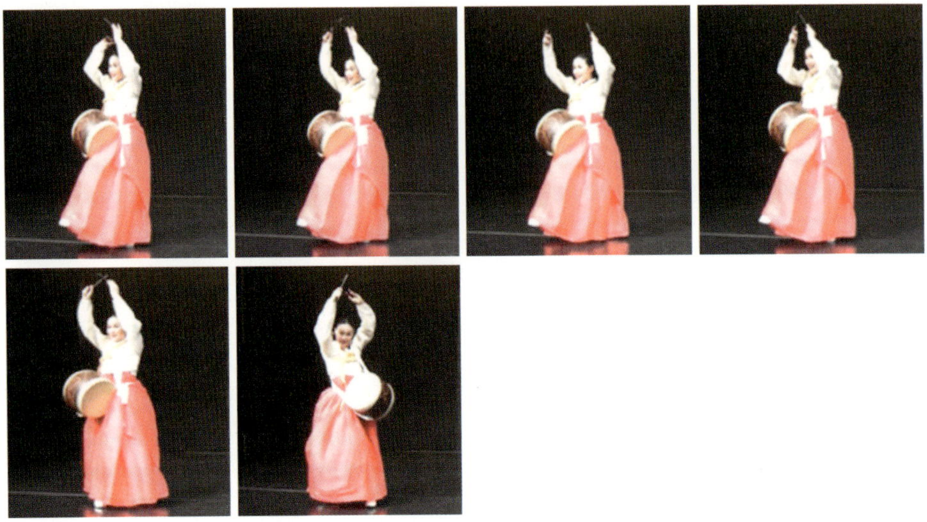

(6) 북채 돌려잡기 사위

손목을 돌려 북채를 잡는 동작으로 힘있게 춤을 맺을 때 사용한다.[6]

진도북놀이와 달리 북채 끝에 너슬(천으로 된 장식물)이 없어, 손목에 힘을 주고 북채를 쥐어서 대나무의 마디와 같이 각각의 동작을 맺어준다.

6 박병천류 진도북춤은 춤을 추는 도중 손목을 절도 있게 꺾어 표현하거나 회전하기 직전 채를 돌려 잡는 춤사위가 있다. 이는 진도북놀이에서의 북채처럼 북채에 너슬이 달려있지 않아 너슬의 방해를 받지 않기에, 손목을 이용해 잡아채기 등 손목의 활용이 많다. 너슬이 없는 대신 손목을 꺾고 돌리면서 다양한 손목사위가 나타난다.

①

②

(7) 원 그리기 사위

북채를 아래에서 위로 밀어 올리며 북채를 쥔 손목을 돌려 원을 그려주는 동작으로, 제자리 혹은 이동하면서 손목으로 원을 그려준다.

①

②

(8) 새끼꼬기 사위

새끼를 꼬는 동작을 모방한 것으로, 북을 치고 왼손을 몸쪽으로 끌어당기고 오른손을 왼손 아래에서 밖으로 밀어내어 새끼가 꼬아지는 것처럼 표현한 동작이다.

(9) 열십자 사위

북채를 쥐고 양팔을 수평으로 들어 올려, 열십자+ 형태로 만드는 동작이다.

(10) 우물푸기 사위

두레박으로 우물에서 물을 푸는 동작을 모방한 것으로, 양팔을 아래로 뻗었다가 양팔을 구부려 북테나 북면 쪽으로 끌어 당기는 동작이다.

(11) 맷돌갈기 사위

맷돌을 가는 동작을 모방한 것으로, 오른팔로 북을 치고 오른쪽 가슴 부위로 북채가 아래로 향하게 들어올린 후 왼손으로 북을 치는 동안 북채를 잡은 오른팔을 오른쪽 방향으로 원으로 밀어내는 동작이다.

(12) 꽃봉오리 사위

양팔을 둥글게 위로 올려서 손목을 서로 안쪽으로 바라보게 굽혀, 꽃봉오리의 모습을 만드는 동작이다.

(13) 허리치기 사위

허리를 밀어서 중심을 이동시키는 동작이다.

(14) 허리 틀며 회전하는 사위

허리를 틀며 몸을 원으로 회전하는 동작이다.

(15) 무지개 사위

무게중심을 앞발로 옮기며 호흡을 올려서, 무지개 모양으로 팔을 들어올리는 동작이다. 무지개사위를 한 후에는 호흡을 풀어서 양팔을 수평으로 만든다.

(16) 채돌림 사위

양손을 위로 올려 북채를 쥔 양손목을 돌려서, 북채를 강하게 잡는 동작이다.

2) 하체사위

(1) 게걸음 사위

갑각류인 게의 걸음을 모방한 발동작으로, 몸의 방향은 앞을 향하고 오른발을 건너서 왼발을 딛고, 왼발을 건너서 오른발을 딛는 발동작이다. 이때 발부리는 앞을 향한다.

(2) 갈둥말둥 사위[7]

오른쪽으로 이동할 듯하면서 왼쪽으로 발을 옮겨 놓는 발동작으로, 이때는 상체에 힘을 빼고 발의 움직임에 따라 상체가 움직이게 되므로 상체가 휘청휘청되며 역동적으로 보여진다. 갈둥말둥 춤사위로 역동성을 살리는 기법을 가미하면서 노동 기능적 맥락을 보여주는 북춤의 역동성을 습합시켰다.[8]

(3) 발춤 사위

발이 춤을 추듯이 움직이는 동작으로, 왼쪽으로 몸을 기울여 오른발의 무릎을 굽히고 오른발을 왼발 뒤쪽에 구부린 후, 차츰 힘을 주어 앞으로 밀어서 펴는 동작이다. 몸의 방향을 회전시키며 사용하기에 오른발이 원을 그리듯이 표현된다. 구부렸던 몸을 차츰 펴서 마지막에 오른발을 왼발 옆에 둔다.

7 좌우 갈둥말둥 사위는 박병천류에서 특화된 사위로 '전후 갈둥말둥 사위'보다 훨씬 역동적으로 비취진다.(이윤선, 앞의 글, 2006, 204쪽)

8 이윤선, 앞의 글, 2006, 205쪽.

①

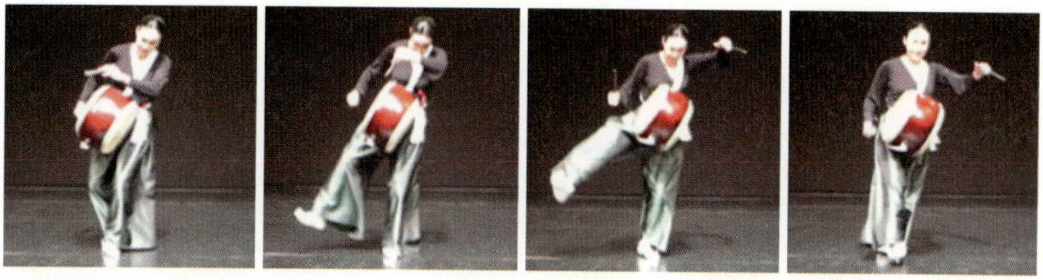

②

(4) 여물썰기 사위

발로 여물(가축의 먹이로 쓰이는 풀)을 썰어 나가는 동작이다. 이때 뒷발과 엉덩이에 힘을 주어 무릎을 굽혀 몸의 중심을 낮추고, 앞발의 무릎에는 힘을 빼고 무릎을 위로 들었다 놓았다 하면서 앞으로 나아간다.

(5) 갈지자 사위

발을 갈지 자之모양으로 왼발, 오른발을 교차시켜 딛는 동작이다. 왼발을 뒤로 디디며 오른발의 무릎을 구부려 왼발 옆으로 끌어올리고, 오른발을 뒤로 디디며 왼발은 앞으로 뻗어서 디딘다. 갈지자 발사위를 사용하여 뒷사선 방향으로 반복해서 이동한다.

(6) 새끼꼬기 발사위

새끼꼬기 동작을 할 때 사용하는 발동작이다. 오른발을 뒤로 딛으며 왼발의 무릎을 들어 올렸다가 왼발을 다시 딛고, 왼발을 뒤로 딛으며 오른발의 무릎을 들어 올렸다가 오른발을 다시 딛는 동작이다. 들어 올린 발을 다시 딛을 때는 발바닥 전체가 바닥에 닿도록 딛는다.

(7) 끌어 올리는 사위

발동작 중 한발을 다른 발의 옆으로 끌어올리는 동작으로, 끌어올려 잠시 머물다가 끌어올린 발을 앞으로 내딛는다.

(8) 옆으로 발차기 사위

한발을 구부렸다 옆으로 차는 동작이다. 왼발을 딛고 오른발을 구부렸다 펴고, 오른발을 딛으며 왼발을 구부렸다 펴는 동작을 반복한다.

(9) 찍는 사위

사선으로 진행하다가 옆으로 발의 앞부분을 찍고 들거나, 한발을 찍고 다른 발 앞으로 건너가는 동작이다.

(10) 원으로 들어 올리는 사위

한발을 위로 밀어 올려 다른 발을 들어 원을 그려 뒤로 딛는 동작이다.

(11) 무릎을 들어 올리는 사위

왼발을 딛으며 오른발 무릎을 위로 들어 올렸다 바닥에 딛는 동작으로, 무릎을 많이 들어 올리고 내린다.

(12) 끌어당기는 사위

몸쪽으로 발을 끌어당겨 무릎이 직선이 되도록 발을 딛는 동작이다.

5.

예술적 특징

박병천류 진도북춤에 내재된 예술적 특징 및 기법들을 고찰하면 다음과 같다.

(1) 오묘한 가락, 오묘한 몸짓

박병천 선생은 '오묘한 가락, 오묘한 몸짓'이라 말하며 장단과 음률이 몸에 차올라 저절로 추어지는 경지가 춤이라고 표현했듯, 박병천류 진도북춤은 장단을 기반으로 구성된 춤이다. 따라서 춤을 구성하고 있는 굿거리장단, 자진모리장단, 동살풀이장단, 휘모리장단, 호성 장단의 기본 장단과 변화 장단을 먼저 익히고, 몸으로 기화시키는 학습을 해야 오묘한 가락에 오묘한 몸짓이 나올 수 있다. 근대 철학자이면서 기학氣學 창시자이고 악학적樂學的 전통을 새로운 패러다임으로 전환시킨 최한기崔漢綺는 장단을 '하나의 소리가 시작하여 끝나는 사이에 사람이 호흡하는 수數'로 정의하고 장단을 사람의 호흡수로 관련 지어 기氣의 운동성을 구체화하였다.[9] 춤을 구성하고 있는 각각의 장단들이 같은 원리와 동일한 호흡법으로 이루어지지 않아 모두 다르고 변화무쌍하기에, 오묘한 가락에 오묘한 몸짓으로 표현된다. 몸의 장단을 풀어내는 것이 다름 아닌 '춤'이기에 춤

9 노동은 · 임수정 · 이수정, 앞의 글, 1994, 116쪽.

자체가 '장단의 기화'이다. 박병천 선생은 "우리 장단가락에 내 몸을 놓는 것"이 '춤'이라고 하였다.

굿거리장단에서는 세습무가 집안에서 내려온 춤의 정제된 멋과 섬세함이 내재되어 있고, 자진모리장단에서는 노동의 동작 및 흥을 일으키는 역동적인 춤사위와 북가락으로 구성되어 있다. 동살풀이장단에서는 농악의 놀이적 유희성이 담겨 있으며 휘모리장단에서는 신명의 경지를 표현한다. 이렇듯 박병천류 진도북춤에는 멋과 흥과 놀이와 신명의 세계가 융합되어 있다.

또한 북가락과 춤사위의 즉흥성에 의해 이루어지는 부분은 관객들에게 내적 감흥을 유발시켜 춤추는 자와 관객이 혼연일체가 되도록 한다.

(2) 음 · 양의 조화

박병천류 진도북춤에 사용되는 북의 타법은, 양손에 북채를 각각 쥐고 왼손을 장구처럼 궁편과 채편으로 넘나든다. 다른 북춤이 주로 외북치기로 추어 지는 반면 박병천류 진도북춤은 양손을 사용하는 양북치기의 타법으로 가락을 자유자재로 구사할 수 있고 잔가락을 형성시킬 수 있는 특징을 지니고 있다. 이로 인해서 음·양을 표현할 수 있고, 태극이 형성되어 화, 수, 목, 금, 토의 다양한 기질들이 나타나며 춤사위와 북가락으로 다채롭게 펼쳐지는 특성을 지니고 있다. 박병천 선생은 장단과 춤을 설명할 때 음양을 중시했고 오행의 사상을 강조하였다. 장단을 구성할 때도 음양으로 대비되고, 조화시키는 다양한 원리를 적용시켰고 그 원리 속에 장단과 춤을 구성하였다.

태극도설太極圖說에는 음양오행에 관해 다음과 같이 기록되어 있다. 이러한 원리들이 박병천류 진도북춤 안에 내재되어 있으며 사시의 변화와 만물의 생성을 춤 안에 담고 있다.

> 무극無極이면서 태극太極이다. 한번 움직이고 한번 고요해져서 서로 그 상원根源이 되니, 음陰을 나누고 양陽을 나누어 양의兩儀가 세워진다. 양陽이 변하고 음陰이 합하여 수水·화火·목木·금金·토土를 생生하니, 다섯 가지 기氣가 순리順理에 맞게 분포되며 사시四時가 운행된다.

오행五行은 하나의 음양陰陽이고 음양陰陽은 하나의 태극太極이며 태극太極은 본래 무극無極이다. 오행이 생生함에 각각 그 성질을 달리하는데, 무극無極의 진수眞髓와 음양오행陰陽五行의 정수精髓가 묘하게 합하여 응결됨으로 해서 강건한 하늘의 도道는 남성男性을 이루고, 부드러운 땅의 도道는 여성女性을 이룬다. 두 기운이 교감交感하여 만물萬物을 변화·생성시키니, 만물萬物은 낳고 낳아 변화함이 무궁無窮하다.[10]

(3) 장단의 기법을 춤에 활용

박병천류 진도북춤은 장단의 오묘한 원리를 바탕으로 구성된 춤이기에, 한배 안에서 규칙적으로 동작이 구성되어 있지 않고 밀고 끌어 당기는 밀채·끌채 기법을 활용하여 다양한 미감을 생성시킨다. 끌채란 연주되고 있는 장단의 뒷부분에 다음에 연주될 장단의 요소를 미리 끌어 당겨 연주하는 기법이다. 이를 춤에 활용하여 진행되고 있는 장단의 후반부에 다음 장단의 춤의 느낌을 끌어와 춤이 맞물리도록 하는 기법으로, 끊이지 않고 춤이 진행되도록 한다. 굿거리장단에서 자진모리장단으로 진행하거나 자진모리장단에서 동살풀이장단으로 진행할 때 끌채를 사용하여 자연스럽게 장단이 바뀌도록 한다. 박병천 선생은 다른 장단으로 변화할 때 딱 끊어서 넘기면 '아래 웃물이 지듯'이 끊어지니 서로 섞일수 있도록 끌채를 사용해야 한다고 강조하였다.

밀채는 다음 장단으로 넘겨서 박을 먹고 동작을 진행하는 것으로, 제자리에 멈춰서서 어르는 동작에 밀채의 기법이 사용된다. 동작을 서두르지 말고 무겁게 표현하거나 호흡을 길게 가져가는 동작 등에 밀채 기법이 사용된다.

또한 장단을 구성하는 요소인 기起·경耕·결結·해解 즉 내고·달고·맺고·푸는 원리를 동작의 단락을 구성할 때 적용함으로써, 북가락과 몸짓이 조화를 이루며 춤이 표출된다.

10 『太極圖說』: "無極而太極. 太極動而生陽, 動極而靜, 靜而生陰, 靜極復動, 一動一靜, 互爲其根. 分陰分陽, 兩儀立焉. 陽變陰合, 而生水火木金土, 五氣順布, 四時行焉. 五行一陰陽也, 陰陽一太極也, 太極本無極也. 五行之生也, 各一其性. 無極之眞, 二五之精, 妙合而凝, 乾道成男, 坤道成女, 二氣交感, 化生萬物, 萬物生生而變化無窮焉."(이희병, 「한국전통춤 춤사위의 미학적 체계와 현대적 응용사례 고찰」, 제3회 사단법인 한국전통춤협회 학술대회, 2021, 59쪽)

(4) 맺음기법

춤의 구성을 살펴보면, 다른 장단으로 넘길 때 북가락을 사용하여 춤을 맺고 다음 장단으로 넘어가는 형식을 사용한다. 북가락을 연주하며 다음 장단의 반전되는 느낌을 관객들에게 기대하게 하는 효과를 줌과 동시에, 춤뿐만이 아니라 북가락의 음악적 연주로 흥과 신명을 고조시킨다. 입장 맺음가락, 굿거리 맺음가락, 자진모리 꼭지장단 맺음가락, 동살풀이 다스름 맺음가락, 휘모리 맺음가락, 호성가락 등을 활용하여 각 부분의 맺음과 다음 장단의 시작을 알린다.

(5) 공감共感의 기법(同樂의 구성)

박병천류 진도북춤은 무자舞者와 연주자와의 공감, 무자와 관객의 상호공감을 이룰 수 있도록 구성하여, 춤이 진행되는 동안 무자, 연주자, 관객이 함께 공연을 만들어 나간다.

품앗이 장단을 활용하여 춤을 구성하여 연주자와 무자의 공감을 만들고, 북가락의 변주와 다양한 춤사위로 흥과 신명을 일으키고 호성의 추임새를 통해 관객과의 공감을 이루며, 공연에 참여하는 모든 사람들이 연행의 주체가 되어 열린 춤판이 될수 있도록 춤이 진행된다.

(6) 대삼大衫 · 소삼小衫과 강强 · 유柔의 표현

춤동작에 호흡을 넣어서 대삼과 소삼을 표현하듯 장단을 칠 때도 호흡을 넣어 표현해야 한다. 북가락 역시 대삼과 소삼의 부분이 표현되어야 하므로, 호흡을 넣어 강하게 치는 대삼의 부분과 호흡을 빼고 약하게 치는 소삼의 부분이 조화롭게 표현되어야 한다. 박병천 선생은 속도가 빠르게 진행되는 자진모리 부분의 북가락을 크게만 치면 동작이 서두르게 보이고 뻑뻑하게만 느껴지니, 힘을 빼고 사근사근 연한 부분을 넣어 쳐야 여유롭게 보인다고 말하였다. 뻑뻑하기만 하면 돌배처럼 맛이 없고, 사근사근한 배의 맛처럼 연하게 표현해야 한다고 비유하였다.

동작의 강 · 유 표현에서도 강하게 표현하려면, 장단의 한배에 점점 힘의 세기를 중첩

시켜 다음 장단의 동작에 쌓아진 힘이 춤사위에 표현되도록 가르쳤다. 자진모리 동작을 할 때 장단의 첫 박은 힘을 빼고 둘째 박 끝에서부터 점점 힘을 넣어 몰아쳐야 한다고 강조하였다.

또한 어떤 동작에서는 마지막에 힘을 빼고 유하게 표현해야 다음 동작과 맞물릴 수 있다고 설명하며, 춤을 시작하여 끝을 맺을 때까지 각 장단에 적용되는 춤사위의 생성원리의 기법들을 변화무쌍하게 활용하고 있는 것을 춤사위를 통해 설명하였다.

(7) 가중加重의 기법(역동성力動性)

박병천류 진도북춤에서는 다양한 형태의 북가락이 변주되며 춤의 흐름을 이끈다. 같은 리듬꼴이 반복되는 경우에는, 점점 강하게 힘을 몰아쳐서 역동적인 기운을 느끼도록 연주하라고 강조하였다. 첫 번째 리듬꼴은 약하게 하고 점층적으로 소리를 쌓아 올려 북을 연주하고, 몸짓 또한 북소리와 함께 점차적으로 커지도록 표현해야 한다고 가르쳤다.[11]

(8) 태점을 치는 기법

부드러운 흐름 중에 태점을 쳐서 맥을 주어 긴장을 일으키고, 이어 덜커덕[12] 호흡을 떨어뜨려 풀어내는 기법을 통해 동작 안에 다층적 미감을 담아내었다.

박병천 선생은 가·무·악뿐만 아니라 서화에도 일가견이 있어, 동양화를 비유하여 태점을 설명하였다. 흐르는 선 중에 태점을 넣어야 선의 힘이 선명하게 드러남을 동양화에 태점을 활용한 작품을 보여주며 그 기법을 부각시켰다.

11 똑같은 동작이 세 번 이상 반복되면 지루하게 느껴지니 춤을 구성할 때 주의하라는 설명도 덧붙였다.

12 호흡을 위로 긴장시키며 끌어 올리다가 호흡을 일시에 풀어내며 몸을 떨어뜨리는 기법으로 투박하면서도 긴장된 감정을 해소시키는 미감을 자아낸다.

(9) 정靜의 표현(거대한 나무가 움직이듯 표현)

굿거리 동작 중 멈춰 서서 어를 때, 팔로만 표현하지 말고 거대한 나무가 움직이듯 몸 전체를 활용하여 중심을 서서히 이동할 것을 강조하였다. 바람막이 동작을 할 때도 커다란 독수리가 날개를 펴고 하늘에 머물러 있듯이, 호흡을 가득 머금고 머물러 있어야 춤사위가 제대로 표현된다는 점을 거듭 강조하였다.

(10) 유遊의 표현(호흡을 풍긴다, 저절거린다, 덩실 덩실)

호흡이 서서히 몸 밖으로 드러나게 표현하는 것을 '호흡을 풍긴다'고 표현하였고, 온몸에 힘을 빼고 장단에 얹혀 노니는 형상[遊]을 '저절거린다'는 용어를 사용하였다. 인위적인 몸짓이 아니라 연희의 몸짓처럼 저절로 흥에 겨워 '덩실~ 덩실~' 표현되어야 한다고 설명하였다.[13]

(11) 심원深圓, 평원平圓, 고원高圓의 세계

이 세계는 심원, 평원, 고원으로 나뉘고 심원은 보이지 않는 땅 아래의 세계, 평원은 눈에 보이는 세계, 고원은 하늘의 세계이고, 전통예술의 표현에도 그렇게 나타난다고 언급하였다. 춤의 표현에도 심원, 평원, 고원이 표현되어야 함을 강조하고 춤의 각각의 부분에 심원, 평원, 고원의 느낌을 반영하여 가르쳤다.

(12) 긴장과 이완(찐~뜩, 흥청)

동작을 심원으로부터 끌어 올릴 때는 공력을 들여 서서히 온몸을 긴장시켜 찐득하게 끌어올리고, 평원이나 고원으로 끌어 올린 후에는 힘을 빼고 흥청거리며 유柔하게 표현했다가, 다시 강하게 표현하기 위해 힘을 주어 긴장시킨다. 호흡을 채워나가며 동작을 맺고 호흡을 놓아 덜커덕 풀어내며, 긴장과 이완의 원리를 다채롭게 담아낸다.

13 '덜커덕, 호흡을 풍긴다, 저절거린다, 덩실 덩실, 찐~뜩, 흥청, 덜렁 덜렁' 등은 박병천 선생이 춤사위를 가르칠 때 춤사위의 느낌을 표현하며 사용한 용어들이다.

(13) 흥興의 생성

온몸에 힘을 빼고 동작을 표현할 때 '덜렁, 덜렁거리듯' 표현하라고 강조하였고, 고개짓을 넣어서 표현하는 동작에도 이 용어를 사용하였다. 흥興의 상태를 유발시킬 때 사용되는 기법이다. 박병천류 진도북춤은 북가락의 다채로운 변주와 동작으로 인해 흥興의 감정을 생성시킨다.

(14) 춤사위의 직선과 곡선

춤사위의 형태를 표현할 때 음양의 조화를 표현하듯, 직선의 동작과 곡선의 동작이 명확히 구분되고 맞물려 표현되어야 한다. 겨누기 동작에서 왼팔은 직선, 오른팔은 곡선으로 나타나고, 굿거리장단에서 게걸음 동작으로 옆으로 양팔을 들어 진행할 때도 첫 장단은 소삼으로 곡선의 형태로 표현되고, 둘째 장단을 대삼으로 직선의 형태로 나타난다. 동살풀이장단에서도 첫 장단은 직선, 두 번째 장단은 곡선의 춤사위로 표현한다. 음·양이 한 짝이 되어 장단을 구성하고 그 장단의 느낌으로 춤사위를 구성하였다. 음·양이 짝을 이루어 진행하지만, 음·양 구조는 각 장단마다 서로 다르기에 다른 형태의 춤사위로 다양하게 표현된다.

(15) 맺음과 풀어냄(응축시켰다가 퍼뜨리는 기법)

박병천 선생은 동작 중 춤의 질감에 대한 설명을 구체적으로 제시하였다. 춤사위를 진행할 때 '힘주어라, 힘빼라~' 하며 첫 부분에 에너지를 몰아 응축시키고 나머지 부분은 서서히 공간에 호흡을 퍼뜨리는 기법을 활용하여, 마치 한지에 먹으로 점을 강하게 찍으면 먹물이 서서히 한지에 퍼지듯 서서히 호흡을 풀어낸다. 또한 장단에 규칙적으로 추는 춤을 경계하였다. 한배에서 앞의 박자를 당기고 뒤를 느리게 가져가거나 느리게 진행하다가 뒷부분을 당겨주면서, 한국 장단의 특징인 3분박[14]의 리듬을 다채롭게 활용하여 다

14 한국의 장단은 한박이 3개의 리듬으로 분할되거나(3분박) 3개의 리듬이 모여(3소박) 한박을 형성하며 다채로운 리듬형태를 만들어 낸다.

양한 춤사위와 진행을 만들어낸다.

(16) 역동작의 사용

공간의 활용에 있어 동작을 크게 보이게 하도록, 역동작을 사용하고 다음 동작을 진행시킨다. 앞을 보고 왼쪽으로 회전할 때 몸의 방향을 반대 방향인 오른쪽 사선으로 보냈다가, 오른쪽 사선부터 회전시켜 회전의 반경을 넓혀 동작을 크게 표현한다. 반대 방향에도 적용된다. 동선을 크게 표현하기 위해 진행 방향과 반대로 역동작을 사용함으로써 춤의 표현을 활달하게 만든다. 진행되는 동선이 태극의 선으로 표현되는 동작들도 역동작을 활용하여 공간을 크게 사용한다.

(17) 신명의 세계

장단을 차츰 몰아가며 춤을 진행시키고, 춤사위에 더해져 울려지는 북가락의 역동성과 다양한 변주로 인해 흥을 유발시킨다. 동살풀이장단의 유희적 춤동작을 통해 관객에게 즐거움을 일으키며[同樂] 춤을 진행하다가, 휘모리 가락을 빠르게 연주하며 동선을 좌우로 긴박하게 움직이고 위로 도약하며 신명의 경지를 표현한다.

위에서 살펴본 바와 같이 박병천류 진도북춤은 북소리와 춤이 결합된 독특한 예술형식을 띠고 있는 전통춤이다. 장단을 차츰 빠르게 몰아가며 흥과 신명을 일으키고 무자舞者의 내면의 멋을 느낄수 있는 구조를 지니며, 즉흥성의 발현을 통해 관객에게 신명과 신바람을 일으켜 집단적으로 예술체험을 경험할수 있도록 한다. 박병천류 진도북춤은 가락을 치는 데에만 머무르지 않고 다양한 춤사위를 통해 몸을 움직이는 원리와 호흡, 다채로운 구성 등이 함께 어우러진다. 변화무쌍하고 역동적인 변화를 추구함으로써 흥과 신명을 이끌어내면서도 때로는 무겁고 느리며 정적인 섬세함까지 지향하는 춤으로, 음 · 양의 조화 , 긴장과 이완, 강유剛柔의 대비와 같은 철학적 원리를 체현하며, 대삼·소삼의 장단구성, 맺고 풀기, 그리고 오방과 태극선 등의 공간구성 요소를 통해 진통무용의 독지적인 어법을 보여준다. 이는 자연의 순환성과 공간의 균형, 의례적 감수성을 토대로 형성된 한국무용어휘의 정수精髓를 반영한다.

박병천류 진도북춤은 가·무·악 일체의 학습을 해온 전통예인 박병천이 진도지역의 모북이나 농악 속에 나타난 가락에 춤사위를 확장시키고 전통적 미의식과 장단기법 등을 가미하여, 놀이 중심의 북놀이를 다채로운 북가락과 춤사위 및 구성양식을 체계화하고 다양한 공간 활용을 통해 예술적인 양식의 북춤으로 승화시킨 춤이다. 궁극적으로 박병천류 진도북춤은 민속적 놀이 형식을 넘어 고도로 예술화된 전통무용으로 승화되었으며 독특한 예술적 양식과 미의식을 지닌 한국의 무형문화 유산이다.

박병천류 진도북춤은 북소리와 춤이 합일되어 표출되는 기운생동한 예술세계가 담겨 있다. 북소리는 심장을 울리는 소리이기에, 박병천류 진도북춤은 생명력을 불어 넣고 원초적 에너지를 끌어내어 흥과 신명의 세계로 이끌며 자신이 살아있음을 느끼게 하는, 오묘한 가락과 오묘한 몸짓을 지닌 생명을 살리는 춤이다. 단지 춤사위로만 표현하는 것이 아니라 장단을 자신의 몸에 흠뻑 머금고 멋과 흥과 신명의 기운을 천지에 펼쳐내는 춤이다. 마치 커다란 독수리가 허공을 나는 듯, 노니는 듯, 천 길 낭떠러지로 물줄기가 내리 꽂히는 듯 웅장하고도 멋스런 춤사위는 보는 이로 하여금 무아의 경지로 빠져들게 한다. 장단마다 가락과 춤사위가 달라 같은 흐름이 반복되지 않고 끊임없이 새롭게 전개되는 춤이다. 굿거리·자진모리·동살풀이·휘모리로 이어지는 장단의 변화무쌍함 속에 음·양의 조화가 드러나며, 대삼·소삼, 강유 등 주요 표현 요소가 유기적으로 결합된다. 따라서 앞에서 언급한 예술적 특징들을 알지 못하면 춤에 담긴 미감을 온전히 표현할 수가 없다.

박병천류 진도북춤은 장단의 오묘한 세계와 그 안에 표현되는 굿거리 춤의 정제되고 섬세한 멋, 자진모리 춤의 흥과 역동성, 동살풀이 춤의 익살과 유희성, 휘모리 춤의 신명의 세계가 융합된 춤으로, 음양오행에 의해 사계절이 운행되고 만물이 변화하고 끊임없이 생성되는 무궁無窮한 이치를 담고 있는 거대한 춤이다.

6.
무보舞譜

춤의 진행에 따른 춤사위와 북가락, 춤동선 등을 총체적으로 기재한 무보는 다음과 같다.

필자는 1991년에 박병천선생에게 입문하여 선생이 작고하신 2007년까지 여러 가지 변화된 형태의 진도북춤을 사사하였고, 각 시기별 춤사위와 동선에 변화가 있는 형태를 공연하고 그 자료들을 동영상으로 남겼다.

무보에는 추가되는 춤사위와 생략을 할 수 있는 부분을 명시하여, 각 시기에 따라 다르게 공연된 변화양상을 살펴보았다. 특히 춤동선과 공간 운용법[15]은 무대공간을 크게 활용하기 위해 다음과 같은 변화가 보인다.

첫째, 원을 만들며 진행하던 동작을 앞사선으로 진행하는 방식으로 변화를 일으켰다.

둘째, 왼쪽에서 오른쪽으로 수평 이동하는 동선이 왼쪽 뒷사선에서 오른쪽 앞사선으로 이동하는 사선 진행 형태로 변화되었다.

셋째, 앞이나 뒤로 진행하는 동선을 오른쪽 앞사선 혹은 왼쪽 뒷사선으로 진행하도록 동선에 변화를 주었다.

15 박병천 선생에게 사사한 진도북춤을 1994년 미국공연, 1995년 무 · 악 발표회, 1999년 오묘한 가락, 오묘한 몸짓, 2002년 진도, 그 신명의 땅으로의 초대, 2006년 사계지무, 2008년 예혼 등에서 공연을 했고, 당시의 동영상을 분석하여 공간의 변화를 정리하였다.

박병천류 진도북춤은 무대공간을 전면적全面的으로 활용하며 동선을 운용한다. 다른 북놀이들이 단순히 상하 이동이 주를 이루고 간혹 좌우 이동과 돌기 동작이 반복적으로 이루어지는 것에 비해, 박병천류 진도북춤은 무대를 전체적으로 활용하는 다양한 무대사용을 보여주고 있다.[16] 박병천은 무대공간을 운용함에 있어 여덟 면의 방향을 고루 사용하고, 회전하며 이동하기, 지그재그로 이동하기, 뒷사선에서 앞사선으로 이동하기, 옆으로 이동하기 등 다양한 이동 경로를 보여준다. 공간 구성에 있어서도 원형, 태극선, 갈지자, 사선 등 다채롭게 동선을 전개하며 춤을 진행한다.

〈무보 기보법〉

	기호	설명
무대표시	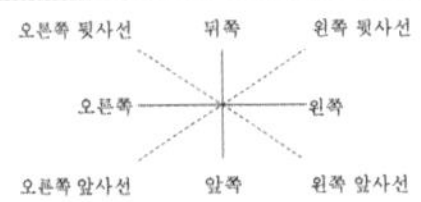	관객을 향해 춤을 실연하는 무용수 관점에서 무대공간의 명칭을 정함. 오른쪽, 왼쪽, 앞쪽, 뒤쪽 오른쪽 앞사선, 왼쪽 앞사선, 오른쪽 뒷사선, 왼쪽 뒷사선
동선	○	동작을 시작하는 위치를 의미한다.
	──────▶	이동경로를 표시한다.
		몸을 자반뒤집기 혹은 연풍대처럼 180도씩 회전하며 도는 동작을 표시한다.
북가락[17]	덩(합)[18]	양손의 북채로 북의 양면을 치는 타법
	떡	양손의 북채를 서로 부딪치거나 양손의 북채로 북통의 윗면을 치는 타법
	궁(쿵)	왼손의 북채로 북을 치는 타법(강하게 칠때는 '쿵'으로 표기함)
	구궁	왼손의 북채로 북을 칠 때 감아서 소리가 두 번 나게 치는 타법
	따(다)	오른손의 북채로 북을 치는 타법(약하게 칠 때는 '다'로 표기함)
	딱	오른손의 북채로 북의 테를 치거나 강하게 치는 타법
	기닥	오른손의 북채로 북을 칠 때 감아서 소리가 두 번 나게 치는 타법
	드리닥	오른손의 기닥과 왼손의 궁을 빠르게 연결시키는 타법
	다르르르	오른손의 북채로 여러 번 굴려서 치는 타법

16 박선영, 「양태옥류와 박병천류 진도북춤 춤사위 비교연구」, 중앙대학교 석사학위논문, 2007, 41쪽.

17 북가락의 구음은 진도북춤이 북을 연주하며 장구의 타법처럼 왼손의 채로 북의 양쪽 면을 넘나들며 치기 때문에 북과 장구의 구음이 혼용되어 사용하고 있다. 북가락의 타법을 구음으로 정리하였지만 예외의 경우도 있다. 무보에는 박병천 선생이 가르치시면서 사용하신 구음을 구현하여 기보하였다.

18 박병천 선생은 '덩'의 타법을 '덩'과 '합'이라는 용어로 경우에 따라 둘다 사용하였다.

1) 자진모리 장단(입장)

분류 / 장단 수	무보 및 해설			
	1박	2박	3박	4박
1장단				
북가락				
춤사위 설명	꽹과리 신호를 듣고 북을 연주할 준비를 한다.			
춤 동선	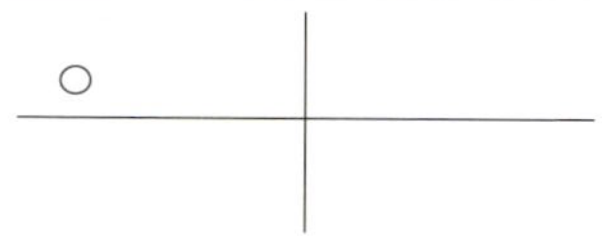			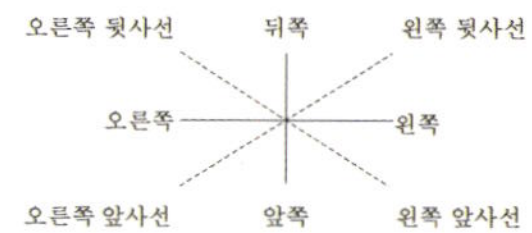
2장단				
북가락	덩	더 더 덩	더 덩	딱
춤사위 설명	제자리에서 북을 치며 무대에 등장할 준비를 한다.			
춤 동선	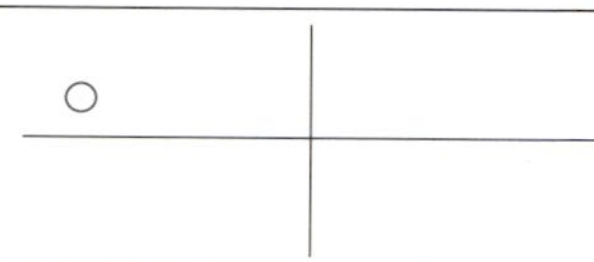			

분류 / 장단 수	무보 및 해설			
	1박	2박	3박	4박
3장단				
북가락	덩			
춤사위 설명	1박에 북을 치고 전진하며, 2박에 왼손을 들어 올리고, 3박에 오른손을 들어 올리며, 4박에 겨누기 동작을 하며 방향을 앞을 향하고 왼발을 들어 올린다.			
춤 동선	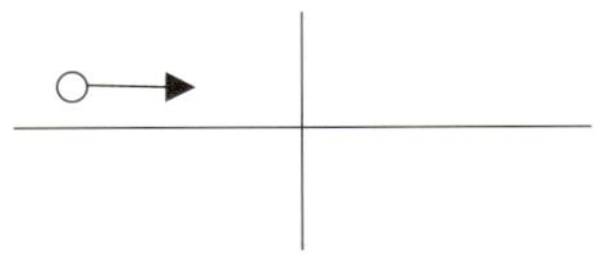			
4장단				
북가락	덩			
춤사위 설명	1박에 북을 치며 왼팔을 들어 올리고, 2박에 오른손을 뒤로 밀고, 3박에 호흡을 뺀 후, 4박에 양팔로 겨누기 동작을 만들고 왼발을 든다.			
춤 동선	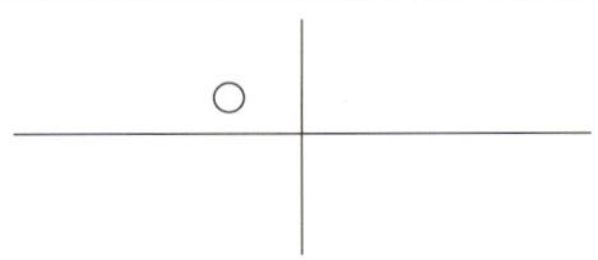			

분류 / 장단 수	무보 및 해설			
	1박	2박	3박	4박
5장단				
북가락	덩			
춤사위 설명	1박에 북을 치고, 2박에 왼팔을 들어 올리고, 3박에 몸의 방향이 오른쪽으로 향하게 회전하며 오른팔을 들어 올리고, 4박에 몸의 방향이 왼쪽으로 향하게 회전하며 왼쪽 방향으로 진행한다.			
춤 동선	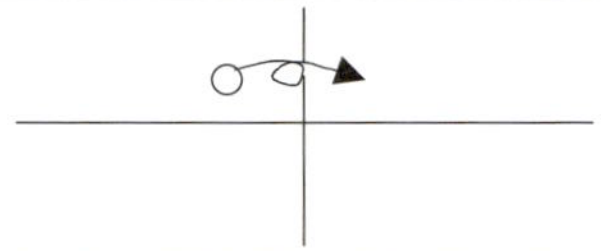			
6장단				
북가락	덩			
춤사위 설명	1박에 북을 치며 왼팔을 들어 올리고, 2박에 오른손을 뒤로 밀며, 3박에 호흡을 뺀 후, 4박에 양팔로 겨누기 동작을 하며 왼발을 든다. (5 · 6장단은 무대공간이 클 때 사용)			
춤 동선	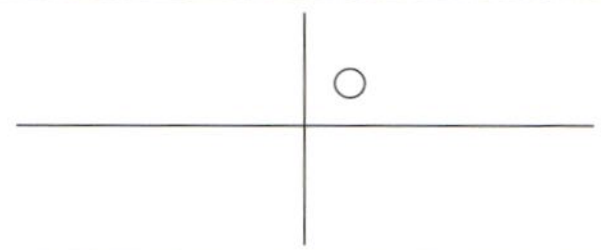			

분류 / 장단 수	무보 및 해설 1박	2박	3박	4박
7장단				
북가락	덩	궁	덩	떡
춤사위 설명	1박에 북을 치고, 2박에 호흡을 풀어 몸의 방향을 왼쪽 앞사선으로 향하고, 3박에 북을 치고 중앙을 거쳐, 4박에 오른쪽 앞사선으로 몸의 방향을 전환한다.			
춤 동선	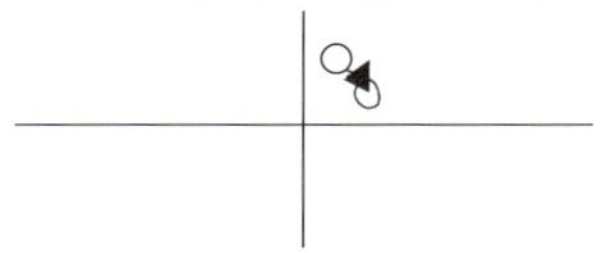			
8장단				
북가락	덩	떡	덩	떡
춤사위 설명	왼쪽 뒷사선 방향으로 뒷걸음질하며 1박에 북을 치고, 2박에 팔을 들어 채를 치고, 3박에 북을 치고, 4박에 팔을 높이 들어 채를 친다.			
춤 동선	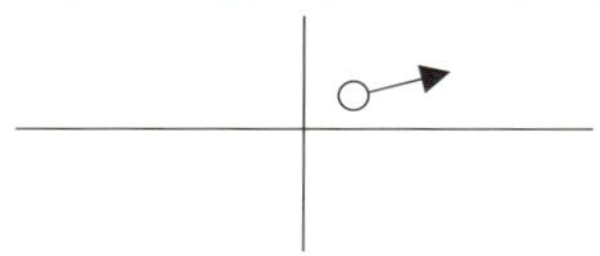			

<table>
<tr><td>분류
장단 수</td><td colspan="4">무보 및 해설</td></tr>
<tr><td></td><td>1박</td><td>2박</td><td>3박</td><td>4박</td></tr>
<tr><td>9장단</td><td></td><td></td><td></td><td></td></tr>
<tr><td>북가락</td><td>덩</td><td>궁</td><td>궁</td><td>따</td></tr>
<tr><td>춤사위 설명</td><td colspan="4">1박과 2박에 북을 치며 오른쪽 앞사선으로 나아가고, 3박에 북을 치며 왼쪽 앞 사선으로 방향을 전환하고, 4박에 오른발을 끌어 올린다.</td></tr>
<tr><td>춤 동선</td><td colspan="4">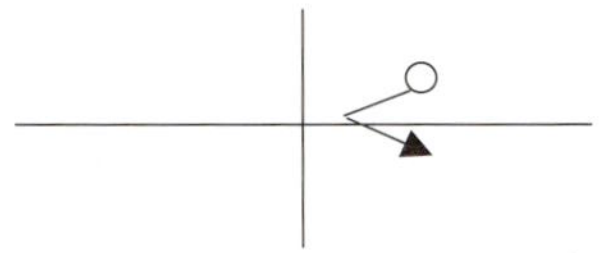</td></tr>
<tr><td>10장단</td><td></td><td></td><td></td><td></td></tr>
<tr><td>북가락</td><td>더 덩</td><td>더 덩</td><td>덩</td><td>덩</td></tr>
<tr><td>춤사위 설명</td><td colspan="4">1박에 왼쪽 앞사선 방향에서 원을 그리며, 2박에 앞방향을 거쳐, 3·4박에 오른쪽 앞사선 방향에서 한바퀴 회전한다.</td></tr>
<tr><td>춤 동선</td><td colspan="4">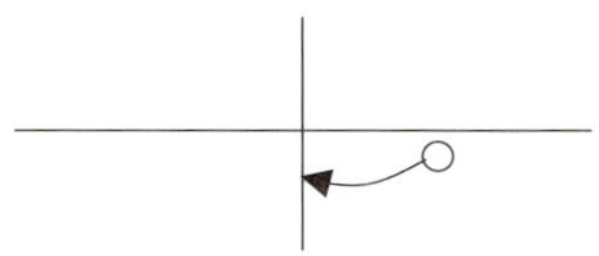</td></tr>
</table>

분류 / 장단 수	무보 및 해설			
	1박	2박	3박	4박
11장단				
북가락	덩 ¦ ¦ 궁	¦ 따 ¦	궁 기 ¦ 닥 ¦ 궁	¦ 궁 ¦
춤사위 설명	북가락을 치며 오른쪽 앞사선 방향에서 오른쪽 뒷사선 방향으로 큰 원을 그리며 회전한다. 1 · 2박에 북을 치고 왼팔을 넘기고, 3 · 4박에 북을 치고 오른팔을 들어 올리며 회전한다.			
춤 동선	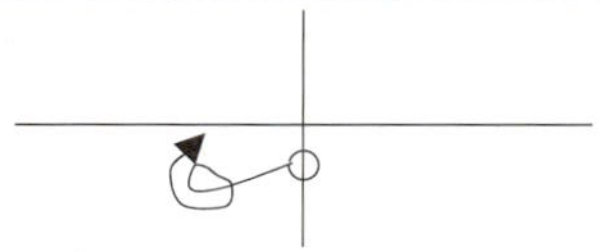			
12장단				
북가락	덩 ¦ ¦	¦ ¦	¦ ¦	¦ ¦
춤사위 설명	1박에 북을 치고 양팔을 들어 올리고, 2박에는 뒷방향에서 앞방향으로 회전하고, 3박에는 뒷방향을 향하고, 4박에는 겨누기동작으로 앞을 향한다.			
춤 동선	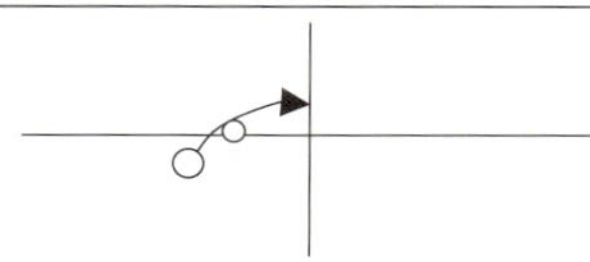			

장단 수 \ 분류	무보 및 해설			
	1박	2박	3박	4박
13장단				
북가락	더 ┆ 더 ┆ 더	더 ┆ 덩 ┆	더 ┆ 더 ┆ 더	더 ┆ 덩 ┆
춤사위 설명	제자리에서 앞을 향하여 밀고 당기며 북가락을 친다.			
춤 동선	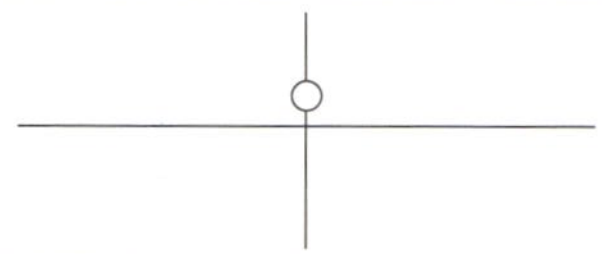			
14장단				
북가락	더 ┆ 덩 ┆	더 ┆ 덩 ┆	덩 ┆ ┆	덩 ┆ ┆
춤사위 설명	제자리에서 북가락을 치며 자진모리 동작을 마무리 하고 굿거리 장단으로 넘어간다.(3박과 4박은 굿거리의 느낌으로 끌채를 사용함)			
춤 동선	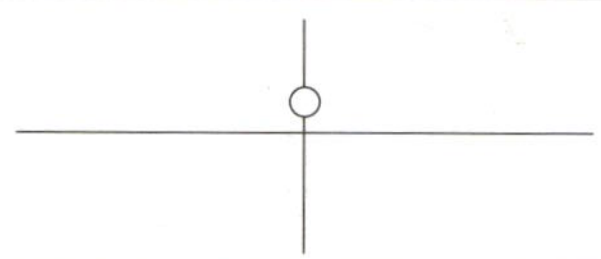			

2) 굿거리장단

<table>
<tr><th>분류 / 장단 수</th><th colspan="4">무보 및 해설</th></tr>
<tr><td></td><td>1박</td><td>2박</td><td>3박</td><td>4박</td></tr>
<tr><td>1장단</td><td></td><td></td><td></td><td></td></tr>
<tr><td>북가락</td><td>덩</td><td></td><td></td><td></td></tr>
<tr><td>춤사위 설명</td><td colspan="4">1박에 북을 치고 뒤로 돌아, 2박에 오른팔을 왼쪽 뒷사선을 향해 들고, 3박에 오른팔 방향으로 서서히 몸을 회전하다가, 4박 마지막에 왼팔을 오른쪽 뒷사선으로 방향을 바꾸고, 북채를 양손으로 힘있게 잡으며 오른발을 든다.</td></tr>
<tr><td>춤 동선</td><td colspan="4">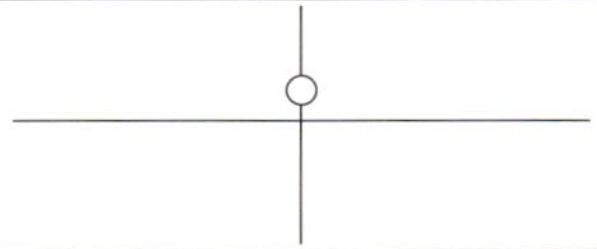 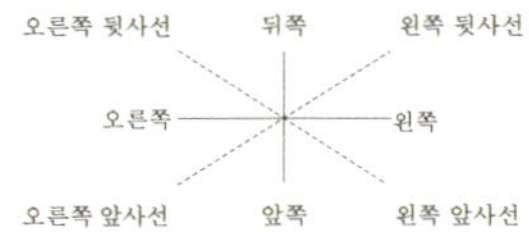</td></tr>
<tr><td>2장단</td><td></td><td></td><td></td><td></td></tr>
<tr><td>북가락</td><td>덩</td><td></td><td></td><td></td></tr>
<tr><td>춤사위 설명</td><td colspan="4">1박에 북을 치고 오른발을 뒤로 이동시키며 양팔을 벌리고, 2박에 왼발을 들며 몸을 오른쪽 뒷사선으로 틀고, 오른팔은 엉덩이 뒤로 보내고, 왼팔은 북의 윗부분으로 끌어 올린다. 3박에 오른쪽으로 회전하기 위해 오른 손목을 밀어내며 회전하고, 4박에 왼발을 디디며 오른팔을 들어 올린다.</td></tr>
<tr><td>춤 동선</td><td colspan="4">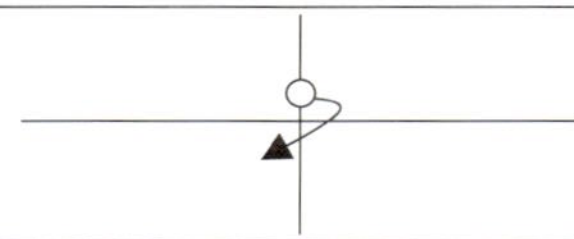</td></tr>
</table>

장단 수 \ 분류	무보 및 해설			
	1박	2박	3박	4박
3장단				
북가락				
춤사위 설명	1박에 오른발을 딛고 왼발을 들며 오른팔을 높이 들고, 2박에 왼발을 디디며 팔을 사선으로 펴고, 3박에 작게 좌우세를 하며 어르고, 4박에 크게 좌우세를 하며 어르고 4박 마지막에 왼발을 살짝 든다.			
춤 동선	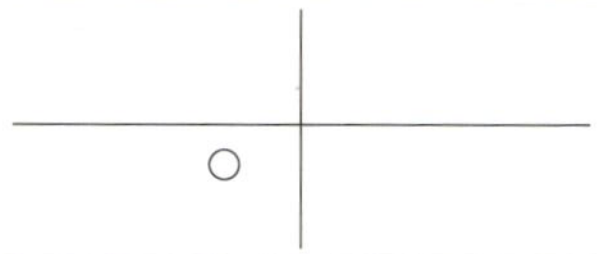			
4장단				
북가락				
춤사위 설명	1박에 왼발을 딛고, 2박에 오른발을 디디며 팔을 좌우세로 어르고, 3박에 오른발을 들고 몸을 오른쪽 앞사선으로 이동시키고, 4박에 오른발을 왼쪽 뒷사선으로 뒤로 딛고 팔도 오른쪽 뒷사선으로 밀어낸다.			
춤 동선	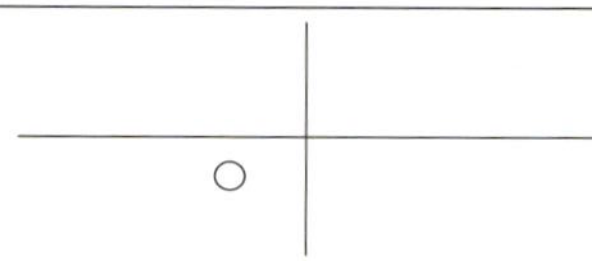			

분류 / 장단 수	무보 및 해설			
	1박	2박	3박	4박
5장단				
북가락				
춤사위 설명	1박에 왼발을 오른쪽 앞사선으로 딛고, 2박에 오른발을 왼쪽 앞사선으로 디디며 몸의 방향을 바꾸고 북에 얹은 왼팔을 들어 올려 양팔을 펴고, 3박에 왼쪽 앞사선 방향으로 이동하다가, 4박에 몸의 방향을 오른쪽을 향해 틀고 북을 치려고 양손의 북채를 잡는다.(2 · 3박에 오른팔의 방향이 오른쪽 앞사선을 향하고 동작을 진행하기도 함)			
춤 동선	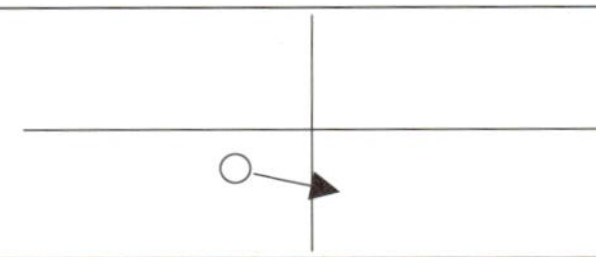			
6장단				
북가락	덩			
춤사위 설명	1박에 북을 치며 오른쪽으로 회전하며, 2박에 왼팔을 펴고 오른팔은 엉덩이 쪽으로 내리고 몸을 오른쪽으로 틀어 뒤 방향으로 회전하며, 오른팔을 서서히 들어 올리고, 3 · 4박에 앞 방향을 지나 오른쪽 앞사선을 향한다. 이때 왼팔은 왼쪽 뒷사선, 오른팔은 오른쪽 앞사선을 향한다.			
춤 동선	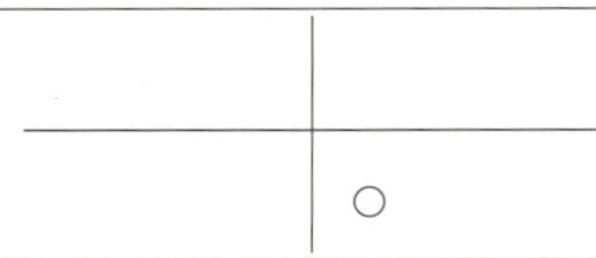			

<table>
<tr><td>분류
장단 수</td><td colspan="12">무보 및 해설</td></tr>
<tr><td></td><td colspan="3">1박</td><td colspan="3">2박</td><td colspan="3">3박</td><td colspan="3">4박</td></tr>
<tr><td>7장단</td><td colspan="3"></td><td colspan="3"></td><td colspan="3"></td><td colspan="3"></td></tr>
<tr><td>북가락</td><td></td><td></td><td></td><td></td><td></td><td></td><td></td><td></td><td></td><td></td><td></td><td></td></tr>
<tr><td>춤사위 설명</td><td colspan="12">1박에 양팔을 펴고, 2박에 오른발을 들며 오른팔에 힘을 빼 자연스럽게 구부리고, 3박에 오른발을 오른쪽으로 디디며 북채를 잡고, 4박에 왼발을 왼쪽 뒷사선으로 딛고 회전한다.</td></tr>
<tr><td>춤 동선</td><td colspan="12">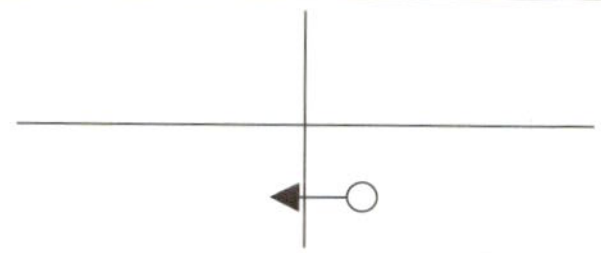</td></tr>
<tr><td>8장단</td><td colspan="3"></td><td colspan="3"></td><td colspan="3"></td><td colspan="3"></td></tr>
<tr><td>북가락</td><td>덩</td><td>궁</td><td>따</td><td>덩</td><td>궁</td><td>따</td><td>더 덩</td><td>더</td><td>덩</td><td>덩</td><td>덩</td><td></td></tr>
<tr><td>춤사위 설명</td><td colspan="12">북가락을 치며 1박에 몸을 오른쪽 뒷사선으로 이동하고, 2박에 몸을 뒤 방향으로 전환한 뒤, 3 · 4박에 오른쪽 방향으로 회전하며 진행한다.(1995년 공연에는 동작이 5장단에서 8장단으로 이어지며, 그 후 1999년 공연에서는 6 · 7장단이 삽입됨)</td></tr>
<tr><td>춤 동선</td><td colspan="12">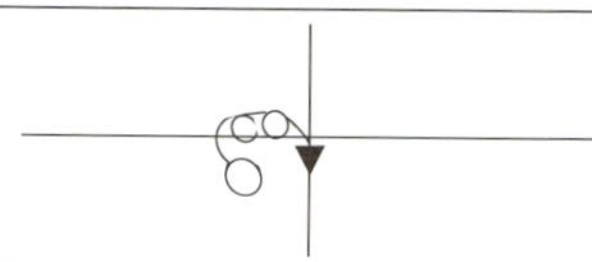</td></tr>
</table>

분류 / 장단 수	무보 및 해설			
	1박	2박	3박	4박
9장단				
북가락	덩			
춤사위 설명	1박에 북을 치고 몸을 오른쪽 앞사선으로 향하고, 오른팔은 오른쪽 앞사선, 왼팔은 왼쪽 뒷사선으로 들어 올린다. 2박에 오른발 중심으로 체중을 이동시키고, 3·4박에는 왼발 중심으로 서서히 체중을 옮긴다. 이때 거대한 나무가 움직이듯 서서히 몸의 중심을 이동시킨다.			
춤 동선	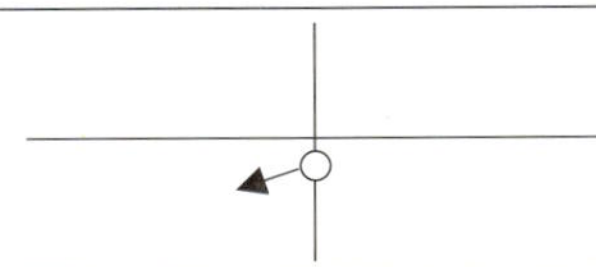			
10장단				
북가락				
춤사위 설명	1박에 오른발로 무게중심을 옮기며 몸을 왼쪽 앞사선을 향하게 하고, 무지개를 그리듯 호흡선을 위로 둥글게 그리고, 2박에 호흡을 풀어 내리며 몸을 정면으로 향하고 두 팔을 수평으로 만들고, 3·4박에는 오른 손목을 회전시켜 손바닥을 손등이 되도록 돌린다.			
춤 동선	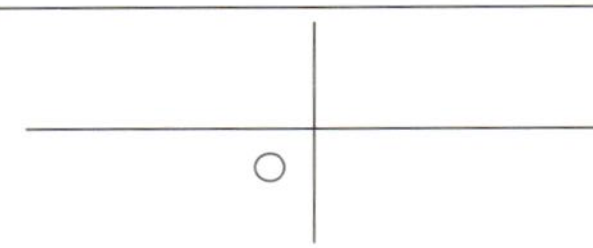			

분류 / 장단 수	무보 및 해설			
	1박	2박	3박	4박
11장단				
북가락				
춤사위 설명	1박에 오른발을 뒤로 이동시키고, 2박에 양손목을 돌려 손등이 아래로 향하도록 돌린다. 3박에 발바닥에서 몸을 밀어 올리며 양팔을 위로 향하게 하고, 4박 마지막에 호흡을 풀어 몸을 아래로 떨어뜨리고 왼발을 들고 손목을 돌려 손등이 위로 가게 한다.			
춤 동선	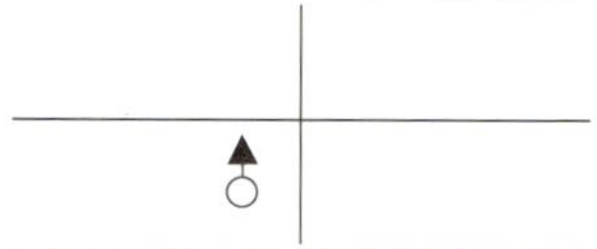			
12장단				
북가락				
춤사위 설명	1박에 왼발을 왼쪽 뒷사선으로 딛어 몸이 오른쪽 앞사선을 향하고, 손바닥을 위로 향하게 하고, 2박에는 손목을 돌려 손등이 위로 향하게 한다. 3박에는 몸을 오른쪽 앞사선으로 더 보내고 오른팔은 몸쪽으로 잡아당기고, 왼팔은 왼쪽 뒷사선으로 보낸다. 4박에 북채를 쥔 상태로 손목을 돌리며 팔을 위로 보낸다.			
춤 동선	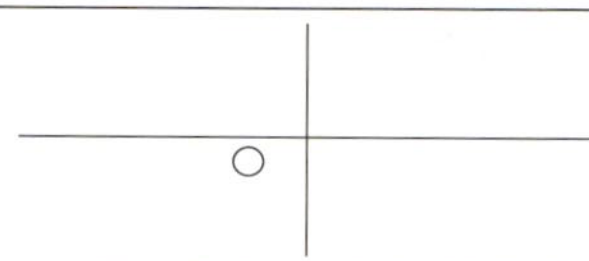			

분류 / 장단 수	무보 및 해설			
	1박	2박	3박	4박
13장단				
북가락				
춤사위 설명	1박에 북채를 쥐고 서서히 몸을 왼쪽 앞사선으로 보내고, 2박에 서서히 몸을 오른쪽 앞사선으로 보내고, 3박에 오른발을 오른쪽 뒷사선, 왼발을 왼쪽 뒷사선에 딛고 팔을 펴고, 4박에 잡았던 북채를 펴며 회전하여 몸이 오른쪽 앞사선을 향하게 한다.			
춤 동선	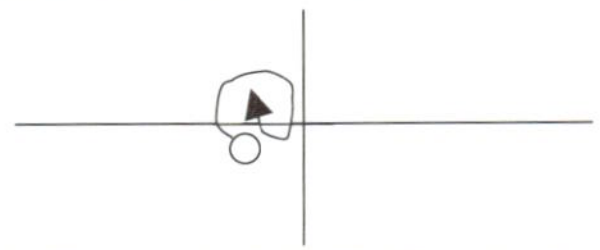			
14장단				
북가락				
춤사위 설명	1박에 몸이 오른쪽 앞사선을 향한다. 2박에 오른팔은 구부려 왼쪽 어깨에 올리고, 왼팔은 북 위에 둔다. 3박에 어깨에 올린 왼팔을 반원으로 들어 올려 오른쪽 뒷사선으로 보내고, 오른발을 같은 방향으로 뒤로 딛는다. 4박에 왼쪽 앞사선으로 진행하며 오른팔을 곡선으로 들어 올려 왼쪽 앞사선을 향하게 하고, 오른발을 든다.			
춤 동선	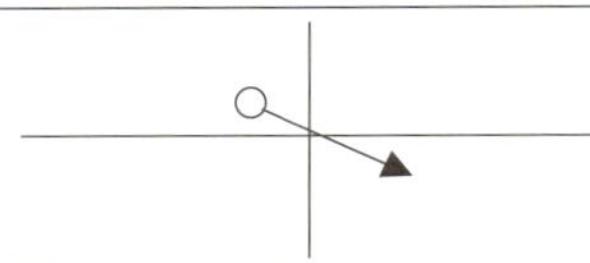			

분류 / 장단 수	무보 및 해설			
	1박	2박	3박	4박
15장단				
북가락	덩			
춤사위 설명	1박에 북을 치며 팔을 펴고 오른발을 오른쪽으로 디딘 뒤, 왼발을 꼬아 디뎌 오른쪽으로 회전하고, 2박에 몸을 오른쪽 앞사선으로 향하게 하여 두 팔을 여민다. 3박에 몸을 왼쪽 앞사선으로 전환해 그 방향으로 진행하며, 여몄던 왼팔을 손바닥이 위로 향하도록 편다. 4박에 손목을 돌려 손등이 위로 향하게 하고, 몸을 왼쪽 뒷사선으로 향하며 여몄던 오른손을 편다.			
춤 동선	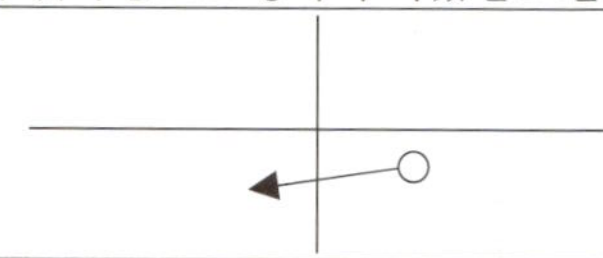			
16장단				
북가락				
춤사위 설명	1박에 오른발을 오른쪽 뒷사선으로 꼬아 딛고 몸을 숙여 오른쪽 앞사선으로 회전하며, 오른손을 머리 위로 들어 올린다. 2박에 오른 손목을 회전시켜 손바닥이 위로 향하게 하고 몸을 일으키고, 3·4박에 몸을 왼쪽 앞사선으로 향하게 하여 왼쪽 앞사선으로 진행하며, 오른 손목을 회전시켜 손등이 위로 향하게 한다.			
춤 동선	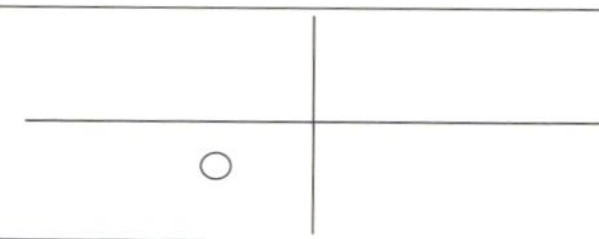			

장단 수 \ 분류	무보 및 해설			
	1박	2박	3박	4박
17장단				
북가락				
춤사위 설명	1박에 왼쪽 앞사선을 향하며 오른발을 뒤로 딛고, 손목을 회전하여 손바닥이 위로 향하게 하고, 2박에 왼발을 왼쪽 앞사선으로 디디며 손목을 회전시켜 손등이 위로 향하게 한다. 3박에 오른발을 들어 올리고 몸을 위로 밀어 올려 팔을 들고, 4박에 호흡을 풀며 오른발을 내린다.			
춤 동선	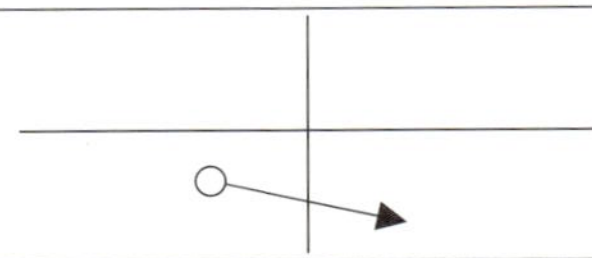			
18장단				
북가락				
춤사위 설명	1박에 오른발을 땅에 딛고, 2박에 호흡을 풀고, 3박에 왼쪽 앞사선에 있던 몸을 서서히 앞을 향하게 돌리고, 4박 마지막에 호흡을 풀며 오른발을 살짝 든다.			
춤 동선	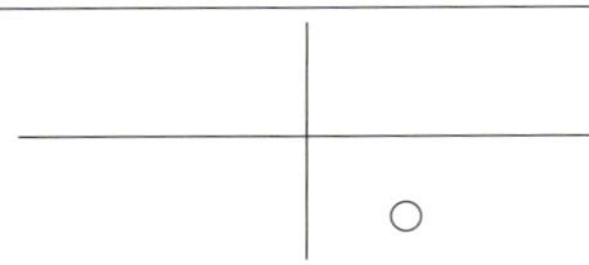			

<table>
<tr><td>분류 / 장단 수</td><td colspan="4">무보 및 해설</td></tr>
<tr><td></td><td>1박</td><td>2박</td><td>3박</td><td>4박</td></tr>
<tr><td>19장단</td><td></td><td></td><td></td><td></td></tr>
<tr><td>북가락</td><td></td><td></td><td></td><td></td></tr>
<tr><td>춤사위 설명</td><td colspan="4">오른쪽 뒷사선으로 물러서며, 1박에 양팔의 손목을 몸쪽으로 잡아당기며 굽혔다가, 2박에 팔을 펴서 손바닥이 위로 향하게 하고 왼발을 든다. 3박에 왼발을 뒤로 밀며 팔을 직선으로 만들고 몸을 오른쪽으로 전환하며, 4박에 호흡을 풀어 양팔을 구부리고 오른발을 든다.</td></tr>
<tr><td>춤 동선</td><td colspan="4">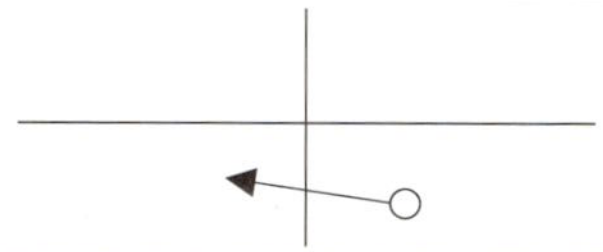</td></tr>
<tr><td>20장단</td><td></td><td></td><td></td><td></td></tr>
<tr><td>북가락</td><td></td><td></td><td></td><td></td></tr>
<tr><td>춤사위 설명</td><td colspan="4">1박에 오른발을 딛고 구부렸던 양팔을 서서히 펴고, 2박에 왼발을 디디며 오른쪽 앞사선으로 서서히 몸을 회전한다. 3박에 팔을 직선으로 펴고 오른발을 찍으면서 몸을 왼쪽 앞사선으로 전환해 양팔을 들었다가, 4박에 몸을 오른쪽으로 돌리고 북채를 잡고 오른발을 들어 올린다.</td></tr>
<tr><td>춤 동선</td><td colspan="4">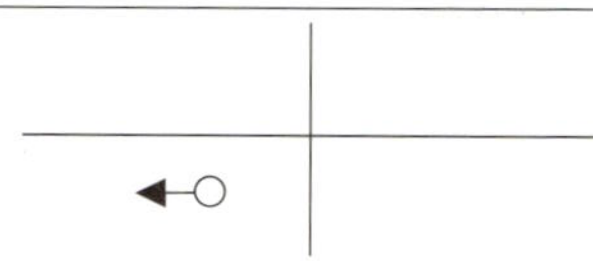</td></tr>
</table>

장단 수 \ 분류	무보 및 해설			
	1박	2박	3박	4박
21장단				
북가락	덩 / 덩 / 더 더	덩 / 덩 / 덩	덩 / / 궁따	궁 / 따 /
춤사위 설명	1 · 2박에 '굿거리 북가락을 친다'는 신호장단인 '염가락'을 연주하며 오른쪽 방향으로 반원을 그리며 진행하다가, 3박에 앞을 보고 북을 연주하고, 4박 마지막에 몸을 왼쪽 앞사선으로 전환한다.(염가락의 1 · 2박은 1991년~1999년에는 제자리에서 회전하며 '합딱, 합딱, 합딱'으로 연주함)			
춤 동선	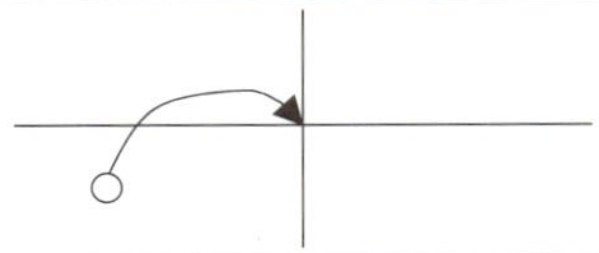			
22장단				
북가락	덩 / 궁 / 따	덩 / 다르 / 르르	다 다 / 다 다 / 다	닥 / 따 /
춤사위 설명	굿거리 변주장단을 연주하며, 1박에 몸을 왼쪽 앞사선으로 향해 진행하고, 2박에 오른쪽 앞사선으로 전환한다. 3박에 오른쪽 앞사선으로 진행하다가, 4박 마지막에 몸을 역동작을 넣어 반대 방향으로 전환한다.			
춤 동선	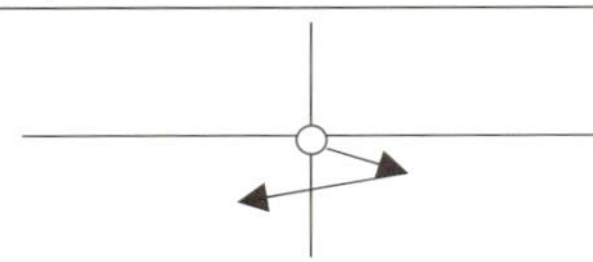			

<table>
<tr><th>분류 / 장단 수</th><th colspan="12">무보 및 해설</th></tr>
<tr><th></th><th colspan="3">1박</th><th colspan="3">2박</th><th colspan="3">3박</th><th colspan="3">4박</th></tr>
<tr><td>23장단</td><td colspan="3"></td><td colspan="3"></td><td colspan="3"></td><td colspan="3"></td></tr>
<tr><td>북가락</td><td>더 더</td><td>덩</td><td>더 더</td><td>덩</td><td>더 더</td><td>덩</td><td>덩</td><td></td><td>궁따</td><td>궁</td><td>따</td><td></td></tr>
<tr><td>춤사위 설명</td><td colspan="12">굿거리 변주 장단을 연주하며 1박에 몸을 오른쪽 앞사선으로 전환한 뒤, 뒤를 보고 왼쪽 뒷사선 방향으로 진행하다가 3박에 북을 치며 180도 회전하고 몸을 오른쪽 앞사선으로 전환한다. 4박에 다시 왼쪽 뒷사선 방향으로 180도 회전하여 마지막에 정면을 보고 선다. 점층적으로 북을 크게 연주하며 역동성을 강조한다.</td></tr>
<tr><td>춤 동선</td><td colspan="12">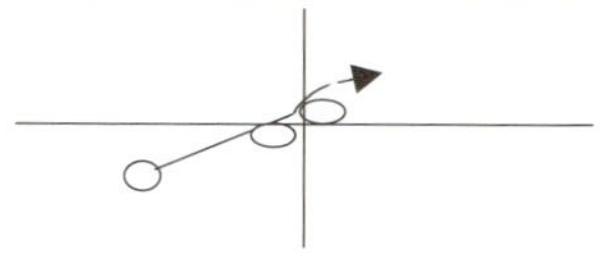</td></tr>
<tr><td>24장단</td><td colspan="3"></td><td colspan="3"></td><td colspan="3"></td><td colspan="3"></td></tr>
<tr><td>북가락</td><td>더 더</td><td>더 더</td><td>덩</td><td>더 더</td><td>더 더</td><td>덩</td><td>더 덩</td><td>더</td><td>덩</td><td>덩</td><td>떡</td><td></td></tr>
<tr><td>춤사위 설명</td><td colspan="12">제자리에서 굿거리 1조를 마무리하는 가락을 연주하고, 4박 마지막에 북을 치며 왼발을 들어 올려 강하게 표현한다.</td></tr>
<tr><td>춤 동선</td><td colspan="12">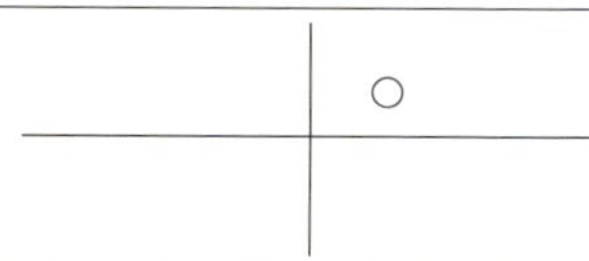</td></tr>
</table>

분류 / 장단 수	무보 및 해설			
	1박	2박	3박	4박
25장단				
북가락	덩			
춤사위 설명	1박에 왼발을 디디며 북을 치고 양손을 올린다. 2박에 팔을 오른쪽으로 이동시키고, 3박에 왼쪽으로 팔을 이동시킨 후 머물렀다가, 4박에 호흡을 올리며 양팔을 들어 올린다.			
춤 동선	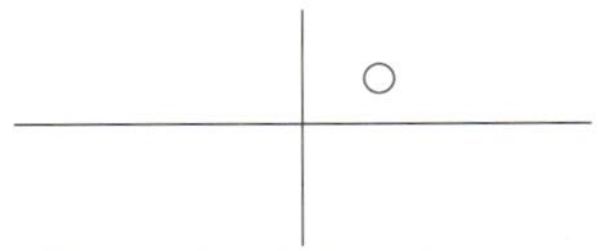			
26장단				
북가락				
춤사위 설명	1박에 호흡을 서서히 내리고, 2박에 호흡을 내리면서 양팔을 수평으로 들며 오른손바닥이 위로 향하게 하고, 3 · 4박에는 오른 손목을 돌려 손등이 위로 향하도록 한다.			
춤 동선	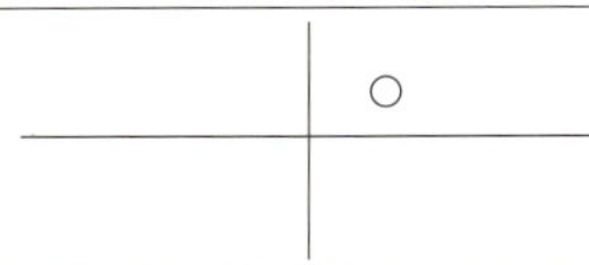			

분류 / 장단 수	무보 및 해설 1박	2박	3박	4박
27장단				
북가락				
춤사위 설명	양팔을 수평으로 든 상태에서, 1 · 2박에 게걸음으로 오른쪽으로 살짝 이동하며 손목을 곡선으로 들어 올리고, 3박에는 게걸음으로 왼쪽 앞사선 방향으로 오른쪽 허리 부분을 밀어 멀리 이동하며 양팔을 직선으로 펴준다. 4박에 호흡을 풀어 양팔을 아래로 여미면서 방향을 바꾸기 위해 왼발을 살짝 든다.			
춤 동선	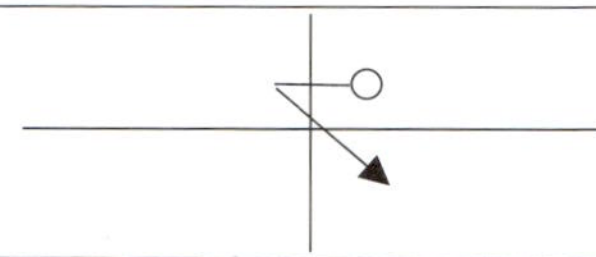			
28장단				
북가락	덩			
춤사위 설명	1박에 북을 치고 왼발을 디디며 몸을 오른쪽 앞사선으로 바꾸어 양팔을 들어 올리고, 왼팔을 왼쪽 뒷사선으로 든다. 2박에 호흡을 풀어 어르고, 3박에 양팔에 힘을 주고 서서히 몸을 왼쪽으로 틀며 양팔을 올리고, 4박에 힘을 풀어 북채를 쥔 손을 펴고 왼발을 든다.			
춤 동선	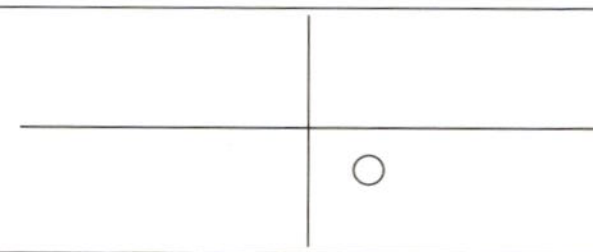			

<table>
<tr><th>분류 / 장단 수</th><th colspan="4">무보 및 해설</th></tr>
<tr><th></th><th>1박</th><th>2박</th><th>3박</th><th>4박</th></tr>
<tr><td>29장단</td><td></td><td></td><td></td><td></td></tr>
<tr><td>북가락</td><td></td><td></td><td></td><td></td></tr>
<tr><td>춤사위 설명</td><td colspan="4">1박에 양팔을 들고 왼발을 왼쪽 뒷사선으로 디뎌 뒤로 가고, 2박에 오른발을 뒤로 옮기며 왼발을 든다. 3박에 제자리에서 왼발을 딛고, 4박에 왼발을 든다. 이때 팔은 좌우세를 넓어주고 저절거리며 왼쪽 뒷사선으로 이동한다.</td></tr>
<tr><td>춤 동선</td><td colspan="4">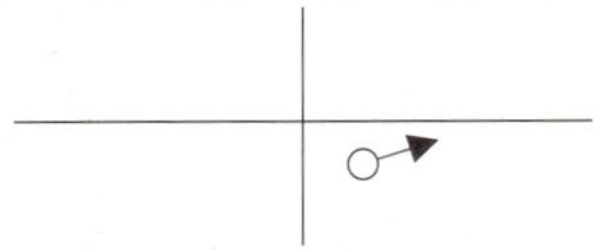</td></tr>
<tr><td>30장단</td><td></td><td></td><td></td><td></td></tr>
<tr><td>북가락</td><td></td><td></td><td></td><td></td></tr>
<tr><td>춤사위 설명</td><td colspan="4">1박에 왼발을 왼쪽 앞사선으로 딛고, 2박에 몸을 왼쪽 앞사선으로 틀고 양손의 손바닥이 위로 가게 하고, 3박에 왼쪽 앞사선으로 이동한다. 4박에 호흡을 빼고 마지막에 양손에 강하게 북채를 쥔 상태로 허리를 틀어 몸을 오른쪽 앞사선으로 향하게 한다.(2 · 3박에 오른팔의 방향이 오른쪽 앞사선을 향하고 동작을 진행하기도 함)</td></tr>
<tr><td>춤 동선</td><td colspan="4">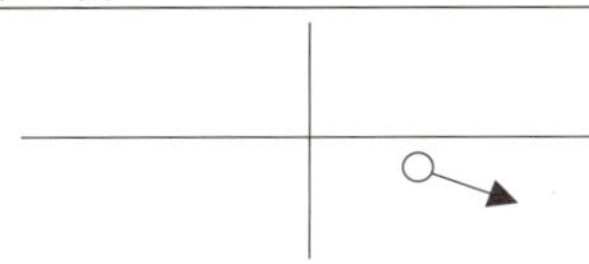</td></tr>
</table>

분류 / 장단 수	무보 및 해설			
	1박	2박	3박	4박
31장단				
북가락	덩			
춤사위 설명	1박에 북을 치고 양팔을 벌리고, 2박에 왼팔을 수평으로 들고 오른팔은 아래로 여미고 오른쪽으로 180도 회전한다. 3박에 오른 손목을 돌려 오른쪽으로 180도 회전하며 오른팔을 펴서 사선 위로 올리고, 4박에 몸을 왼쪽 앞사선을 향하고 제자리에서 오른 손목을 돌린다. 이때 '흥~청, 흥~청'의 느낌을 살려 표현한다.			
춤 동선	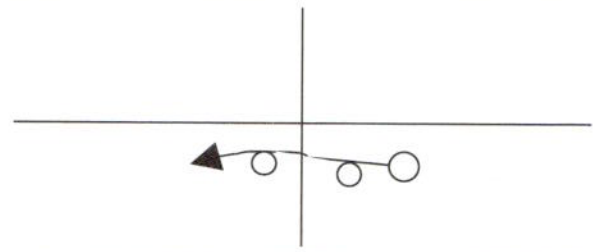			
32장단				
북가락				
춤사위 설명	1박에 몸을 왼쪽 앞사선 방향으로 두고 호흡을 먹고, 2박에 호흡을 풀어내며 오른발을 들어 올린다. 3박에 오른발을 딛고 손목을 위로 밀고, 4박에 왼발을 앞 방향으로 디디며 몸을 앞으로 보내고, 손목을 더 위로 밀어준다,			
춤 동선	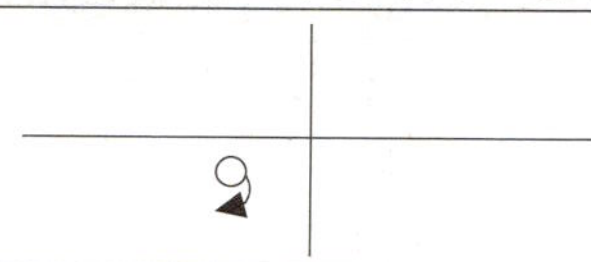			

분류 / 장단 수	무보 및 해설			
	1박	2박	3박	4박
33장단				
북가락				
춤사위 설명	1박에 양팔을 벌리며 몸을 왼쪽 앞사선으로 돌리고, 2박에 힘을 빼고 양팔을 수평으로 편다. 3박과 4박에 팔로 좌우세를 하며 표현하되, 3박은 작게 한다.			
춤 동선	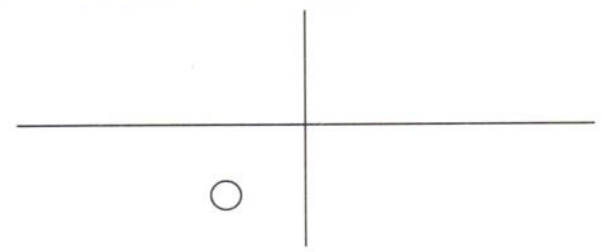			
34장단				
북가락				
춤사위 설명	1 · 2박에 발바닥에서 몸을 밀어올리며 팔을 들어 올리고, 3 · 4박에 호흡을 풀며 팔을 내리며 무게중심을 왼발로 서서히 이동시킨다.			
춤 동선	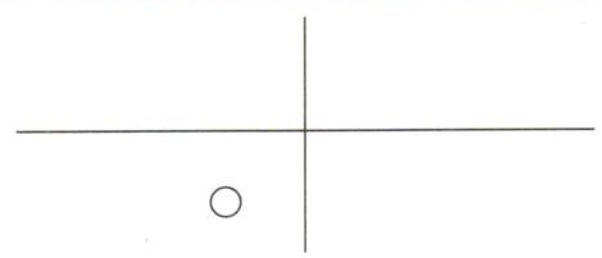			

분류 장단 수	무보 및 해설			
	1박	2박	3박	4박
35장단				
북가락				
춤사위 설명	1박에 오른발을 왼쪽 뒷사선으로 딛고, 2박에 몸을 왼쪽으로 회전하고, 3박에 몸을 오른쪽 앞사선으로 향하게 하며 왼팔을 높게 들어 올린다. 4박에 덜컹하고 호흡을 풀며, 양팔을 몸쪽으로 끌어당기고 왼발을 든다.			
춤 동선	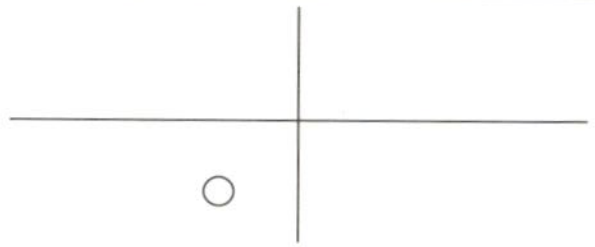			
36장단				
북가락				
춤사위 설명	1박에 왼발을 딛고 오른쪽으로 반원을 그리며, 2박에 오른발을 딛고, 3박에 다시 오른발을 딛는다. 4박에 왼발을 디디며 몸쪽으로 당겨진 양팔을 부채살 펼치듯 서서히 옆으로 펴나가며 저절거리며 걷는다.			
춤 동선	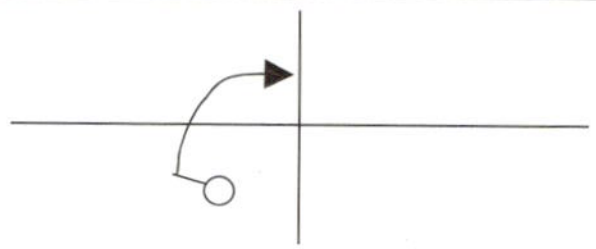			

분류 / 장단 수	무보 및 해설			
	1박	2박	3박	4박
37장단				
북가락				
춤사위 설명	1박에 왼발을 뒤로 디디며 호흡을 일으켜 양 손목을 밀어 올린다. 2박에 오른발을 뒤로 딛고 양 손목을 돌리며 몸의 방향을 왼쪽 앞사선에서 앞으로 보내고, 3박에 북채를 양손으로 쥐고 왼발을 들어 허리를 오른쪽으로 밀어 몸의 방향을 서서히 오른쪽 앞사선으로 향하게 한다. 4박에 왼팔은 펴서 직선을 만들고, 오른팔은 구부려 곡선을 만든다.(1990년대에는 1박에 오른발을 뒤로 딛으며 양 발의 뒷꿈치를 들고 꽃발로 양 손목을 밀어 올리며 동작을 만듬)			
춤 동선	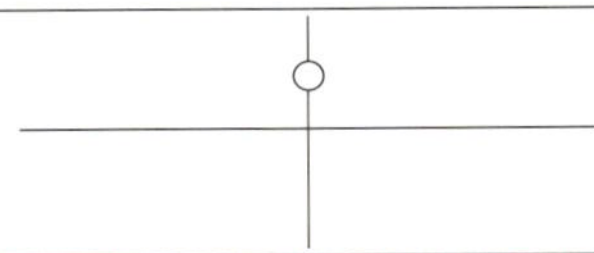			
38장단				
북가락				쿵
춤사위 설명	1박과 2박에 게걸음으로 오른쪽으로 소삼으로 진행하며, 머리 위에서 북채를 쥐고 손목을 돌리고, 3박에 몸을 왼쪽 앞사선으로 향하게 하고 대삼으로 양팔을 크게 휘돌리며 오른발을 끌어 올린다. 4박에 오른발을 오른쪽 앞사선에 딛고 오른손으로 북을 치며, 왼팔을 높이 들고 왼발을 뒤에서 들어 올린다.			
춤 동선	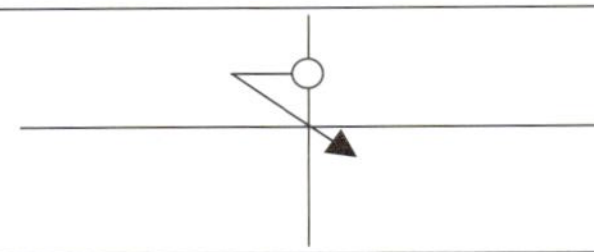			

분류 / 장단 수	무보 및 해설			
	1박	2박	3박	4박
39장단				
북가락				
춤사위 설명	1박에 왼발을 왼쪽 앞사선으로 디디며 양팔을 구부리고, 2박에 오른발을 같은 방향으로 디디며 양팔을 안에서 밖으로 펴며 손바닥이 서로 마주보게 하고 중심을 오른발로 옮긴다. 3박에는 왼발 중심으로 살짝 이동하면서 태점을 놓고, 4박에 오른발을 디디며 왼손은 손등, 오른손은 손바닥이 위로 향하게 한다. '덩~실, 덩~실'의 느낌으로 동작을 진행한다.			
춤 동선	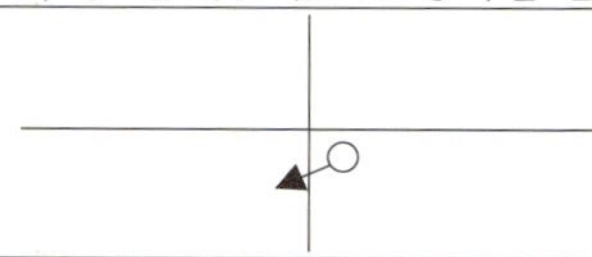			
40장단				
북가락				
춤사위 설명	1박에 왼발을 딛고 오른손을 손등이 위로 향하게 하고, 2박에 오른발을 오른쪽 앞사선으로 디디며 몸을 같은 방향으로 두고 양손의 손바닥이 위로 향하게 한다. 3박에 허리를 왼쪽에서 밀고 몸을 오른쪽으로 서서히 틀고 양팔을 펴고, 4박에 팔을 구부렸다가 마지막에 양손에 북채를 잡고 오른발을 든다.			
춤 동선	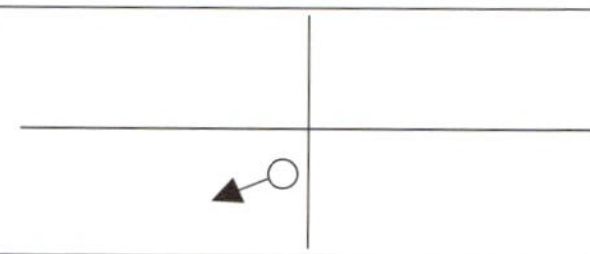			

분류 / 장단 수	무보 및 해설			
	1박	2박	3박	4박
41장단				
북가락	덩 ¦ 덩 ¦ 더 더	덩 ¦ 덩 ¦ 덩	덩 ¦ ¦ 궁따	궁 ¦ 따 ¦
춤사위 설명	1 · 2박에 '굿거리 북가락을 친다'는 신호장단인 '염가락'을 연주하며 오른쪽 방향으로 반원을 그리며 진행하다 3박에 앞을 보고 북을 연주하고, 4박 마지막에 몸을 오른쪽 앞사선으로 변화시킨다.(염가락의 1박과 2박은 1991년~1999년에는 제자리에서 합딱, 합딱, 합딱으로 연주함)			
춤 동선	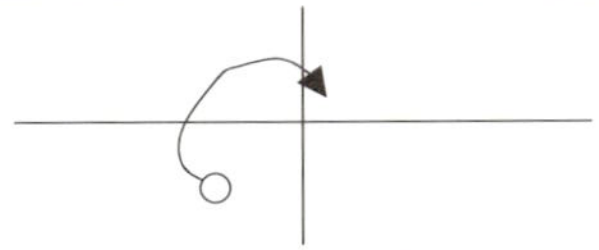			
42장단				
북가락	덩 ¦ 궁 ¦ 따 다	궁 ¦ 따 ¦ 궁	따 ¦ 궁 ¦ 따 따	궁 ¦ 따 ¦ 궁
춤사위 설명	굿거리 변주장단을 연주하며 1박에 오른발을 오른쪽으로 딛고, 2박에 왼발을 회전하기 위해 꼬아 디딘다. 3박에 오른발로 180도 회전하여 왼쪽으로 딛고, 4박에 오른쪽 앞사선으로 진행하기 위해 왼발을 꼬아 디딘다.(1991년~1999년에는 오른쪽으로 큰 원을 그리며 이동함)			
춤 동선	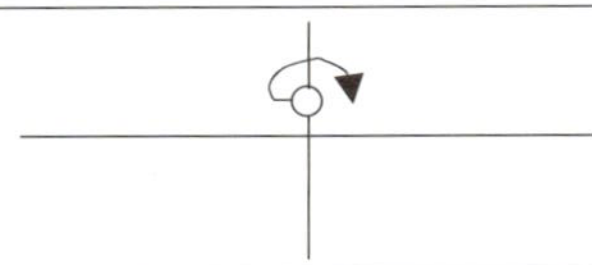			

<table>
<tr><td>분류 / 장단 수</td><td colspan="4">무보 및 해설</td></tr>
<tr><td></td><td>1박</td><td>2박</td><td>3박</td><td>4박</td></tr>
<tr><td>43장단</td><td></td><td></td><td></td><td></td></tr>
<tr><td>북가락</td><td>덩 ¦ 궁 ¦ 따 따</td><td>궁 ¦ 따 ¦ 궁</td><td>따 ¦ 궁 ¦ 따 따구</td><td>궁 ¦ 따 ¦ 궁</td></tr>
<tr><td>춤사위 설명</td><td colspan="4">굿거리 변주장단을 연주하며 1박에 오른발을 오른쪽 앞사선으로 디딘다. 2박에 왼발을 오른쪽 앞사선으로 돌려 디디며 180도 회전한다. 3박에 다시 180도 회전하여 오른발을 오른쪽 앞사선으로 딛고, 4박에 왼발을 오른쪽 앞사선으로 돌려 딛고 180도 회전하며 무릎을 눌러 몸의 방향을 왼쪽 뒷사선으로 전환한다.(1991년~1999년에는 오른쪽으로 큰 원을 그리며 이동함)</td></tr>
<tr><td>춤 동선</td><td colspan="4">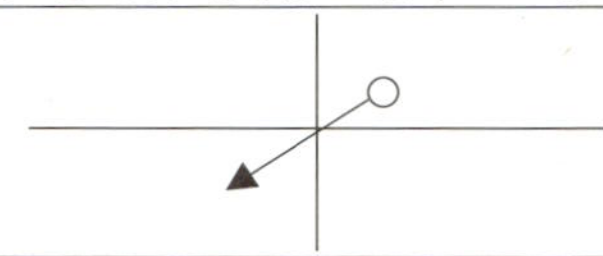</td></tr>
<tr><td>44장단</td><td></td><td></td><td></td><td></td></tr>
<tr><td>북가락</td><td>더 더 ¦ 덩 ¦ 더 더</td><td>덩 ¦ 더 더 ¦ 덩</td><td>덩 ¦ ¦</td><td>¦ ¦</td></tr>
<tr><td>춤사위 설명</td><td colspan="4">굿거리 변주장단을 연주하며 1박과 2박에 몸의 방향을 오른쪽 앞사선에서 왼쪽 뒷사선으로 이동한다. 3박에 북을 치며 양팔을 수평으로 들고 180도 회전하여 몸을 오른쪽 앞사선으로 전환하고, 4박에 다시 왼쪽 뒷사선 방향으로 180도 회전하여 마지막에 정면을 보고 겨누기 동작으로 선다. 북을 점층적으로 크게 연주한다.(1991년~1999년에는 오른쪽으로 멍석말이처럼 원을 감아가며 이동함)</td></tr>
<tr><td>춤 동선</td><td colspan="4">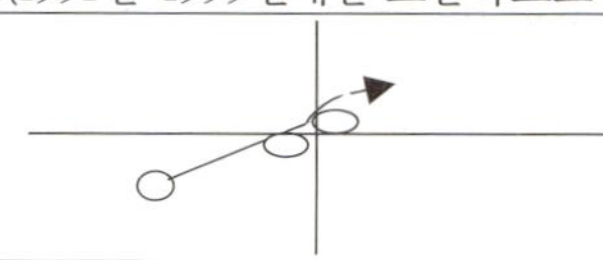</td></tr>
</table>

분류 / 장단 수	무보 및 해설			
	1박	2박	3박	4박
45장단				
북가락	더 더 ¦ 더 더 ¦ 덩	더 더 ¦ 더 더 ¦ 덩	덩 ¦ ¦ 궁따	궁 ¦ 따 ¦
춤사위 설명	제자리에서 굿거리 2조를 마무리하는 가락을 연주한다.			
춤 동선	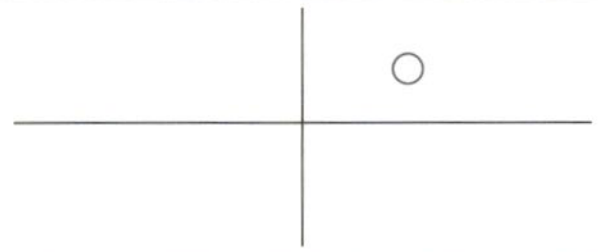			
46장단				
북가락	궁 ¦ 딱 ¦ 딱	궁기 닥 ¦ 궁 ¦ 궁	덩 ¦ 궁 ¦ 다 다	궁기 닥 ¦ 궁 ¦ 궁
춤사위 설명	자진모리로 넘어가는 연결채 가락을 연주하며 1박에 몸을 오른쪽 앞사선으로 두고 왼발을 디딘 뒤, 오른발을 뒤에서 접어들어 왼발에 중심을 옮긴다. 2박에 오른발을 뒤로 디디고, 왼발을 들어 몸의 방향을 왼쪽 앞사선으로 전환한다. 3박에 왼발을 다시 왼쪽 앞사선으로 디디고 오른발을 뒤에서 접어들어 중심을 왼발로 옮긴다. 4박에 오른발을 뒤로 디디며, 왼발은 앞으로 들어 올린다.			
춤 동선	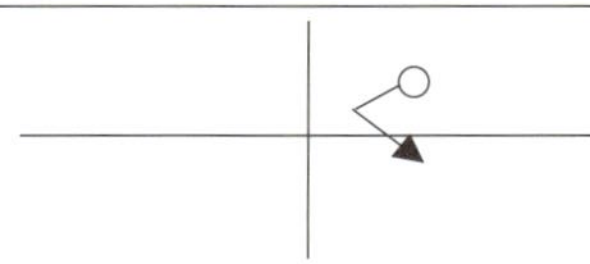			

분류 / 장단 수	무보 및 해설			
	1박	2박	3박	4박
47장단				
북가락	더 더 ┆ 덩 ┆ 딱 딱	딱 ┆ 더 더 ┆ 덩	덩 ┆ ┆ 궁따	궁 ┆ 따 ┆
춤사위 설명	1박에 몸을 왼쪽 앞사선으로 두고 북면을 친 뒤, 몸을 왼쪽으로 틀어 북의 테를 치고, 2박에 다시 몸을 왼쪽 앞사선을 향하게 하고 북면을 친다. 3박과 4박에 북을 치고, 4박 마지막에 겨누기 동작으로 왼발을 든다.			
춤 동선	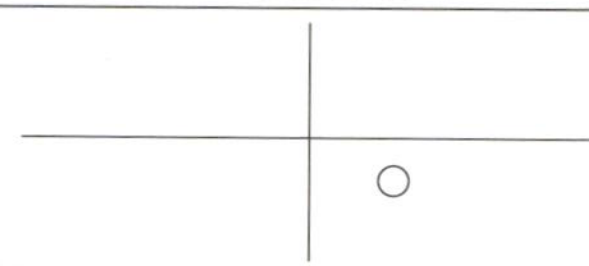			
48장단			 	 
북가락	더 더 ┆ 더 더 ┆ 덩	더 더 ┆ 더 더 ┆ 덩	덩	
춤사위 설명	1박에 왼발을 디디며 중심을 앞으로 밀어 가락을 연주한다. 2박에 중심을 뒤로 끌고 와서 가락을 연주하고 왼발을 들어, 3박에 자진모리장단으로 넘겨 북을 치고 왼쪽 앞사선으로 진행하다가, 4박에 겨누기 동작으로 오른발을 들고 뛰며 몸을 오른쪽 앞사선으로 전환한다. (3박과 4박은 자진모리 끝채 사용)			
춤 동선	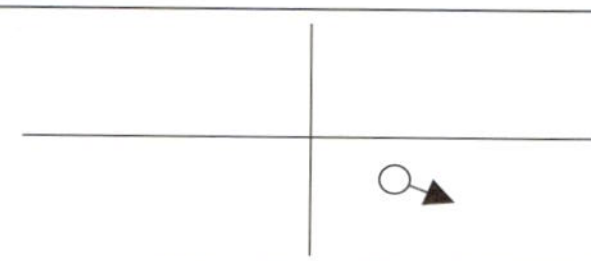			

3) 자진모리장단

분류 / 장단 수	무보 및 해설			
	1박	2박	3박	4박
1장단				
북가락	덩			
춤사위 설명	1박에 북을 치고, 2박, 3박, 4박에 왼쪽 뒷사선으로 뒷걸음하며 진행하고, 팔은 서서히 겨누기 동작으로 만들고, 4박 마지막에 오른발을 든다.			
춤 동선	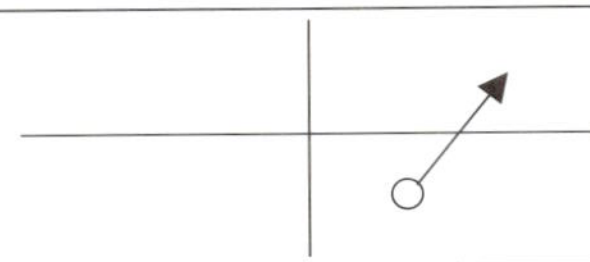 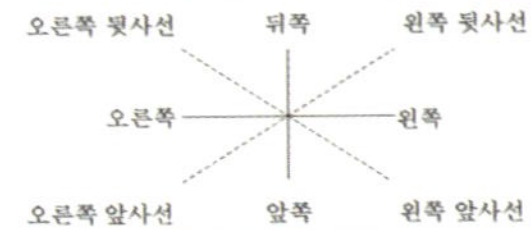			
2장단				
북가락	덩 드리	닥 따	따	궁
춤사위 설명	1박에 오른발을 뒤로 디디며 북을 치고, 2박, 3박에 북가락을 연주하며 왼팔을 사선 위로 들고 왼발을 들어 올리고, 4박에 왼팔을 내려 북을 친다. 몸은 오른쪽 앞사선을 향한다.			
춤 동선	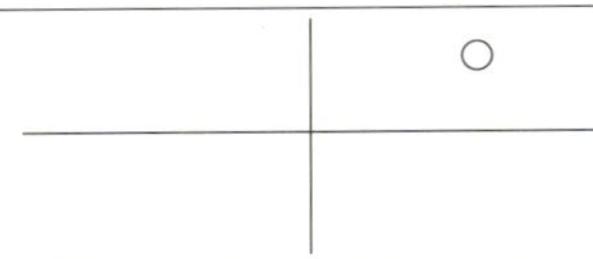			

분류 / 장단 수	무보 및 해설			
	1박	2박	3박	4박
3장단				
북가락	덩			
춤사위 설명	1박에 왼발을 디디며 북을 치고 몸을 왼쪽으로 살짝 틀고, 2박에 몸을 오른쪽 앞사선으로 보내고, 3박, 4박에 양팔을 서서히 벌려 겨누기 동작을 만든다.			
춤 동선	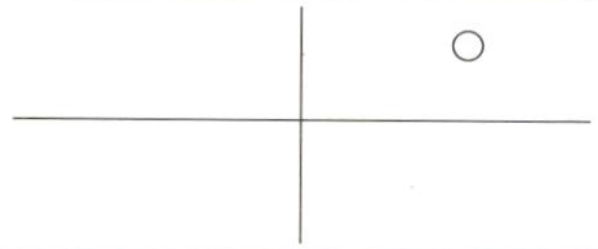			
4장단				
북가락	덩			
춤사위 설명	1박에 북을 치며 오른발을 오른쪽 앞사선으로 딛고, 2박에 양팔을 펴고 손바닥을 위로 향하게 하고, 왼팔은 왼쪽 뒷사선, 오른팔은 오른쪽 앞사선으로 들고 몸을 왼쪽으로 틀어 준다. 3박, 4박에 몸을 오른쪽으로 틀어 오른쪽 앞사선으로 향하고, 양팔은 겨누기 동작을 만들며 왼발을 든다.			
춤 동선	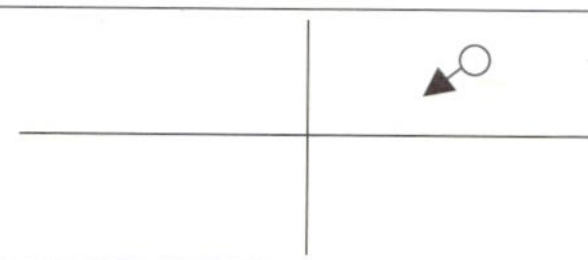			

분류 / 장단 수	무보 및 해설			
	1박	2박	3박	4박
5장단				
북가락	덩			
춤사위 설명	1박, 2박에 북을 치며 왼발을 디디고, 3박, 4박에 왼팔을 북에 얹고, 몸의 중심을 오른발로 옮기며 뒤로 민다.			
춤 동선	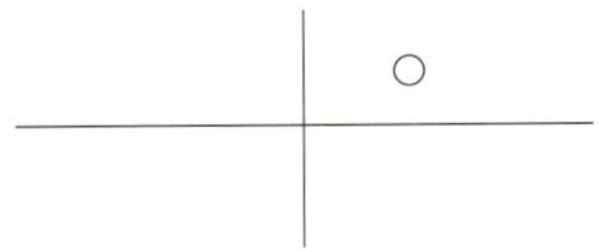			
6장단				
북가락				
춤사위 설명	1박, 2박에 어깨를 어르며 좌우세와 고갯짓을 하고, 3박에 고개를 숙였다가, 4박에 고개를 들며 양팔을 벌려 북을 치기 위해 북채를 잡고 왼발을 든다. 몸의 방향은 오른쪽 앞사선으로 향한다.			
춤 동선	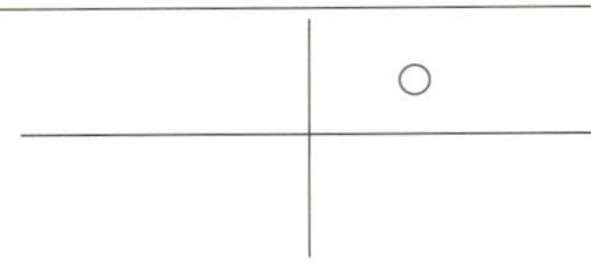			

분류 / 장단 수	무보 및 해설			
	1박	2박	3박	4박
7장단				
북가락	궁		따	
춤사위 설명	1박, 2박에 왼발을 디디며 왼팔로 북을 치고 오른팔은 몸쪽으로 잡아당기고, 3박, 4박에 오른팔로 북을 치고 왼팔은 펴서 들어 올린다.			
춤 동선	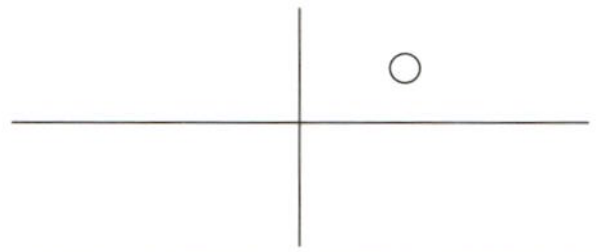			
8장단				
북가락				
춤사위 설명	1박, 2박에 들어 올린 왼팔로 좌우세를 하고, 3박에도 좌우세를 하며 어깨춤을 춘다. 4박에 왼발을 들어 올리고 양팔을 벌려 양손에 북채를 잡고 북을 칠 준비를 한다.			
춤 동선	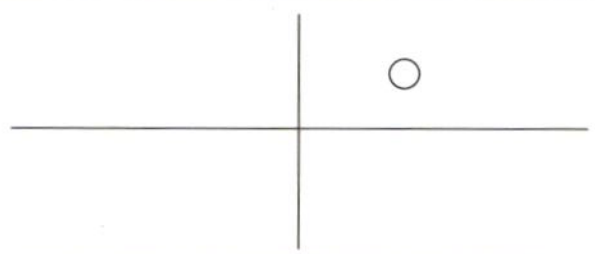			

분류 / 장단 수	무보 및 해설			
	1박	2박	3박	4박
9장단				
북가락	덩			
춤사위 설명	1박에 왼발을 디디며 북을 치고 양팔을 앞으로 밀어 올리고, 2박, 3박, 4박에 앞으로 밀어 올린 양팔을 겨드랑이 호흡으로 서서히 옆으로 밀어 벌린다.			
춤 동선	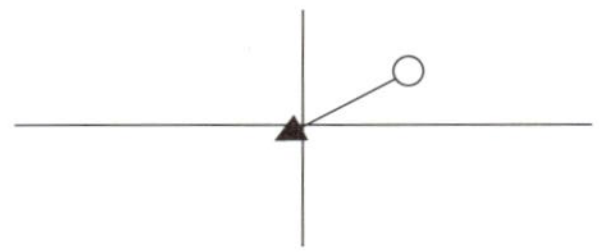			
10장단				
북가락				
춤사위 설명	1박, 2박에 어깨로 좌우세를 한다. 3박에 북을 치기 위해 양손을 강하게 쥐고, 4박에 겨누기 자세로 몸을 왼쪽 앞사선으로 전환하며 왼발을 들어 올린다.			
춤 동선	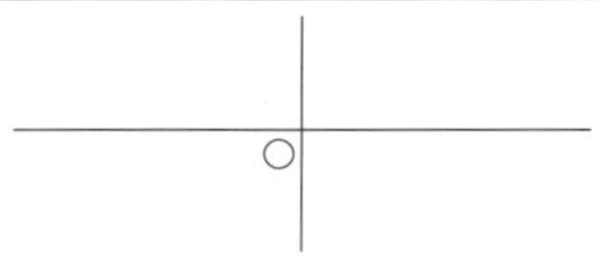			

분류 장단 수	무보 및 해설			
	1박	2박	3박	4박
11장단				
북가락	덩 따	궁	덩 따	궁
춤사위 설명	북가락을 연주하며 왼쪽 앞사선으로 1박에 왼발을 딛고, 2박에 오른발을 끌어오며 여물썰기 발로 왼발을 든다. 3박에 왼발을 딛고, 4박에 오른발을 끌어오며 왼발을 들고 몸은 앞을 향한다.			
춤 동선	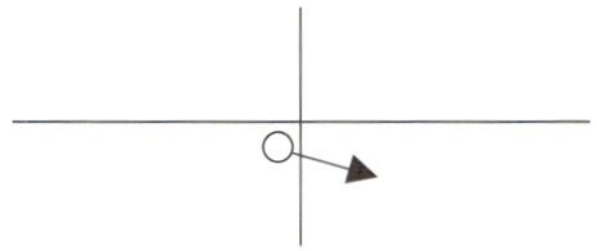			
12장단				
북가락	더 덩	더 덩	덩	덩
춤사위 설명	왼발을 디디며 1박, 2박, 3박, 4박에 북가락을 연주하고, 4박에 중심을 이동하기 위해 오른발을 들어 올린다.			
춤 동선	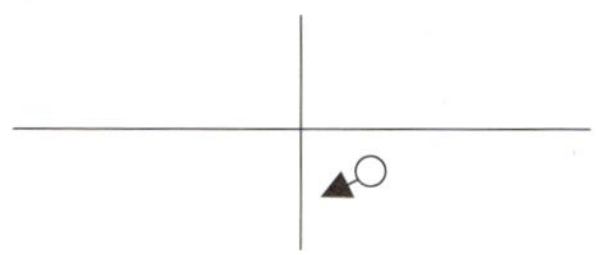			

장단 수 \ 분류	무보 및 해설			
	1박	2박	3박	4박
13장단				
북가락	덩 ¦ ¦ 궁	¦ 따 ¦	궁 기 ¦ 닥 ¦ 궁	¦ 궁 ¦
춤사위 설명	북가락을 연주하며 1박, 2박에 오른발을 디디며 몸을 서서히 왼쪽 앞사선으로 틀고, 3박, 4박에 왼발을 디디며 몸을 서서히 오른쪽 앞사선으로 틀어 오른팔을 들어 올린다.			
춤 동선	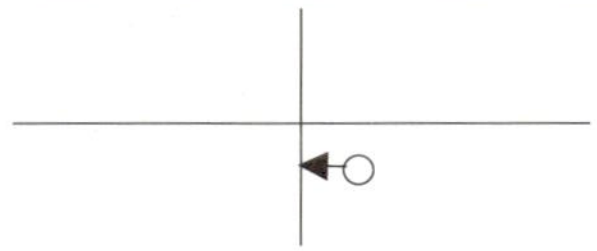			
14장단				
북가락	덩 ¦ ¦	궁 ¦ 따 ¦	궁 ¦ ¦	따 ¦ ¦
춤사위 설명	북가락을 연주하며 1박에는 양발에 중심을 두고 발뒤꿈치를 살짝 들어 올리며 북을 안듯이 치고, 2박에 중심을 오른발로 옮긴다. 3박에 중심을 왼발로 전환한 뒤, 4박에 몸을 왼쪽 앞사선으로 향하게 하고 오른발을 든다.			
춤 동선	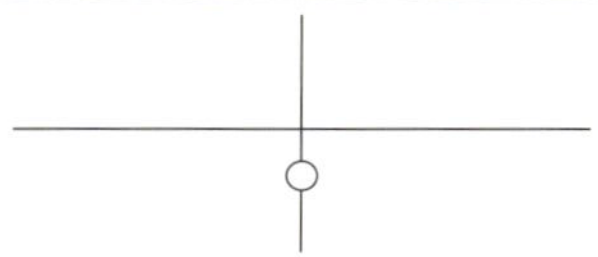			

<table>
<tr><th>분류
장단 수</th><th colspan="4">무보 및 해설</th></tr>
<tr><th></th><th>1박</th><th>2박</th><th>3박</th><th>4박</th></tr>
<tr><td>15장단</td><td></td><td></td><td></td><td></td></tr>
<tr><td>북가락</td><td>궁 ¦ 따 ¦ 궁</td><td>따 ¦ 궁 ¦ 따</td><td>궁 ¦ 따 ¦ 궁</td><td>따 ¦ 궁 ¦</td></tr>
<tr><td>춤사위 설명</td><td colspan="4">1박, 2박, 3박, 4박에 외꼭지 장단을 치며 몸을 왼쪽 앞사선에서 오른쪽으로 회전하여 왼쪽 뒷사선으로 향하도록 오른발부터 진행하고, 4박 마지막에 왼발을 끌어 올린다.</td></tr>
<tr><td>춤 동선</td><td colspan="4">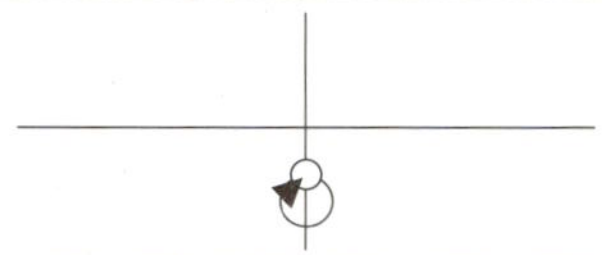</td></tr>
<tr><td>16장단</td><td></td><td></td><td></td><td></td></tr>
<tr><td>북가락</td><td>따 ¦ 궁 ¦</td><td>따 ¦ 궁 ¦</td><td>따 ¦ 궁 ¦</td><td>따 ¦ 궁 ¦</td></tr>
<tr><td>춤사위 설명</td><td colspan="4">1박, 2박, 3박, 4박에 북가락을 치며 몸을 왼쪽으로 틀어 회전하며, 왼발부터 진행하여 오른쪽 뒷사선을 향한다. 4박 마지막에 오른발을 든다.</td></tr>
<tr><td>춤 동선</td><td colspan="4">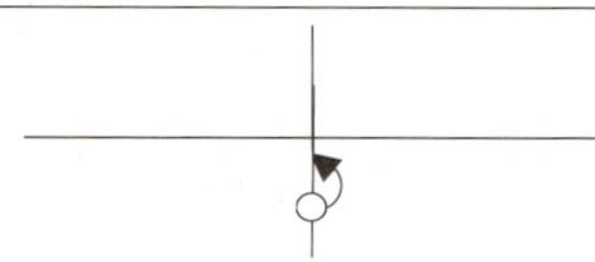</td></tr>
</table>

<table>
<tr><th>분류 / 장단 수</th><th colspan="12">무보 및 해설</th></tr>
<tr><th></th><th colspan="3">1박</th><th colspan="3">2박</th><th colspan="3">3박</th><th colspan="3">4박</th></tr>
<tr><td>17장단</td><td colspan="3"></td><td colspan="3"></td><td colspan="3"></td><td colspan="3"></td></tr>
<tr><td>북가락</td><td>더</td><td>더</td><td>덩</td><td></td><td>더</td><td>덩</td><td>덩</td><td></td><td>더</td><td>더</td><td>덩</td><td></td></tr>
<tr><td>춤사위 설명</td><td colspan="12">1박, 2박, 3박, 4박에 북가락을 치며 오른발부터 오른쪽 뒷사선으로 진행하다가 마지막에 오른쪽으로 회전하여 앞으로 향한다.</td></tr>
<tr><td>춤 동선</td><td colspan="12">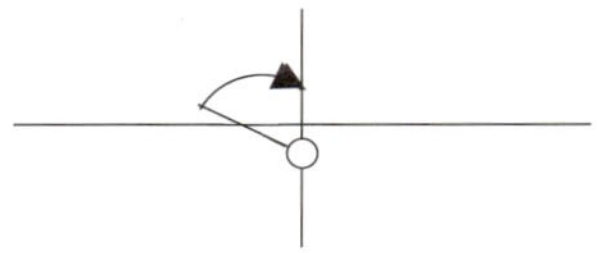</td></tr>
<tr><td>18장단</td><td colspan="3"></td><td colspan="3"></td><td colspan="3"></td><td colspan="3"></td></tr>
<tr><td>북가락</td><td>따</td><td>궁</td><td></td><td>따</td><td>궁</td><td></td><td>덩</td><td></td><td>궁</td><td></td><td>따</td><td></td></tr>
<tr><td>춤사위 설명</td><td colspan="12">1박, 2박에 앞을 보고 북가락을 치며 오른발과 왼발을 딛고, 3박, 4박에 양 무릎을 붙여 오른쪽과 왼쪽으로 밀어준다. 4박 마지막에 오른발을 살짝 들어준다.</td></tr>
<tr><td>춤 동선</td><td colspan="12">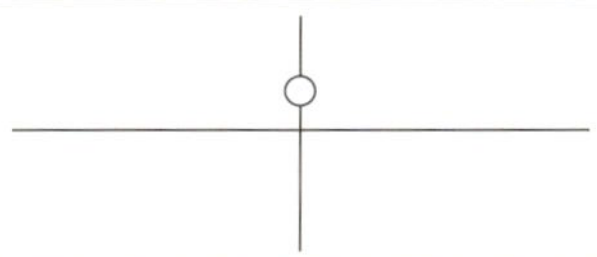</td></tr>
</table>

장단 수 \ 분류	무보 및 해설			
	1박	2박	3박	4박
19장단				
북가락	따 궁	궁 구	궁 따	궁 따
춤사위 설명	1박에 오른발, 2박에 왼발, 3박에 오른발, 4박에 왼발로 중심을 이동시키고, 양팔은 맷돌갈기 동작으로 북가락을 연주한다.			
춤 동선	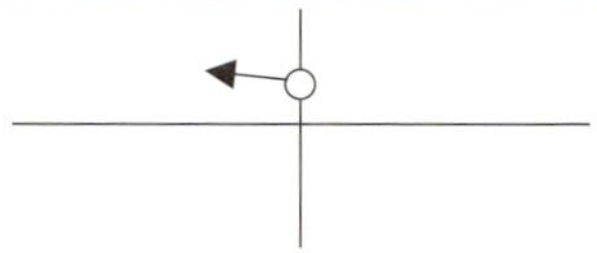			
20장단				
북가락	덩			
춤사위 설명	1박에 북을 치고 양팔을 들고 오른발을 왼쪽 앞사선으로 딛고, 2박에 180도 회전한다. 3박, 4박에 다시 180도 회전하여 몸의 방향을 왼쪽 앞사선으로 향한다.			
춤 동선	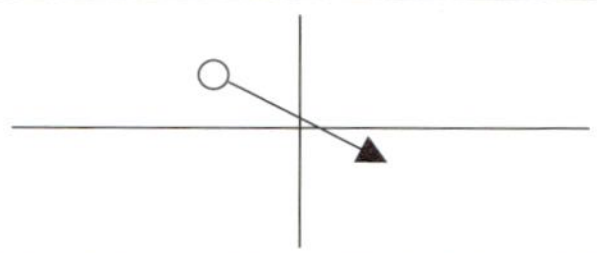			

분류 / 장단 수	무보 및 해설			
	1박	2박	3박	4박
21장단				
북가락	덩			
춤사위 설명	1박에 북을 치고 오른발을 딛고, 2박에 왼팔을 들고 왼발을 게걸음으로 오른발 앞으로 보낸다. 3박, 4박에 오른팔을 들어 겨누기 동작을 만들고, 4박에 왼발을 들고 뛰어 오른다.(2000년대에는 오른쪽 앞사선 방향으로 진행함)			
춤 동선	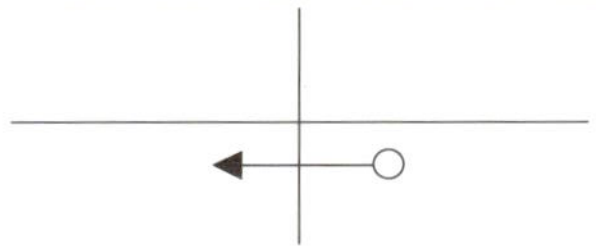			
22장단				
북가락	덩			
춤사위 설명	1박에 북을 치며 왼팔을 들어 올리고, 2박에 오른손을 뒤로 밀고, 3박에 호흡을 뺀 후, 4박에 양팔로 겨누기 동작을 만들고 왼발을 든다.			
춤 동선	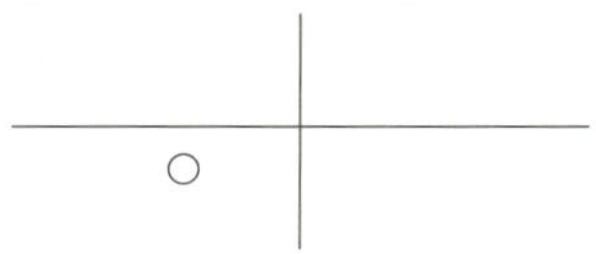			

분류 장단 수	무보 및 해설			
	1박	2박	3박	4박
23장단				
북가락	덩			
춤사위 설명	1박에 북을 치고, 1박, 2박에 몸을 왼쪽 앞사선으로 바꾸어 양팔을 벌려 진행하다가, 3박에 왼발을 찍고 몸을 오른쪽 앞사선으로 전환하며, 오른팔은 위로, 왼팔은 아래로 사선으로 들어 올린다, 4박에 왼발을 들어 올리고 몸을 정면으로 향하게 하고 오른 손목을 돌린다.			
춤 동선	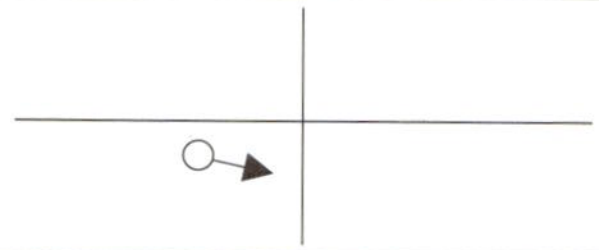			
24장단				
북가락	덩 드리	닥 따	따	궁
춤사위 설명	북가락을 연주하며 1박에 왼발을 딛고, 2박에 게걸음으로 오른발이 왼발을 건너가고, 3박에 왼발을 딛고, 4박에 오른발을 든다. 이때 2박, 3박에 왼팔을 사선으로 밀어 들고, 4박에 왼팔을 내려 북을 치고 오른발을 들고 몸과 고개가 왼쪽으로 기울어진다.(2000년대에는 왼쪽 뒷사선으로 이동함)			
춤 동선	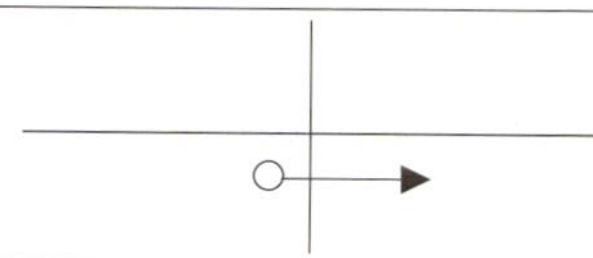			

분류 / 장단 수	무보 및 해설			
	1박	2박	3박	4박
25장단				
북가락	덩	떡	덩	떡
춤사위 설명	1박에 북을 치고 양팔을 아래로 밀어서 펴고, 2박에 양팔을 들어 올리며 북의 윗면을 친다. 3박에 북을 치고 양팔을 아래로 밀어서 펴고, 4박에 양팔을 들어 올리며 북의 윗면을 치고 우물푸기 동작을 한다. 2박과 4박은 왼손을 넘겨서 북의 복판을 치기도 한다. 이때 발은 게걸음으로 오른발을 딛고 왼발은 오른발을 건너서 딛는다.(1991년-1995년도에는 우물푸기 동작 전에 갈둥말둥 동작을 넣고 우물푸기 동작으로 진행. 악사와 주고 받는 춤사위가 있음)			
춤 동선	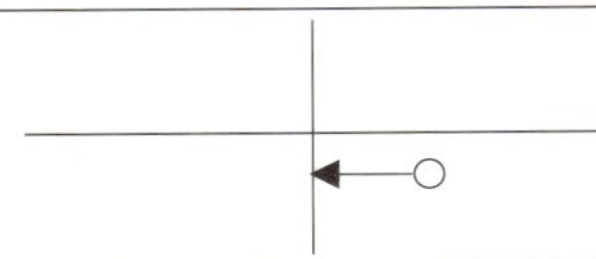			
26장단				
북가락	궁 따	따 궁	궁 따	따 궁
춤사위 설명	1박에 북을 치고 오른발 중심으로 이동하고 몸을 왼쪽 앞사선으로 향하게 한다. 2박에 북을 치고 왼발 중심으로 이동하고 몸을 오른쪽 앞사선으로 돌린다. 3박은 1박과 동일하게 4박은 2박과 동일하다. 1박, 3박은 왼팔이 올라가고 2박, 4박은 오른팔이 올라간다. 팔의 움직임은 직선, 곡선을 번갈아 가며 진행하고, 북소리는 점점 크게 연주한다.			
춤 동선	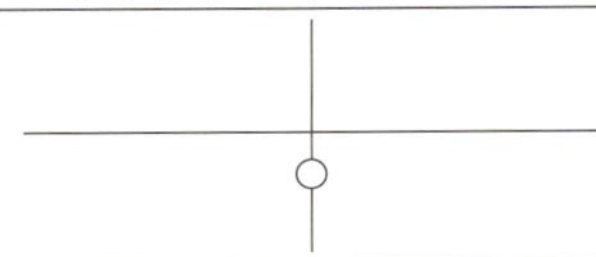			

장단 수 \ 분류	무보 및 해설			
	1박	2박	3박	4박
27장단				
북가락	덩	떡	덩	떡
춤사위 설명	1박에 북을 치고 양팔을 아래로 밀어서 펴고, 2박에 양팔을 들어 올리며 북의 윗면을 친다. 3박에 북을 치고 양팔을 아래로 밀어 펴고, 4박에 양팔을 들어 올리며 북의 윗면을 친다. 2박과 4박은 왼손을 넘겨서 북의 복판을 치기도 한다. 우물푸기 동작으로 발은 게걸음으로 오른발을 딛고 왼발은 오른발을 옆으로 건너서 딛는다.(우물푸기 동작 다음의 춤사위는 다양한 형태로 나타남)			
춤 동선	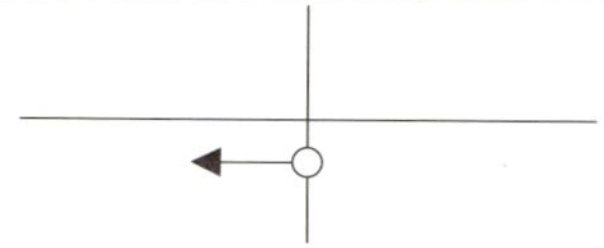			
28장단				
북가락	덩			
춤사위 설명	1박, 2박에 오른발을 왼쪽 뒷사선으로 디디며 북을 치고 왼팔을 위로 들어 올리고, 3박, 4박에 왼발을 꼬아 딛어 회전하며 양팔을 수평으로 편다.			
춤 동선	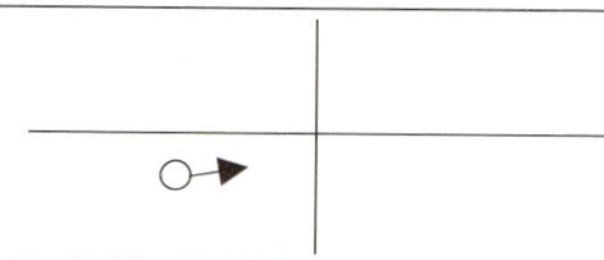			

<table>
<tr><td rowspan="2">분류 / 장단 수</td><td colspan="4">무보 및 해설</td></tr>
<tr><td>1박</td><td>2박</td><td>3박</td><td>4박</td></tr>
<tr><td>29장단</td><td></td><td></td><td></td><td></td></tr>
<tr><td>북가락</td><td></td><td></td><td></td><td></td></tr>
<tr><td>춤사위 설명</td><td colspan="4">1박, 2박에 몸을 왼쪽 뒷사선으로 향하게 하여 오른발을 딛고, 3박, 4박에 왼발을 꼬아 돌려 디디며 180도 회전한다. 북채를 쥔 손을 번갈아 가며 오른손, 왼손을 강하게 잡는다.</td></tr>
<tr><td>춤 동선</td><td colspan="4">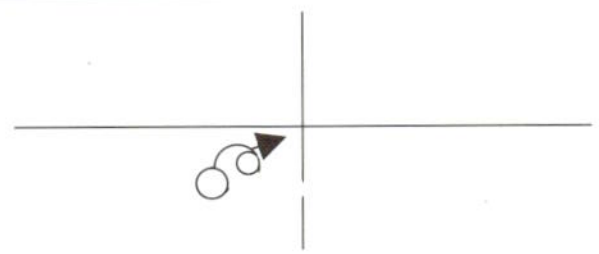</td></tr>
<tr><td>30장단</td><td></td><td></td><td></td><td></td></tr>
<tr><td>북가락</td><td></td><td>궁 따</td><td>궁 따</td><td>궁</td></tr>
<tr><td>춤사위 설명</td><td colspan="4">1박에 몸을 왼쪽 뒷사선으로 하여 오른발을 딛고, 2박, 3박, 4박에 북가락을 치며 오른쪽 방향으로 회전하고, 4박에 역동작을 사용하여 몸을 오른쪽 앞사선으로 전환한다.</td></tr>
<tr><td>춤 동선</td><td colspan="4">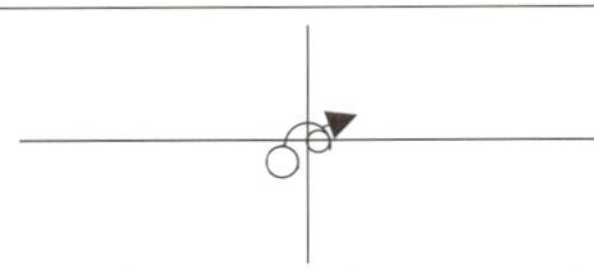</td></tr>
</table>

장단 수 \ 분류	무보 및 해설			
	1박	2박	3박	4박
31장단				
북가락	덩 ¦ ¦ 따	궁 ¦ (따) ¦	덩 ¦ ¦ 따	궁 ¦ (따) ¦
춤사위 설명	고개짓을 하며 1박에 오른쪽 앞사선을 향해 왼발을 딛는다. 2박, 3박, 4박에 왼쪽으로 원을 그리며 진행한다.(역동작을 사용하지 않을 경우에는 오른쪽 방향으로 원을 그리며 이동함)			
춤 동선	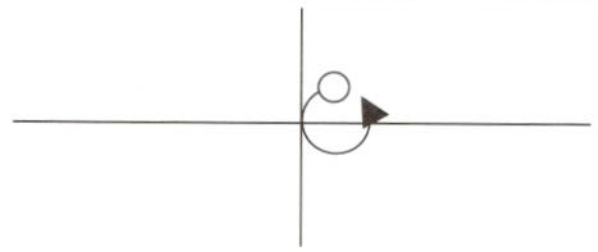			
32장단				
북가락	덩 ¦ ¦ 드리	닥 ¦ ¦ 따	¦ 따 ¦	궁 ¦ ¦
춤사위 설명	1박에 북을 치며 오른쪽 뒷사선에 왼발을 딛는다. 2박, 3박, 4박에 오른발로 발춤을 추며 왼쪽으로 회전한다. 이때 2박, 3박에 왼팔을 사선으로 들어 올리고, 4박에 왼팔을 내려 북을 치고 오른팔은 겨드랑이 호흡을 하며 밀어낸다.			
춤 동선	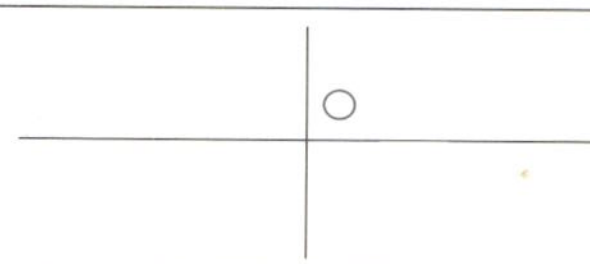			

장단 수 \ 분류	무보 및 해설			
	1박	2박	3박	4박
33장단				
북가락	덩			
춤사위 설명	몸에 힘을 빼고 덜렁~ 덜렁~한 느낌으로 1박에 북을 치며 왼발을 앞으로 딛고, 2박에 왼발을 왼쪽 뒷사선으로 딛고 오른팔을 뒤로 감고 왼팔은 앞으로 감는다. 3박에 왼발을 앞으로 살짝 당기며 태점을 찍고, 감았던 양팔을 서서히 펴고, 4박에 왼발을 들고 양팔을 옆으로 든다.			
춤 동선	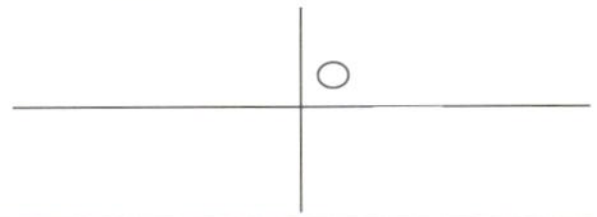			
34장단				
북가락				
춤사위 설명	뚝뚝한 직선적인 느낌으로, 1박에 왼발을 앞으로 딛고, 2박에 오른발을 앞으로 디디며 어깨에 좌우세를 넣는다. 3박에 흥~청의 느낌으로 왼발을 뒤로 딛고 오른발을 들어 오른쪽으로 회전하고, 4박에 오른발을 뒤로 디디며 몸의 방향을 오른쪽으로 전환한다. 이때 1박, 2박에는 양팔을 펴고, 3박, 4박에는 겨누기 동작을 만든다.			
춤 동선	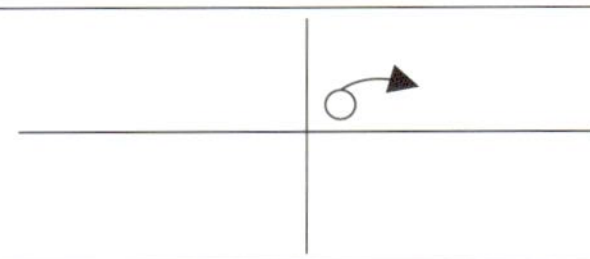			

<table>
<tr><td rowspan="2">분류
장단 수</td><td colspan="4">무보 및 해설</td></tr>
<tr><td>1박</td><td>2박</td><td>3박</td><td>4박</td></tr>
<tr><td>35장단</td><td></td><td></td><td></td><td></td></tr>
<tr><td>북가락</td><td>더 덩</td><td>덩</td><td>더 덩</td><td>덩</td></tr>
<tr><td>춤사위 설명</td><td colspan="4">북가락을 연주하며 오른쪽으로 진행하고, 1박, 2박에는 북을 치며 진행 방향을 보고, 3박, 4박에는 북의 복판(채편)을 본다. 북가락은 대삼과 소삼을 넣어서 연주한다.</td></tr>
<tr><td>춤 동선</td><td colspan="4">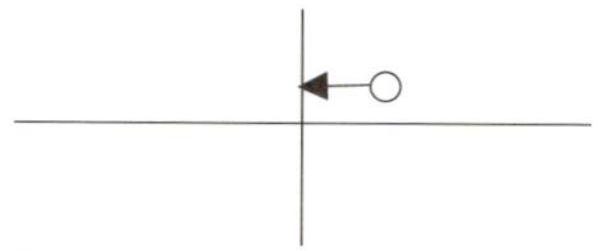</td></tr>
<tr><td>36장단</td><td></td><td></td><td></td><td></td></tr>
<tr><td>북가락</td><td>더 덩</td><td>덩</td><td>궁</td><td>따</td></tr>
<tr><td>춤사위 설명</td><td colspan="4">1박, 2박에 북가락을 연주하며 오른쪽 방향으로 진행하고, 3박에 오른발을 오른쪽 뒷사선으로 디디며 왼쪽으로 회전한다. 4박에 왼팔을 들어 올리고, 몸을 왼쪽 앞사선으로 향하게 하고 왼발을 든다.</td></tr>
<tr><td>춤 동선</td><td colspan="4">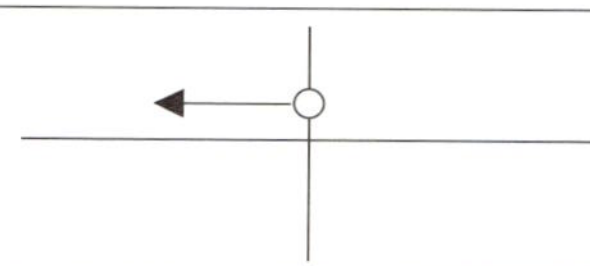</td></tr>
</table>

장단 수 \ 분류	무보 및 해설			
	1박	2박	3박	4박
37장단				
북가락	더 덩	덩	궁	따
춤사위 설명	북가락을 연주하며 1박, 2박에 왼쪽 앞사선으로 진행한다. 3박에 오른발을 왼발 뒤옆에 찍고, 왼발 뒷꿈치를 들어 왼발 중심으로 이동한다. 4박에 오른발은 왼발을 건너가도록 하여 왼쪽 앞사선으로 딛는다. 이때 3박에 오른팔을 뒤쪽 아래로 밀어 펴고, 4박에는 오른팔로 북을 치고 왼팔을 들어 올린다. 3박, 4박에 고개짓을 한다.			
춤 동선	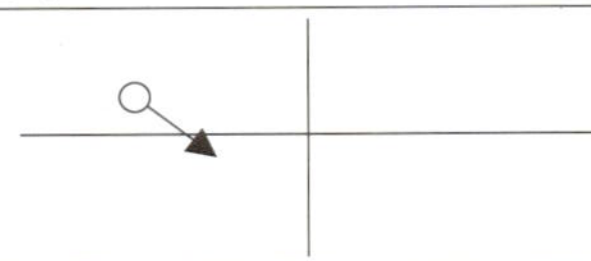			
38장단				
북가락	더 덩	덩	궁	따
춤사위 설명	북가락을 연주하며 1박, 2박에 왼쪽 앞사선으로 진행하고, 3박에 오른발을 왼발 뒤옆에 찍고, 왼발 뒷꿈치를 들어 왼발 중심으로 이동한다. 4박에 오른발을 오른쪽 앞사선으로 딛어 몸의 방향을 오른쪽 앞사선으로 바꾼다. 이때 3박에 오른팔을 뒤쪽 아래로 밀어 펴고, 4박에 오른팔로 북을 치고 왼팔을 들어 올린다. 3박, 4박에 고개짓을 한다.			
춤 동선	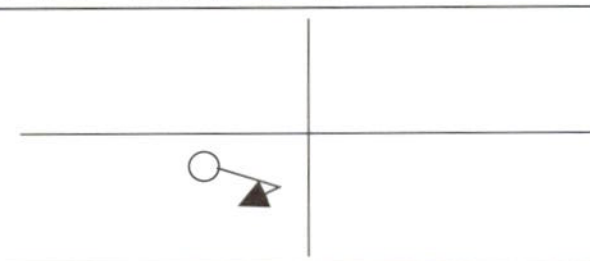			

분류 / 장단 수	무보 및 해설			
	1박	2박	3박	4박
39장단				
북가락	덩 따	궁 따	덩 따	궁 따
춤사위 설명	북가락을 연주하며 1박에 오른쪽 앞사선을 향해 왼발을 딛고, 2박, 3박, 4박에 왼쪽으로 원을 그리며 진행한다.			
춤 동선	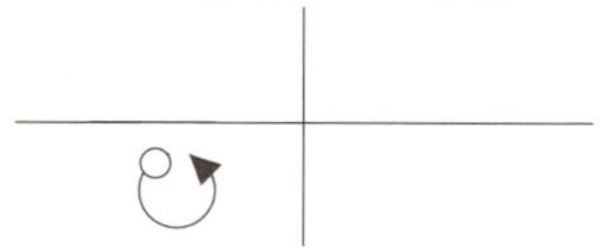			
40장단				
북가락	덩 드리	닥 따	따	궁
춤사위 설명	1박에 북을 치며 오른쪽 뒷사선에 왼발을 딛고, 2박, 3박, 4박에 오른발로 발춤을 추며 왼쪽으로 회전한 뒤 마지막에 앞을 향한다. 이때 2박, 3박에는 왼팔은 사선으로 들어 올리고, 4박에 왼팔을 내려 북을 치고 오른팔은 겨드랑이 호흡으로 밀어낸다.			
춤 동선	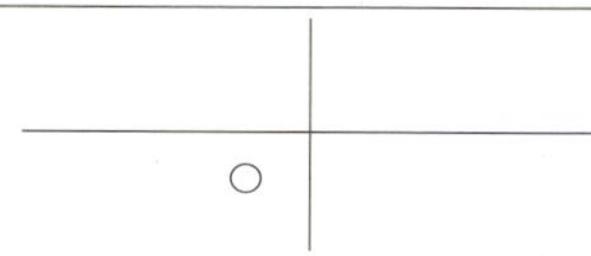			

분류 / 장단 수	무보 및 해설			
	1박	2박	3박	4박
41장단				
북가락	덩			
춤사위 설명	1박에 북을 치며 오른발을 오른쪽 앞사선으로 딛고 몸이 왼쪽 앞사선으로 향한다. 2박, 3박, 4박에 왼쪽 허리를 오른쪽으로 밀어 양팔을 사선(오른팔이 위, 왼팔이 아래)으로 들어 올리고, 왼발을 서서히 들어 올리며 몸의 방향을 오른쪽 앞사선으로 이동시킨다.			
춤 동선	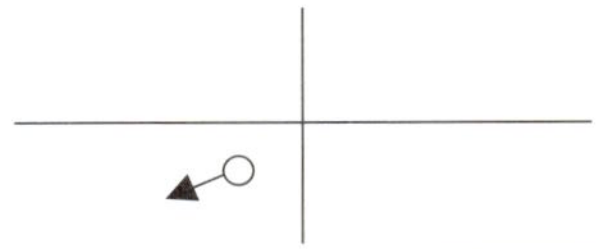			
42장단				
북가락				
춤사위 설명	1박에 왼발을 오른쪽 앞사선에 딛고, 왼팔은 북위에 얹고 오른팔은 오른쪽으로 밀어 손바닥이 위로 향하게 한다. 2박에 좌우세를 하고 손등이 위로 가게 하고, 3박에 오른팔을 오른쪽으로 살짝 밀고, 4박에 오른팔을 몸으로 끌어와 머리 위에서 돌리며 왼발을 든다.			
춤 동선	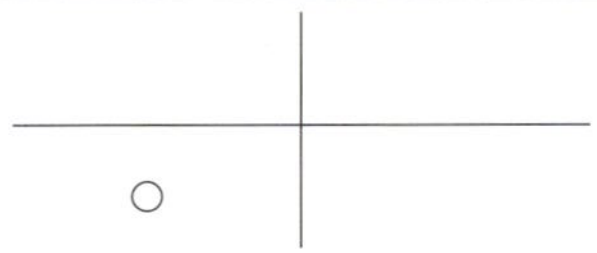			

분류 / 장단 수	무보 및 해설			
	1박	2박	3박	4박
43장단				
북가락	읏	떡	읏	떡
춤사위 설명	1박에 왼발을 들고 양팔을 올리고 오른 손목은 뒤로 넘겨, 2박에 머리 위에서 북채를 마주친다. 3박에 왼쪽 손목을 뒤로 넘기고, 4박에 북채를 마주친다.			
춤 동선	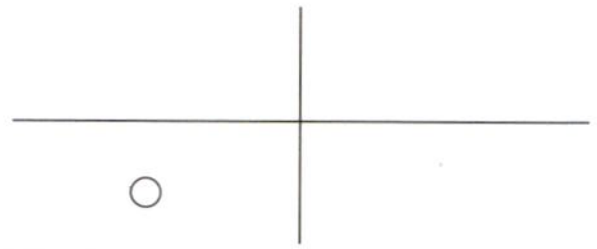			
44장단				
북가락	떡	떡	떠 덕	떡
춤사위 설명	1박, 2박에 호흡을 풀며 양팔을 내리면서 북채를 마주치고, 3박, 4박에 호흡을 채우며 양팔을 밀어 올리며 북채를 마주친다. 양팔을 내릴 때 앞으로 밀지 말고 아래로 바로 내린다.			
춤 동선	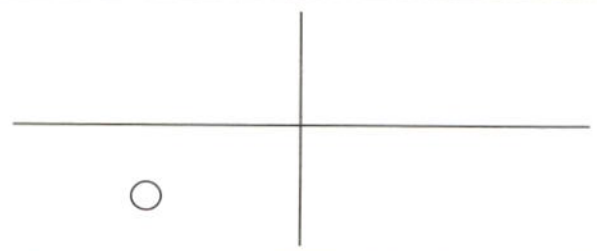			

분류 / 장단 수	무보 및 해설			
	1박	2박	3박	4박
45장단				
북가락	떡		떡	
춤사위 설명	1박에 왼발을 몸으로 끌어와 디디며 북채를 마주치고, 2박에 몸을 왼쪽 앞사선으로 돌린다. 3박에 오른발을 끌어와 디디며 북채를 마주치고, 4박에 오른쪽으로 회전할 준비를 한다.			
춤 동선	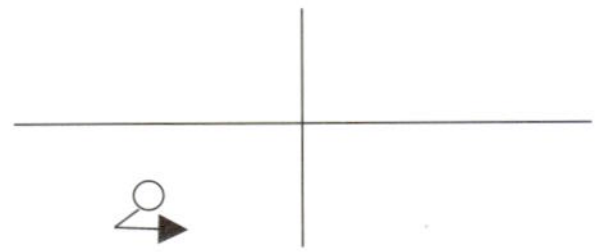			
46장단				
북가락	떡	떡	떠 덕	떡
춤사위 설명	1박에 북채를 마주치며 왼발을 오른쪽 앞사선에 딛고, 2박, 3박, 4박에 북채를 마주치며 오른쪽으로 회전한 후 마지막에 앞을 향한다.			
춤 동선	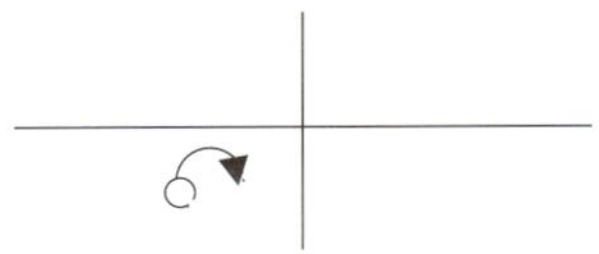			

분류 / 장단 수	무보 및 해설			
	1박	2박	3박	4박
47장단				
북가락	덩			
춤사위 설명	1박에 북을 치며 왼발을 앞으로 딛고, 2박에 오른발을 뒤로 딛고 왼팔은 앞으로 오른팔은 뒤에 놓는다. 3박에 왼발을 찍고, 4박에 왼쪽 허리를 밀어 왼발을 오른쪽 앞사선으로 밀어 든다. 이때 3박, 4박에 양팔은 겨누기 동작을 만든다.			
춤 동선	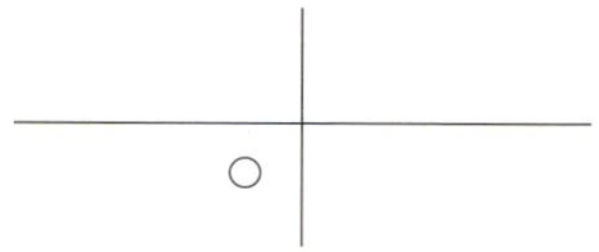			
48장단				
북가락	덩 드리	닥 따	따	궁
춤사위 설명	1박에 왼발을 디디며 몸은 왼쪽 앞사선으로 서서히 밀고, 2박, 3박에 북가락을 연주하며 오른발로 발춤을 추며 뛰어올라, 4박에 오른발을 왼쪽 앞사선으로 왼발 앞으로 딛는다. 이때 2박, 3박에 북가락을 연주하며 왼팔을 사선으로 올렸다가, 4박에 왼팔을 내려 북을 치고 오른팔은 겨드랑이 호흡으로 들어 올린다.			
춤 동선	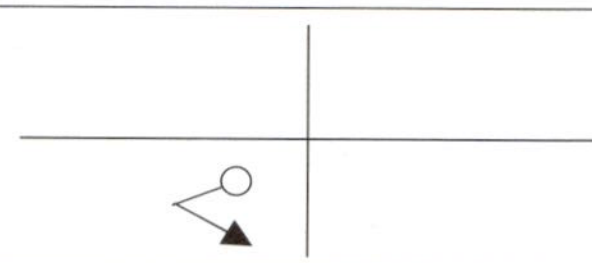			

분류 / 장단 수	무보 및 해설			
	1박	2박	3박	4박
49장단				
북가락	덩			
춤사위 설명	1박에 북을 치며 왼발을 뒤로 딛고 몸은 오른쪽 앞사선을 향하고 오른발을 끌어올리고, 2박에 오른발을 뒤로 딛고 왼무릎을 펴서 앞으로 뻗어 딛는다. 3박에 왼발을 뒤로 딛고 오른발을 왼발 옆으로 끌어올리고, 4박에 오른발을 뒤로 딛고 왼무릎을 펴서 앞으로 뻗어 디디며 갈지자 동작을 만든다. 이때 1박에 북을 치고, 2박에 왼팔을 펴서 왼쪽 앞사선으로 보내고, 3박, 4박에 겨누기 팔동작을 만들며 몸은 오른쪽 앞사선을 향한다.			
춤 동선	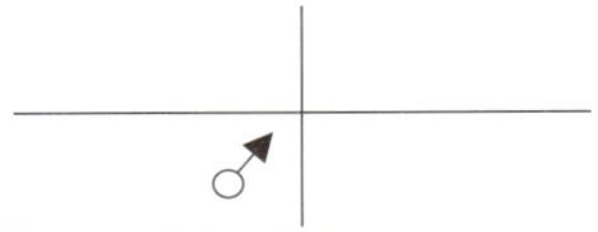			
50장단				
북가락	덩			
춤사위 설명	1박에 북을 치고 왼발을 뒤로 딛고 몸을 오른쪽 앞사선을 향하고 오른발을 끌어올리고, 2박에 오른발을 뒤로 딛고 왼무릎을 펴서 앞으로 뻗어 딛는다. 3박에 왼발을 뒤로 딛고 오른발을 왼발 옆으로 끌어올리고, 4박에 오른발을 오른쪽 뒷사선으로 디디며 역동작을 한다. 이때 1박에 북을 치고, 2박에 왼팔을 펴서 왼쪽 앞사선으로 보내고, 3박, 4박에 겨누기 팔 동작을 만들며 몸은 마지막에 오른쪽 뒷사선으로 향한다.			
춤 동선	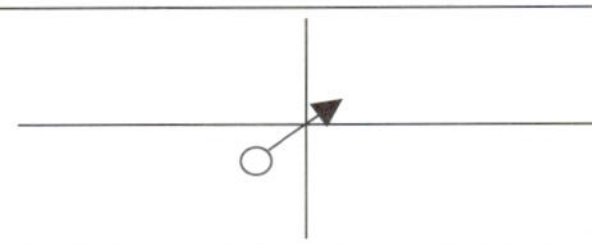			

분류 / 장단 수	무보 및 해설 1박	2박	3박	4박
51장단				
북가락	덩 구	궁 따	궁 구	궁 따
춤사위 설명	북가락을 연주하며 1박에 북을 치고 왼발을 오른쪽 뒷사선에 딛고, 2박에 오른발을 꼬아 딛어 왼쪽 앞사선으로 딛는다. 3박에 왼발을 뒤로 딛고 오른발은 살짝 들고, 4박에 오른발을 앞으로 디디면서 오른발을 들었다 놓았다 하며 발동작을 한다. 이때 2박에 몸은 왼쪽 앞사선을 향하고, 3박에 오른팔을 겨드랑이 호흡을 하며 들어 올리면서 북을 친다.(1990년대는 왼쪽 앞사선으로 진행하며 북을 연주함)			
춤 동선	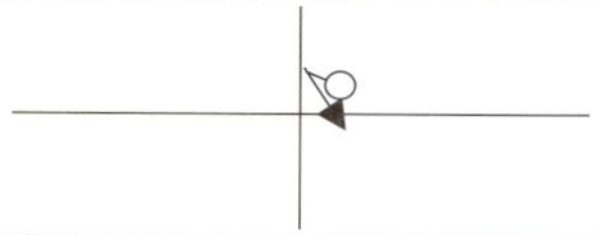			
52장단				
북가락	궁 구	궁 따	궁	따
춤사위 설명	북가락을 연주하며 몸을 왼쪽 앞사선을 향하고 1박에 제자리에서 왼발은 뒤로 딛고 오른발은 들어 올리고, 2박에 오른발은 딛는다. 3박에 왼발을 앞으로 디디며 뛰고, 4박에 오른발을 앞으로 딛는다. 이때 1박, 2박에 오른팔을 겨드랑이 호흡을 하며 들어 올리며 북을 치고, 3박에 북을 치고 왼팔을 사선으로 밀어 올린다.			
춤 동선	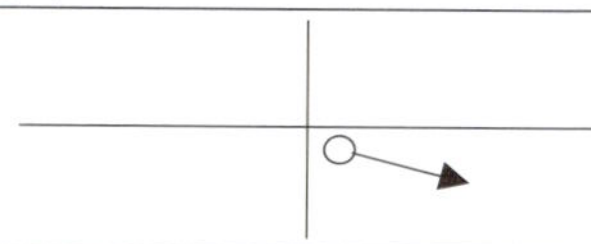			

분류 / 장단 수	무보 및 해설 1박	2박	3박	4박
53장단				
북가락	덩			
춤사위 설명	1박에 뛰면서 북을 치며 몸을 오른쪽 앞사선으로 바꾸고 왼발을 앞으로 딛고, 2박에 오른발을 뒤로 딛는다. 3박에 왼발을 앞으로 찍고, 4박에 왼발을 들어서 왼쪽으로 돌려 몸을 왼쪽 앞사선으로 향하게 한다. 이때 1박에 북을 치고, 2박에 왼팔을 들고, 3박, 4박에 겨누기 동작을 만든다.			
춤 동선	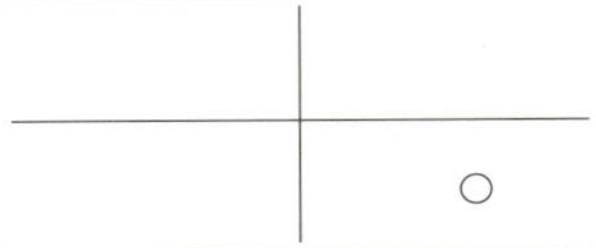			
54장단				
북가락	덩 드리	닥 따	따	궁
춤사위 설명	북가락을 연주하며 몸은 왼쪽 앞사선을 향하고, 1박에 왼발을 앞으로 딛고, 2박, 3박에 오른발로 발춤 동작을 넣고, 4박에 왼발 옆으로 놓는다. 이때 2박, 3박에 북가락을 연주하며 왼팔을 들어 올리고, 4박에 왼팔을 내려 북을 치고 오른팔은 겨드랑이 호흡으로 들어 올린다.			
춤 동선	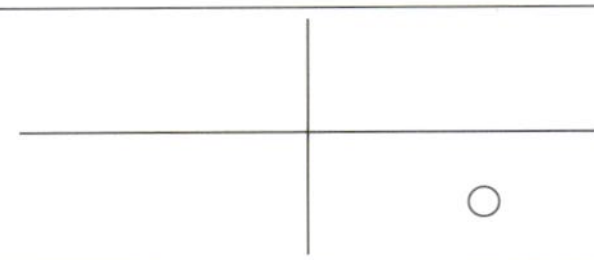			

<table>
<tr><td rowspan="2">분류
장단 수</td><td colspan="4">무보 및 해설</td></tr>
<tr><td>1박</td><td>2박</td><td>3박</td><td>4박</td></tr>
<tr><td>55장단</td><td></td><td></td><td></td><td></td></tr>
<tr><td>북가락</td><td>덩</td><td></td><td></td><td></td></tr>
<tr><td>춤사위 설명</td><td colspan="4">새끼꼬기 동작으로, 오른쪽 뒷사선으로 진행하며 1박에 오른발을 뒤로 딛고 왼발을 들고 몸을 왼쪽으로 돌리고, 2박에 왼발을 앞으로 딛고 몸을 왼쪽으로 돌린다. 3박에 왼발을 뒤로 딛고 오른발을 들고, 4박에 오른발을 앞으로 딛고 몸을 오른쪽으로 돌린다. 이때 1박에 북을 치고 왼손을 들어 올리고, 2박에 몸쪽으로 끌어오고, 3박, 4박에 오른팔을 들어올려 오른손이 왼손 아래에서 새끼를 꼬듯이 몸을 오른쪽 밀어 위로 빠져나온다.(1990년대에는 새끼꼬기 동작이 다양한 형태로 나타남)</td></tr>
<tr><td>춤 동선</td><td colspan="4">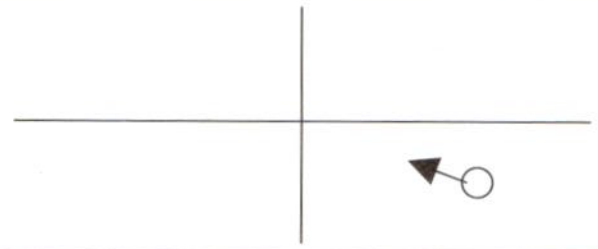</td></tr>
<tr><td>56장단</td><td></td><td></td><td></td><td></td></tr>
<tr><td>북가락</td><td>덩</td><td></td><td></td><td></td></tr>
<tr><td>춤사위 설명</td><td colspan="4">오른쪽 뒷사선으로 진행하며 1박에 오른발을 왼쪽 뒷사선으로 뒤로 딛고 왼발을 들고, 2박에 왼발을 앞으로 딛는다. 3박에 왼발을 왼쪽 뒷사선으로 뒤로 딛고 오른발을 들고, 4박에 오른발을 오른쪽 앞사선으로 딛는다. 이때 1박에 북을 치고 왼손을 들어 올리고, 2박에 왼손을 몸으로 끌어오고, 3박, 4박에 몸을 오른쪽 앞사선으로 하고 양팔을 위로 들어 올린다.</td></tr>
<tr><td>춤 동선</td><td colspan="4">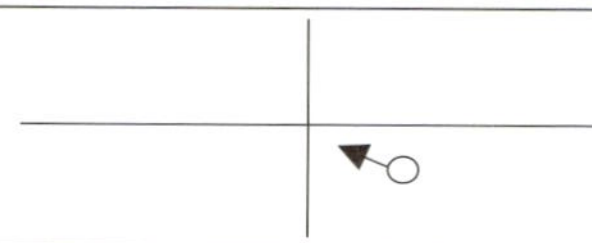</td></tr>
</table>

분류 / 장단 수	무보 및 해설			
	1박	2박	3박	4박
57장단				
북가락				
춤사위 설명	1박에 오른쪽 뒷사선에 오른발을 뒤로 딛고 왼발을 들고, 2박에 왼발을 앞으로 딛는다. 3박에 왼발을 왼쪽 뒷사선 뒤로 딛고 오른발을 들고, 4박에 오른발을 앞으로 딛는다. 이때 1박, 2박에 몸을 왼쪽 앞사선으로 돌리고 양쪽 손목을 위로 밀어 올렸다가 왼쪽에서 오른쪽으로 돌리고, 3박, 4박에 몸을 오른쪽 앞사선으로 돌리고 양쪽 손목을 밀어 올렸다가 왼쪽으로 돌린다.			
춤 동선	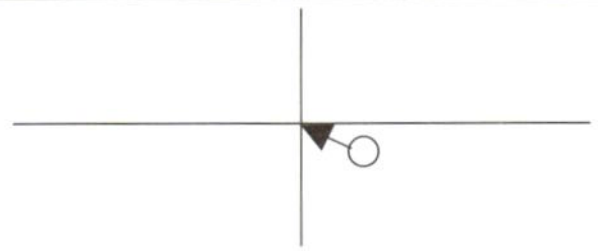			
58장단				
북가락				
춤사위 설명	1박에 오른쪽 뒷사선에 오른발을 뒤로 딛고 왼발을 들고, 2박에 왼발을 앞으로 딛는다. 3박에 왼발을 왼쪽 뒷사선 뒤로 딛고, 4박에 오른발을 든다. 이때 1박, 2박에 몸을 왼쪽 앞사선으로 돌리고 양쪽 손목을 위로 밀어 올렸다가 왼쪽에서 오른쪽으로 돌리고, 3박, 4박에 몸을 앞으로 돌리고 양쪽 손목을 위로 밀어 올렸다가 왼쪽으로 돌린다.			
춤 동선	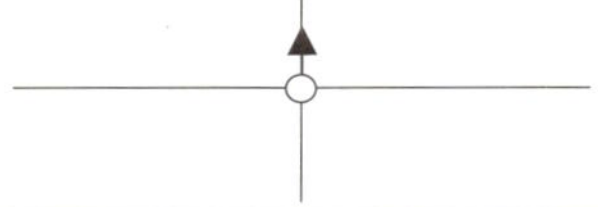			

<table>
<tr><th rowspan="2">분류
장단 수</th><th colspan="12">무보 및 해설</th></tr>
<tr><th colspan="3">1박</th><th colspan="3">2박</th><th colspan="3">3박</th><th colspan="3">4박</th></tr>
<tr><td>59장단</td><td colspan="3"></td><td colspan="3"></td><td colspan="3"></td><td colspan="3"></td></tr>
<tr><td>북가락</td><td>덩</td><td></td><td></td><td></td><td></td><td></td><td>덩</td><td></td><td></td><td></td><td></td><td></td></tr>
<tr><td>춤사위 설명</td><td colspan="12">1박, 2박에 북을 치고 오른발을 뒤로 딛고 뛰면서 왼발을 들고, 3박, 4박에 북을 치고 왼발을 뒤로 딛고 뛰면서 오른발을 든다. 이때 1박, 2박에 양팔은 곡선으로 옆으로 벌리고, 3박, 4박에는 겨누기 동작을 만든다.</td></tr>
<tr><td>춤 동선</td><td colspan="12">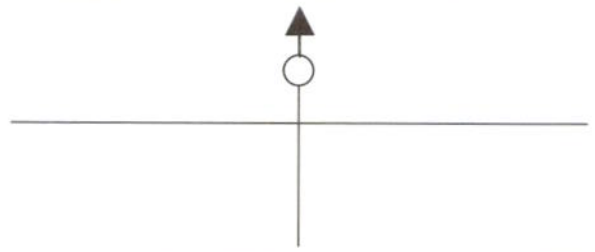</td></tr>
<tr><td>60장단</td><td colspan="3"></td><td colspan="3"></td><td colspan="3"></td><td colspan="3"></td></tr>
<tr><td>북가락</td><td>덩</td><td></td><td></td><td>궁</td><td>따</td><td></td><td>궁</td><td></td><td></td><td>따</td><td></td><td></td></tr>
<tr><td>춤사위 설명</td><td colspan="12">1박에 북을 치고 오른발을 뒤로 디디며 북을 몸으로 안아주듯이 팔을 벌리고, 2박, 3박에 북가락을 치고, 4박에 북을 치고 양팔을 수평으로 들어 올리고 왼발을 든다.</td></tr>
<tr><td>춤 동선</td><td colspan="12">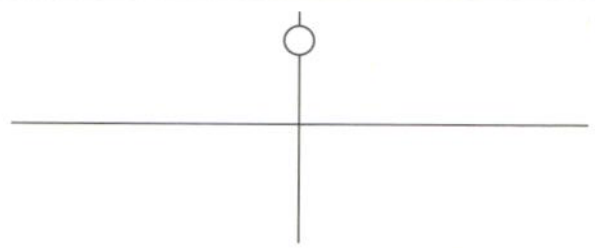</td></tr>
</table>

분류 / 장단 수	무보 및 해설 1박	2박	3박	4박
61장단				
북가락				
춤사위 설명	품앗이 장단에 진행하는 동작으로 악사와 장단을 주고받는다. 1박, 2박에 양팔을 수평으로 들고 좌우세를 넣어 앞으로 진행하다가, 3박에 몸을 오른쪽 앞사선으로 향하고 왼발을 앞에 놓고 제자리에서 양팔을 북으로 끌어당긴다. 4박에 왼발을 들고 양팔을 밀어 왼팔은 옆으로, 오른팔은 위로 밀어 올린 후 왼 손목으로 옆으로 포물선을 그리고 오른 손목은 위에서 아래로 포물선을 그린다.			
춤 동선	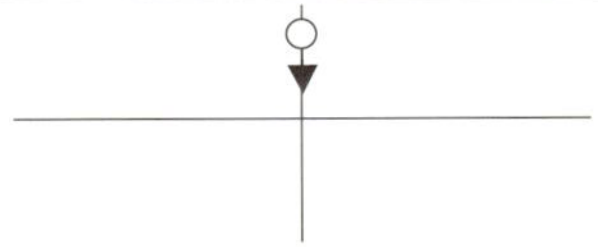			
62장단				
북가락	덩	더 더 더	더 덩	덩
춤사위 설명	몸의 방향을 오른쪽 앞사선으로 하여 북가락을 연주한다.			
춤 동선	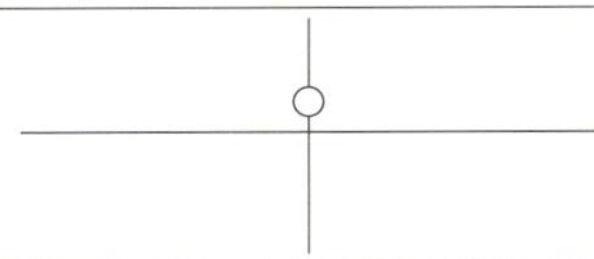			

분류 / 장단 수	무보 및 해설			
	1박	2박	3박	4박
63장단				
북가락				
춤사위 설명	1박에 왼발을 왼쪽 뒷사선으로 디디며 왼팔을 펴고 몸을 왼쪽 뒷사선을 향하게 하고, 2박에 오른발을 오른쪽 앞사선을 향하게 한다. 3박, 4박에 오른쪽 앞사선을 향해 진행하며 오른팔은 얼굴 앞에서 원으로 밀어 올리면서 겨누기 동작을 만든다.(1994년 공연영상에서는 61장단처럼 앞으로 전진했는데 무대를 크게 사용하기 위해서 2000년대에 왼쪽 뒷사선에서 오른쪽 앞사선으로 동선에 변화를 줌)			
춤 동선	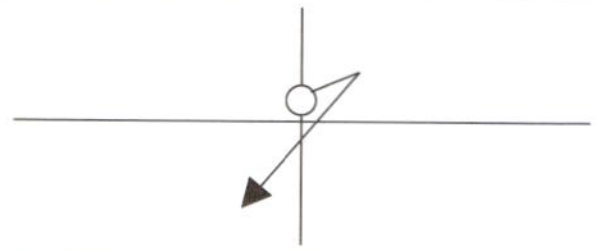			
64장단				
북가락	더 ¦ 더 ¦ 더	더 ¦ 더 ¦	더 ¦ 덩 ¦	덩 ¦ ¦
춤사위 설명	몸의 방향을 오른쪽 앞사선으로 하여 북가락을 연주한다.			
춤 동선	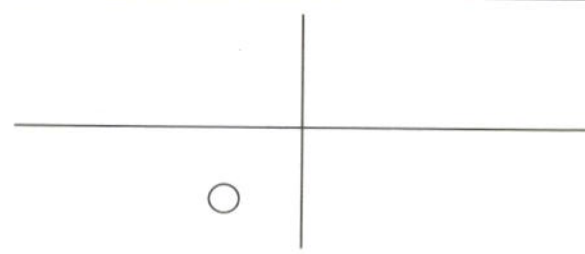			

장단 수 \ 분류	무보 및 해설			
	1박	2박	3박	4박
65장단				
북가락	구 궁	궁	따 다	따
춤사위 설명	1박, 2박에 북가락을 치며 왼쪽 뒷사선으로 왼발을 뒤로 딛고 오른팔을 북으로 당겨오고, 3박, 4박에 북가락을 치며 오른쪽 뒷사선으로 오른발을 뒤로 딛고 왼팔을 편다. 이때 몸의 방향은 오른쪽 앞사선에서 왼쪽 앞사선으로 전환된다.			
춤 동선	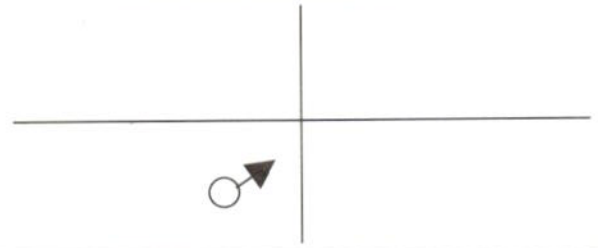			
66장단				
북가락	구 궁	따 다		
춤사위 설명	1박에 북을 치며 몸을 왼쪽 앞사선으로 하고 왼쪽 뒷사선으로 발을 뒤로 딛고, 2박에 북을 치며 오른발을 오른쪽 앞사선으로 딛는다. 3박, 4박에 오른쪽 앞사선으로 진행하며 양팔은 겨누기 동작을 만들며 왼발을 든다. 이때 몸의 방향은 왼쪽 앞사선에서 오른쪽 앞사선으로 전환된다.			
춤 동선	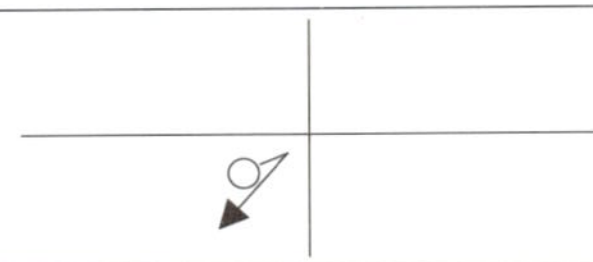			

장단 수 \ 분류	무보 및 해설			
	1박	2박	3박	4박
67장단				
북가락	궁 / 따 / 궁	따 / 궁 / 따	궁 / 따 / 궁	따 / 궁 /
춤사위 설명	꼭지 장단을 치며 몸의 방향을 오른쪽 앞사선으로 하여 북가락을 치고, 4박 마지막에 왼발을 들고 몸의 방향을 왼쪽 앞사선으로 전환한다.			
춤 동선	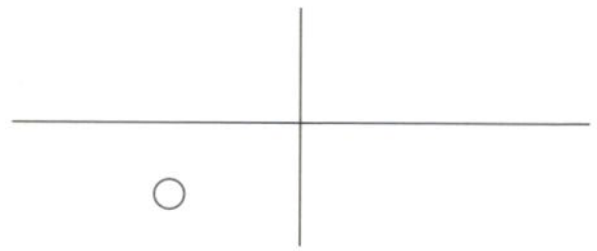			
68장단				
북가락	따 / 궁 /	따 / 궁 /	따 / 궁 /	따 / 궁 /
춤사위 설명	북가락을 연주하며 왼쪽 앞사선으로 진행한다. 1박, 2박, 3박에 발을 여물썰기 발로 왼발, 오른발, 왼발을 딛고, 4박에 오른발을 딛고 왼발을 들어 오른쪽으로 돌리고 몸을 오른쪽 앞사선으로 향하게 한다.			
춤 동선	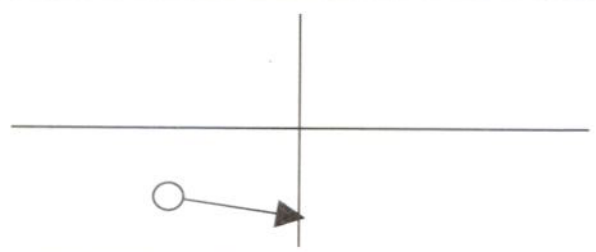			

<table>
<tr><th>분류 / 장단 수</th><th colspan="12">무보 및 해설</th></tr>
<tr><th></th><th colspan="3">1박</th><th colspan="3">2박</th><th colspan="3">3박</th><th colspan="3">4박</th></tr>
<tr><td>69장단</td><td colspan="3"></td><td colspan="3"></td><td colspan="3"></td><td colspan="3"></td></tr>
<tr><td>북가락</td><td>더</td><td>더</td><td>덩</td><td></td><td>더</td><td>더</td><td>덩</td><td></td><td>더</td><td>더</td><td>덩</td><td></td></tr>
<tr><td>춤사위 설명</td><td colspan="12">왼발을 오른쪽 앞사선에 딛고 1박, 2박, 3박에 북가락을 치고, 4박에 몸을 왼쪽 앞사선으로 돌린다.</td></tr>
<tr><td>춤 동선</td><td colspan="12">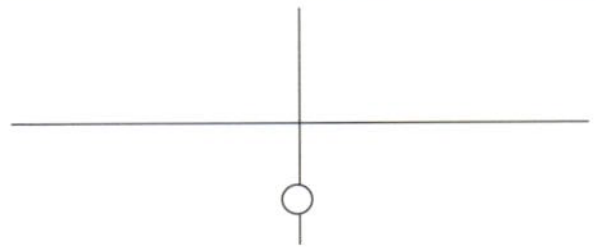</td></tr>
<tr><td>70장단</td><td colspan="3"></td><td colspan="3"></td><td colspan="3"></td><td colspan="3"></td></tr>
<tr><td>북가락</td><td>따</td><td>궁</td><td></td><td>따</td><td>궁</td><td></td><td>덩</td><td></td><td>궁</td><td></td><td>따</td><td></td></tr>
<tr><td>춤사위 설명</td><td colspan="12">몸을 왼쪽 앞사선으로 하여 1박, 2박에 북가락을 치고, 3, 4박에 몸을 앞을 향하고 북가락을 친다.</td></tr>
<tr><td>춤 동선</td><td colspan="12">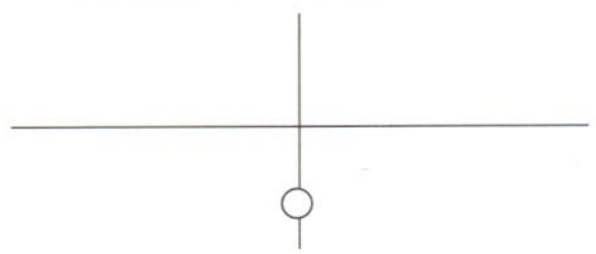</td></tr>
</table>

장단 수 \ 분류	무보 및 해설			
	1박	2박	3박	4박
71장단				
북가락	따 궁	궁 구	궁 따	궁 따
춤사위 설명	맷돌갈기 동작으로 좌우세를 넣으며 북가락을 치고, 몸의 방향은 1박에 오른쪽 앞사선, 2박에 왼쪽 앞사선, 3박에 오른쪽 앞사선, 4박에 왼쪽 앞사선을 향한다. 4박에 오른쪽으로 회전하기 위해 왼발을 든다.			
춤 동선	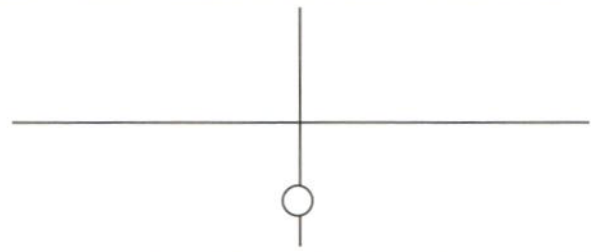			
72장단				
북가락	덩			
춤사위 설명	1박에 북을 치고 왼발을 꼬아 딛어 오른쪽 앞사선으로 딛고 양팔을 옆으로 벌리고, 2박, 3박, 4박에 양팔을 펴고 오른쪽으로 회전하며 오른발, 왼발, 오른발을 딛는다. 이때 3박, 4박에 동살풀이 장단으로 변화시키기 위해 끌채를 사용한다.			
춤 동선	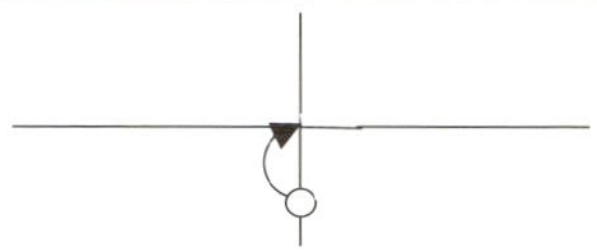			

4) 동살풀이장단

분류 / 장단 수	무보 및 해설			
	1박	2박	3박	4박
1장단				
북가락	덩	덩	덩 덩	따
춤사위 설명	북가락을 연주하며 몸의 방향을 오른쪽 앞사선으로 하여, 1박, 2박, 3박에 갈지자 발동작으로 딛는다. 4박에 왼팔을 들어 올리고 왼쪽 허리를 오른쪽으로 밀고 왼발을 들어 올린다.			
춤 동선	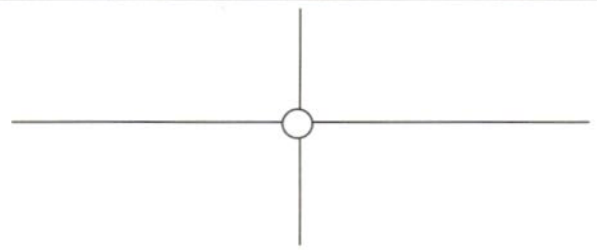			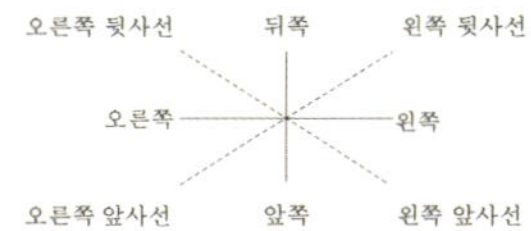
2장단				
북가락	따 쿵	따 쿵	따 쿵	따
춤사위 설명	북가락을 연주하며 몸의 방향을 오른쪽 앞사선으로 하고, 1박에 왼발을 디디며 북을 치고, 2박, 3박에 북을 치며 좌우세를 넣고, 4박에 북을 치고 왼발을 들고 앞을 향한다.			
춤 동선	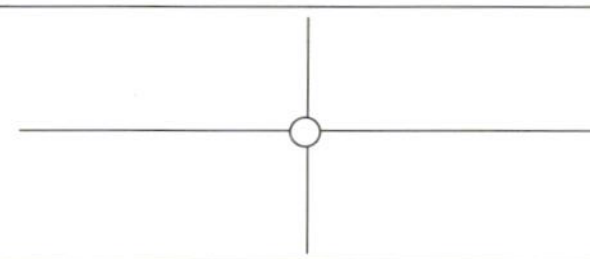			

장단 수 \ 분류	무보 및 해설			
	1박	2박	3박	4박
3장단				
북가락	덩 　 기	닥 　 따	따	따
춤사위 설명	북가락을 연주하며 1박에 왼발을 딛고 북을 치고, 2박에 오른발을 딛고 왼팔을 앞으로 눈높이까지 들어 올린다. 3박에 좌우세를 넣어 어깨를 밀고 왼발 앞부분을 찍고, 4박에 좌우세를 넣어 어깨를 당기고 왼발을 든다.			
춤 동선	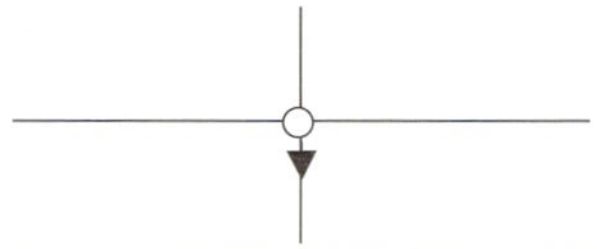			
4장단				
북가락	다 　 다	다	따	따
춤사위 설명	북가락을 연주하며 1박에 뒤로 왼발을 딛고 왼팔 어깨를 밀고, 2박에 오른발을 뒤로 딛고 어깨를 당긴다. 3박에 왼발을 딛고 어깨를 밀고, 4박에 오른발을 뒤로 딛고 어깨를 당겼다 양팔을 편다. 이때 1박, 2박은 소삼으로, 3박, 4박은 대삼으로 북을 친다.			
춤 동선	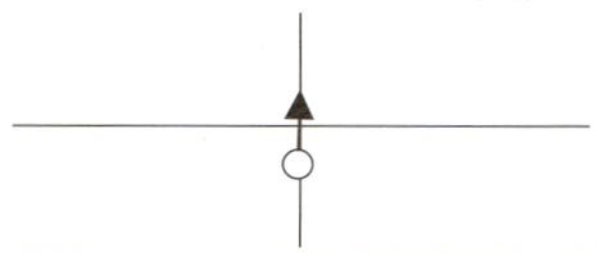			

분류 / 장단 수	무보 및 해설			
	1박	2박	3박	4박
5장단				
북가락				
춤사위 설명	1박에 왼발, 2박에 오른발을 앞으로 디디며, 양팔을 직선으로 들어 어깨에 좌우세를 넣고 뚝뚝거리는 느낌으로 걷는다. 3박에 왼발을 밀어 올려 오른발을 오른쪽 앞사선으로 돌리고, 4박에 몸의 방향을 오른쪽 앞사선으로 하여 오른발을 뒤로 딛고 왼발을 든다. 이때 3박, 4박에는 양팔에 힘을 빼고 흥청거리며 곡선을 만든다.			
춤 동선	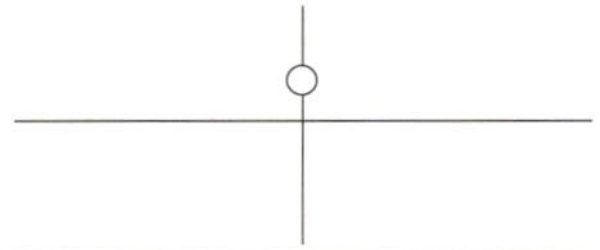			
6장단				
북가락			궁	따
춤사위 설명	몸의 방향은 오른쪽 앞사선으로 하고 양팔을 위로 들고, 1박에 왼발을 딛고 1박, 2박에 어깨로 좌우세를 넣고 손목도 좌우로 꺾어준다. 3박에 왼발을 뒤로 디디며 갈지자 발동작을 하고 왼팔로 북을 치고 오른팔을 몸으로 당겨와 구부리고, 4박에 오른발을 뒤로 디디며 오른팔로 북을 치고 왼쪽 허리를 오른쪽으로 밀고 왼팔을 들어 올린다.			
춤 동선	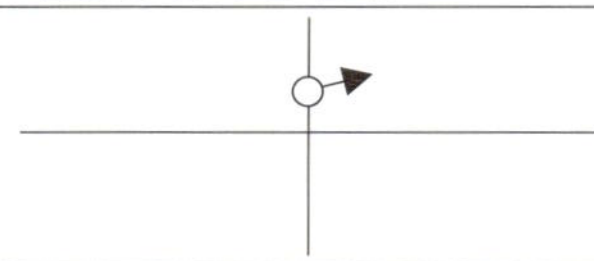			

분류 / 장단 수	무보 및 해설			
	1박	2박	3박	4박
7장단				
북가락	궁	따	궁	따
춤사위 설명	1박에 왼발을 뒤로 디디며 갈지자 발동작을 하고, 왼팔로 북을 치며 오른팔은 몸으로 당겨 구부리고, 2박에 오른팔로 북을 치고, 왼쪽 허리를 오른쪽으로 밀어주며 왼팔을 들어 올린다. 3박에 다시 왼발을 뒤로 디디며 갈지자 발동작을 하고, 왼팔로 북을 치며 오른팔을 몸으로 당겨 구부린다. 4박에 오른발을 뒤로 디디며 오른팔로 북을 치고, 왼쪽 허리를 오른쪽으로 밀어주며 왼팔을 들어 올리며 왼발을 든다. 점점 크게 북을 쳐 나간다.			
춤 동선	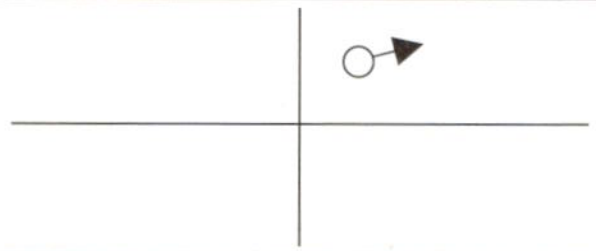			
8장단				
북가락	따 궁	따 궁	따 궁	따
춤사위 설명	몸의 방향을 오른쪽 앞사선으로 하고, 어깨에 좌우세를 넣어 1박에 왼발을 디디며 북을 치고, 2박, 3박에 좌우세를 넣어 북가락을 치고, 4박에 북을 치며 왼발을 든다.			
춤 동선	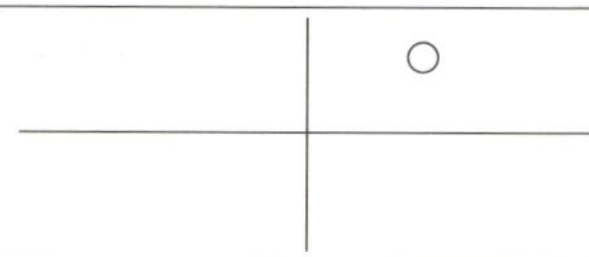			

<table>
<tr><th>분류 / 장단 수</th><th colspan="4">무보 및 해설</th></tr>
<tr><th></th><th>1박</th><th>2박</th><th>3박</th><th>4박</th></tr>
<tr><td>9장단</td><td></td><td></td><td></td><td></td></tr>
<tr><td>북가락</td><td>덩 덩</td><td>덩</td><td>덩 덩</td><td></td></tr>
<tr><td>춤사위 설명</td><td colspan="4">북가락을 연주하며 역동작을 사용하여 1박에 오른쪽 앞사선으로 왼발을 딛는다. 2박에 오른발을 꼬아 딛고 왼쪽으로 회전하고, 3박에 왼발을 딛고 왼쪽으로 회전한다. 4박에 오른발을 디디며 몸의 방향을 오른쪽 뒷사선에 둔다. 이때 1박에 북을 치고, 2박에 왼팔을 몸쪽으로 끌어오고, 3박에 왼팔을 몸에서 밀어내고, 4박에 왼팔을 몸쪽으로 끌어오다 사선으로 밀어낸다. 태극선을 그리며 동선을 이동하고 3박에 북을 크게 친다.</td></tr>
<tr><td>춤 동선</td><td colspan="4">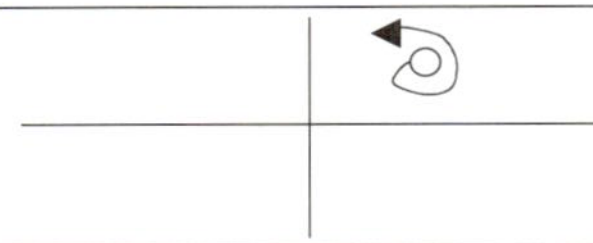</td></tr>
<tr><td>10장단</td><td></td><td></td><td></td><td></td></tr>
<tr><td>북가락</td><td>덩 덩</td><td>덩</td><td>덩 덩</td><td></td></tr>
<tr><td>춤사위 설명</td><td colspan="4">북가락을 연주하며 몸의 방향을 오른쪽 뒷사선에서 1박에 왼발을 꼬아 디뎌 오른쪽으로 회전한다. 2박에 오른발을 딛고 오른쪽으로 회전하고, 3박에 왼발을 딛고 오른쪽으로 회전하고, 4박에 오른발을 디디며 앞을 향한다. 이때 1박에 북을 치고, 2박에 왼팔을 몸쪽으로 끌어오고, 3박에 왼팔을 몸에서 밀어내고, 4박에 왼팔을 몸쪽으로 끌어오다 사선으로 밀어낸다. 태극선을 그리며 동선을 이동한다.(1990년대는 전 · 후, 좌 · 우로 이동하며 연주하기도 함)</td></tr>
<tr><td>춤 동선</td><td colspan="4">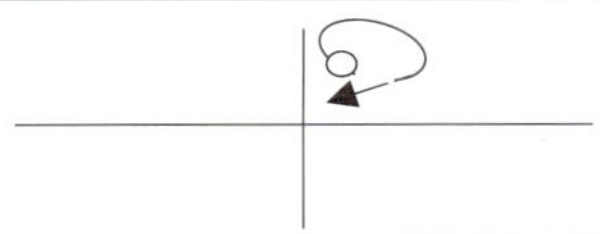</td></tr>
</table>

<table>
<tr><td>분류
장단 수</td><td colspan="4">무보 및 해설</td></tr>
<tr><td></td><td>1박</td><td>2박</td><td>3박</td><td>4박</td></tr>
<tr><td>11장단</td><td></td><td></td><td></td><td></td></tr>
<tr><td>북가락</td><td>덩</td><td>궁</td><td>덩</td><td>궁</td></tr>
<tr><td>춤사위 설명</td><td colspan="4">북가락을 연주하며 제자리에서 1박에 왼발을 딛고, 2박에 오른발을 옆으로 밀어 들고, 3박에 오른발을 딛고, 4박에 왼발을 옆으로 밀어 들며 옆으로 발차기 동작을 한다. 이때 1박에 북을 치고, 2박에 북을 치며 몸의 방향을 오른쪽 앞사선으로 두고 오른팔을 밀어 펴며 몸을 왼쪽으로 기울인다. 3박에 북을 치고, 4박에 북을 치며 몸의 방향을 왼쪽 앞사선으로 두고 오른팔을 밀어 펴며 몸을 오른쪽으로 기울인다.(1990년대에는 뒤로 이동하며 옆으로 발차기 동작을 함)</td></tr>
<tr><td>춤 동선</td><td colspan="4">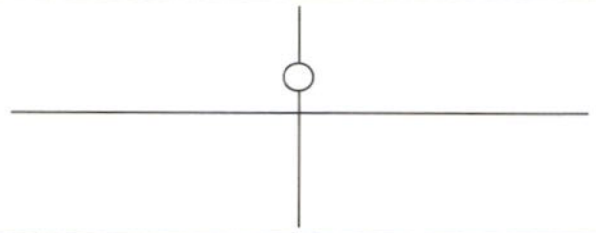</td></tr>
<tr><td>12장단</td><td></td><td></td><td></td><td></td></tr>
<tr><td>북가락</td><td>덩</td><td>궁</td><td>덩 덩</td><td>쿵</td></tr>
<tr><td>춤사위 설명</td><td colspan="4">북가락을 연주하며 1박에 왼발을 딛고, 2박에 오른발을 옆으로 밀어 들고, 3박에 오른발을 딛고, 4박에 왼발을 옆으로 세게 밀어 든다. 이때 1박에 북을 치고, 2박에 북을 치며 몸의 방향을 오른쪽 앞사선으로 두고 오른팔을 밀어 펴며 몸을 왼쪽으로 기울인다. 3박에 북을 치고, 4박에 북을 치며 몸의 방향을 왼쪽 앞사선으로 두고 오른팔을 밀어 펴며 몸을 오른쪽으로 기울인다. 끌채를 사용하듯 3박, 4박에 북을 크게 친다.</td></tr>
<tr><td>춤 동선</td><td colspan="4">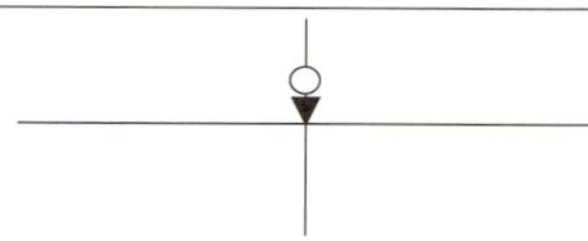</td></tr>
</table>

분류 장단 수	무보 및 해설			
	1박	2박	3박	4박
13장단				
북가락	덩 ¦ 덩	쿵 ¦	덩 ¦ 덩	쿵 ¦
춤사위 설명	북가락을 연주하며 1박에 왼발을 딛고, 2박에 오른발을 옆으로 세게 밀어 들고, 3박에 오른발을 딛고, 4박에 왼발을 옆으로 세게 밀어 든다. 이때 1박에 북을 치고, 2박에 북을 치며 몸의 방향을 오른쪽 앞사선으로 두고 오른팔을 밀어 펴며 몸을 왼쪽으로 기울인다. 3박에 북을 치고, 4박에 북을 치며 몸의 방향을 왼쪽 앞사선으로 두고 오른팔을 밀어 펴며 몸을 오른쪽으로 기울인다.			
춤 동선	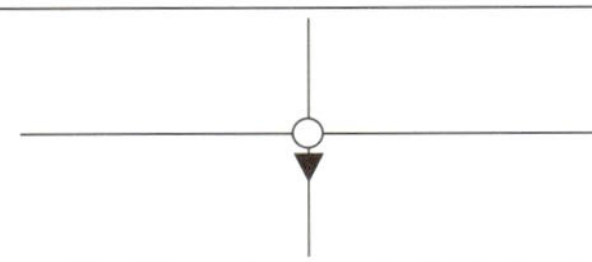			
14장단				
북가락	덩 ¦ 덩	쿵 ¦	덩 ¦ 덩	쿵 ¦
춤사위 설명	북가락을 연주하며 1박에 왼발을 딛고, 2박에 오른발을 옆으로 세게 밀어 들고, 3박에 오른발을 딛고, 4박에 왼발을 옆으로 세게 밀어 든다. 이때 1박에 북을 치고, 2박에 북을 치며 몸의 방향을 오른쪽 앞사선으로 두고 오른팔을 밀어펴며 몸을 왼쪽으로 기울인다. 3박에 북을 치고, 4박에 북을 치며 오른팔을 밀어 펴고 몸의 방향을 왼쪽 앞사선으로 둔다.			
춤 동선	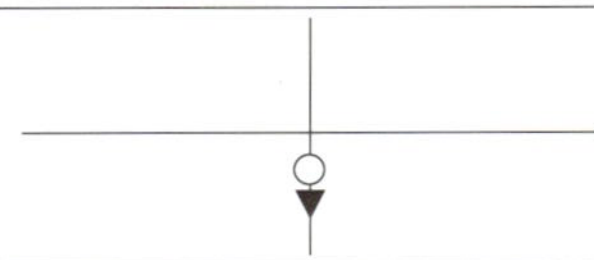			

분류 장단 수	무보 및 해설			
	1박	2박	3박	4박
15장단				
북가락	덩(합) 따 따	궁 따 궁	덩(합) 따 따	궁 따 궁
춤사위 설명	다스름 장단(동살풀이 한 장단에 휘모리 두 장단 연주)을 연주하며 몸의 방향을 왼쪽 앞사선으로 전환한다. 1박에 왼발을 앞으로 딛고, 여물썰기 발동작으로 2박에 오른발을 끌어오고 왼발을 든다. 3박에 왼발을 앞으로 딛고, 여물썰기 발동작으로 4박에 오른발을 끌어오고 왼발을 든다. 이때 소삼으로 좌우세를 하며 북가락을 연주한다.			
춤 동선	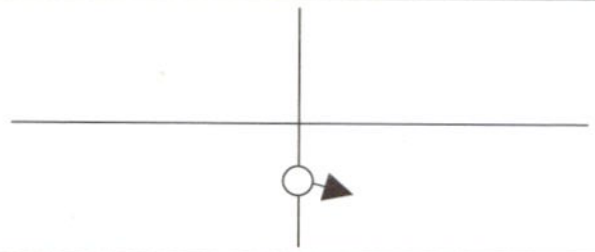			
16장단				
북가락	덩(합) 따 따	궁 따 궁	덩(합) 따 따	궁 따 궁
춤사위 설명	다스름장단을 연주하며 몸의 방향을 왼쪽 앞사선으로 하여, 1박에 왼발을 앞으로 딛고, 여물썰기 발동작으로 2박에 오른발을 끌어오고 왼발을 든다. 3박에 왼발을 앞으로 딛고, 여물썰기 발동작으로 4박에 오른발을 끌어오고 왼발을 들어 몸의 방향을 앞으로 전환한다. 이때 대삼으로 앞으로 전진하며 북가락을 연주한다.			
춤 동선	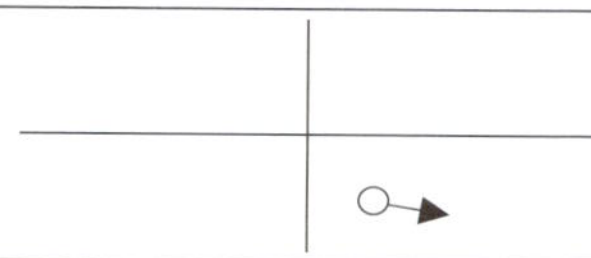			

분류 / 장단 수	무보 및 해설							
	1박		2박		3박		4박	
17장단								
북가락	궁 따	궁	궁 따	궁	궁 따	궁 따	궁 따	궁
춤사위 설명	1박에 왼발을 딛고 제자리에서 다스름 장단을 연주한다.							
춤 동선	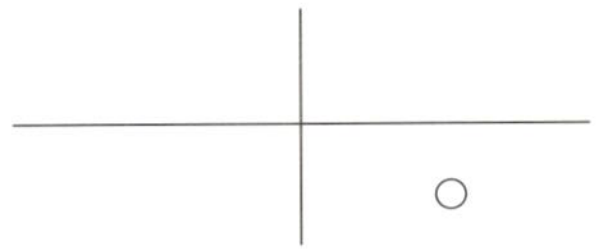							
18장단								
북가락	궁 따	궁 따	궁 따	궁 따	궁 따	궁 따	궁 따	궁
춤사위 설명	다스름 장단을 연주하며 제자리 혹은 여물썰기 동작으로 오른쪽으로 진행한다. (장단을 늘려서 연주하기도 함)							
춤 동선	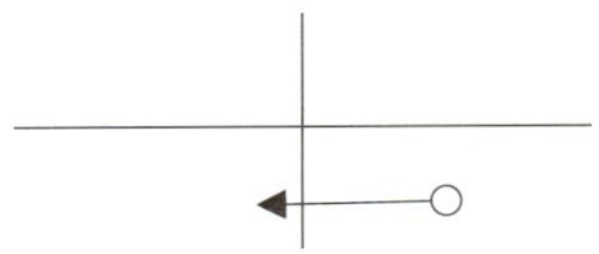							

분류 / 장단 수	무보 및 해설			
	1박	2박	3박	4박
19장단				
북가락	구 다 ┊ 구 다	구 다 ┊ 구 다	구 다 ┊ 구 다	구 다 ┊ 구 다
춤사위 설명	몸의 방향을 오른쪽 앞사선으로 하여 북가락을 연주하며 1박에 크기를 줄이고 조금씩 강하게 친다. (장단을 늘려서 연주하기도 함)			
춤 동선	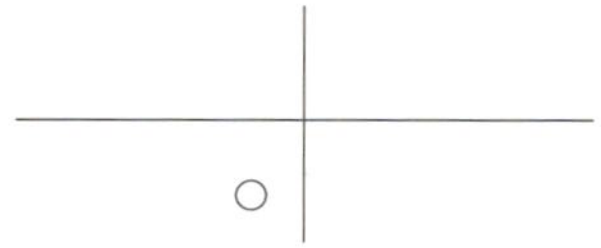			
20장단				
북가락	구 다 ┊ 구 다	구 다 ┊ 구 다	구 다 ┊ 구 다	구 다 ┊ 쿵
춤사위 설명	몸의 방향을 오른쪽 앞사선으로 하여 북가락을 연주하며 점점 강하게 치고, 3박, 4박은 강하게 맺어준다.			
춤 동선	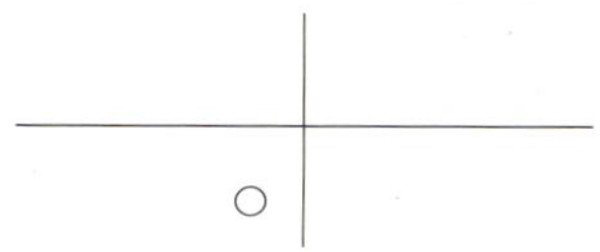			

<table>
<tr><th>분류 / 장단 수</th><th colspan="4">무보 및 해설</th></tr>
<tr><th></th><th>1박</th><th>2박</th><th>3박</th><th>4박</th></tr>
<tr><td>21장단</td><td></td><td></td><td></td><td></td></tr>
<tr><td>북가락</td><td>따 ¦ 궁</td><td>궁 ¦ 구</td><td>궁 ¦ 따</td><td>궁 ¦</td></tr>
<tr><td>춤사위 설명</td><td colspan="4">몸의 방향을 오른쪽 앞사선으로 하여 맺어주는 가락을 친다. 1박에 북을 치며 왼발 중심으로 밀고 오른팔은 멧돌갈기 동작으로 몸으로 당긴다. 2박, 3박에 오른발 중심으로 끌어오고 오른팔을 몸 밖으로 밀어 원을 그려주고, 4박에 왼발로 중심을 이동시키며 몸의 방향은 오른쪽을 향한다.</td></tr>
<tr><td>춤 동선</td><td colspan="4">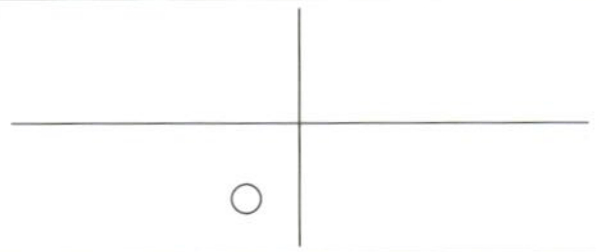</td></tr>
<tr><td>22장단</td><td></td><td></td><td></td><td></td></tr>
<tr><td>북가락</td><td>덩 ¦</td><td>¦</td><td>¦</td><td>¦</td></tr>
<tr><td>춤사위 설명</td><td colspan="4">갈둥말둥 동작으로 방향은 오른쪽으로 하여, 1박에 오른발을 앞으로 딛고 북을 치고, 2박에 왼발을 앞으로 딛고 왼팔은 몸 앞으로 밀어 들고 오른팔은 아래로 내려 몸 뒤에 둔다. 3박에 오른발을 뒤로 디디며 밀어 올려 왼발을 들고 왼쪽으로 회전하여, 4박에 왼발을 앞으로 디디며 몸의 방향은 앞면을 향하고 마지막에 북채를 강하게 잡는다. 이때 1박, 2박은 직선으로, 3박, 4박은 흥청거리며 곡선으로 표현한다.</td></tr>
<tr><td>춤 동선</td><td colspan="4">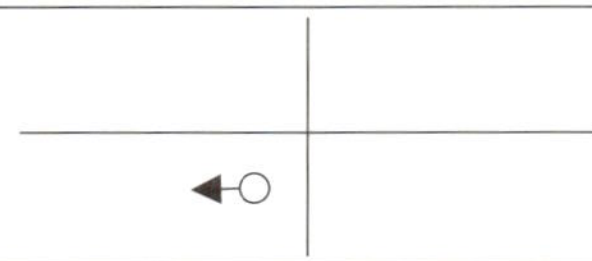</td></tr>
</table>

장단 수 \ 분류	무보 및 해설			
	1박	2박	3박	4박
23장단				
북가락	덩 드리	닥 따	따	궁
춤사위 설명	북가락을 연주하며 1박에 오른발을 오른쪽 뒷사선으로 딛고 몸의 방향은 오른쪽 앞사선이고, 2박에 몸의 방향을 앞으로 하고 왼발을 딛는다. 3박, 4박에 몸의 방향을 앞으로 하고 오른발, 왼발이 왼쪽 앞사선으로 게걸음으로 진행한다. 이때 1박에 북을 치고, 2박, 3박에 왼팔을 사선으로 밀어 펴고, 4박에 왼팔을 내려 북을 친다.			
춤 동선	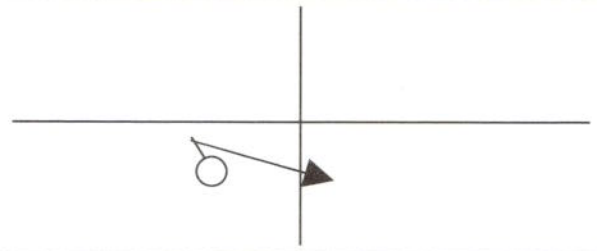			
24장단				
북가락	덩			
춤사위 설명	갈둥말둥의 변형동작으로, 몸의 방향이 앞을 향해 1박에 오른발을 디디며 북을 치고, 2박에 왼발을 앞으로 디디며 왼팔을 사선으로 들어 직선을 만든다. 3박에 오른발을 밀어 올려 왼발을 들어 뒤로 밀며 호흡을 풀어 양팔을 곡선으로 만들고, 4박에 왼발을 뒤로 딛고 마지막에 북채를 강하게 잡는다.			
춤 동선	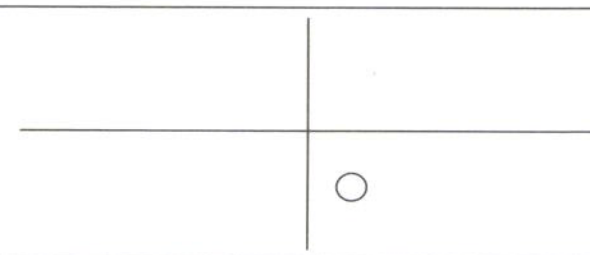			

분류 / 장단 수	무보 및 해설			
	1박	2박	3박	4박
25장단				
북가락	덩 ┆ 드 리	닥 ┆ 따	┆ 따	궁 ┆
춤사위 설명	북가락을 연주하며 1박에 오른발을 오른쪽 뒷사선으로 딛고 몸의 방향은 오른쪽 앞사선이고, 2박에 몸의 방향을 앞으로 하고 왼발을 딛는다. 3박, 4박에 몸의 방향을 앞으로 하고 오른발, 왼발이 왼쪽 앞사선으로 게걸음으로 진행한다. 이때 1박에 북을 치고, 2박, 3박에 왼팔을 사선으로 밀어 펴고, 4박에 왼팔을 내려 북을 친다.			
춤 동선	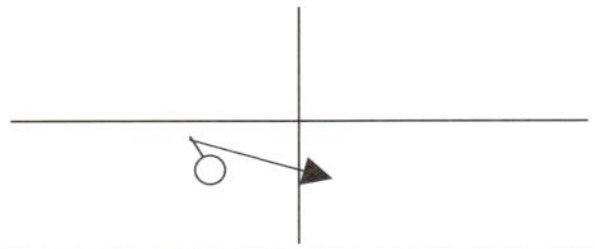			
26장단				
북가락	덩 ┆	┆	┆	┆
춤사위 설명	1박에 오른발을 딛고 북을 치고, 2박에 왼팔을 들고 몸의 방향을 왼쪽 앞사선으로 한다. 3박, 4박에 오른쪽 앞사선으로 진행하며 겨누기 동작을 만들고, 4박에 뛰어 오르며 왼발을 든다.			
춤 동선	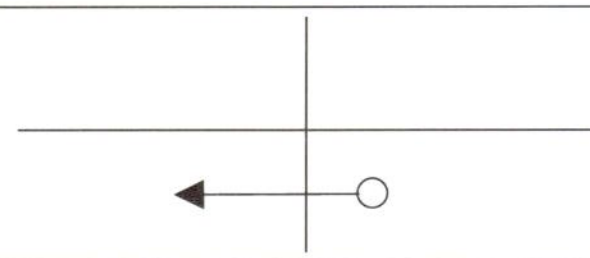			

분류 / 장단 수	무보 및 해설			
	1박	2박	3박	4박
27장단				
북가락	덩			
춤사위 설명	1박에 왼발을 디디며 북을 치고 왼팔을 높이 들고 몸의 방향을 왼쪽 앞사선으로 보낸다. 2박에 오른팔을 겨드랑이 호흡으로 밀어 올리며 몸 방향을 오른쪽 앞사선으로 보내고, 3박, 4박에 겨드랑이 호흡으로 양팔을 몸 밖으로 밀어내며 몸의 방향을 서서히 앞으로 한다.			
춤 동선	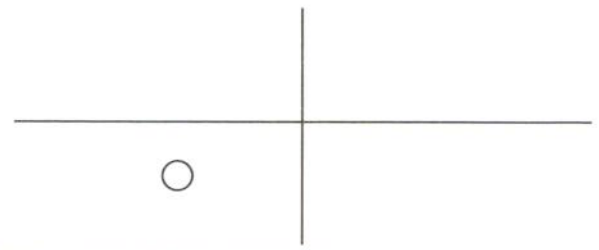			
28장단				
북가락				
춤사위 설명	1박, 2박, 3박, 4박에 장단을 타며 양팔을 펴나가며 몸의 방향을 왼쪽 앞사선으로 서서히 변화시킨다. 이때 왼팔이 오른팔보다 높게 한다. (두 박에 왼발을 디디며 오른쪽으로 회전하기도 함)			
춤 동선	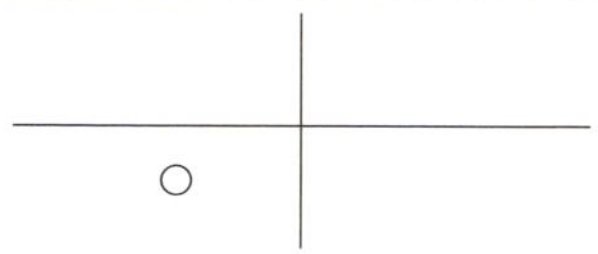			

분류 / 장단 수	무보 및 해설			
	1박	2박	3박	4박
29장단				
북가락				
춤사위 설명	1박에 밀채를 사용하여 몸의 방향을 왼쪽 앞사선으로 더 밀었다가, 2박에 몸의 방향을 앞으로 하고 양팔을 밀어 수평으로 펴서 오른팔 손바닥이 위로 향하게 한다. 3박, 4박에 오른 손목을 돌려 손등이 위로 가게 하고, 4박에 왼발을 든다.(한 박에 왼발부터 한 발씩 디디며 오른쪽으로 회전하기도 함)			
춤 동선	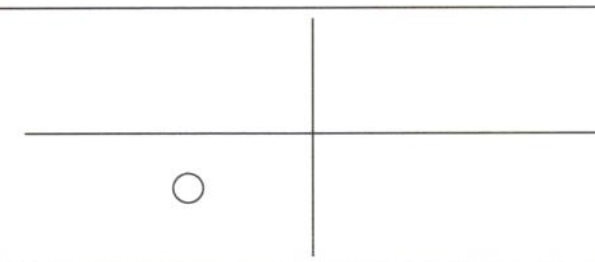			
30장단				
북가락				
춤사위 설명	양팔을 편 상태에서 1박에 왼발, 2박에 오른발을 앞으로 디디며 양팔을 직선으로 들어 어깨에 좌우세를 넣고 뚝뚝거리는 느낌으로 걷는다. 3박에 왼발을 밀어 올려 오른발을 오른쪽 앞사선으로 돌리고, 4박에 몸의 방향을 오른쪽 앞사선으로 하여 오른발을 뒤로 딛고 왼발을 든다. 이때 3박, 4박에는 양팔에 힘을 빼고 흥청거리며 곡선을 만든다.			
춤 동선	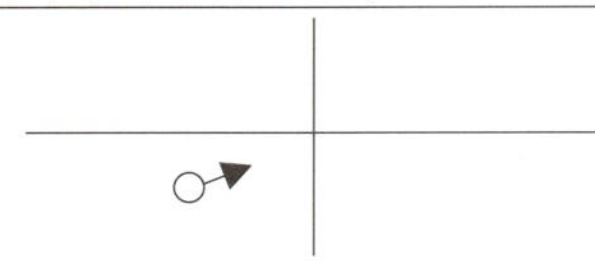			

분류 / 장단 수	무보 및 해설			
	1박	2박	3박	4박
31장단				
북가락			궁	따
춤사위 설명	몸의 방향은 앞사선으로 하고 양팔을 위로 들고 1박에 왼발을 딛고, 1박, 2박에 어깨로 좌우세를 넣고 손목도 좌우로 꺾어준다. 3박에 왼발을 뒤로 디디며 갈지자 발동작을 하고 왼팔로 북을 치고 오른팔을 몸으로 당겨와 구부리고, 4박에 오른발을 뒤로 디디며 오른팔로 북을 치고 몸의 방향을 왼쪽 사선으로 하고 왼팔을 들어 올린다.			
춤 동선	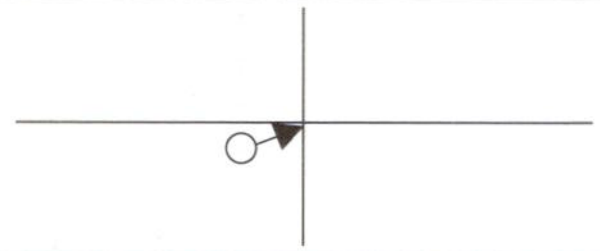			
32장단				
북가락	궁	따	궁	따
춤사위 설명	1박에 왼발을 뒤로 디디며 갈지자 발동작을 하고 왼팔로 북을 치고 오른팔을 몸으로 당겨와 구부리고, 2박에 오른팔로 북을 치고 왼팔을 들어 올린다. 3박에 왼발을 뒤로 디디며 갈지자 발동작을 하고 왼팔로 북을 치고 오른팔을 몸으로 당겨와 구부리고, 4박에 오른발을 뒤로 디디며 오른팔로 북을 치고 왼팔을 들어 올리고 왼발을 든다. 북을 점점 강하게 치고 왼팔을 옆으로 벌려서 친다.(1990년대는 왼팔을 곡선으로 들어 올림)			
춤 동선	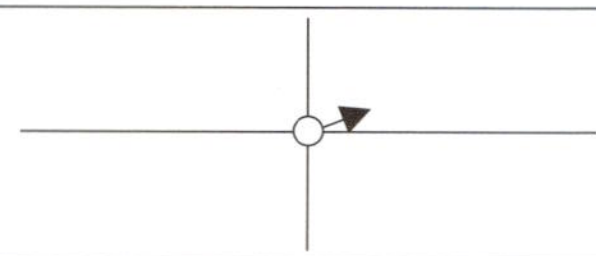			

<table>
<tr><th rowspan="2">분류
장단 수</th><th colspan="4">무보 및 해설</th></tr>
<tr><th>1박</th><th>2박</th><th>3박</th><th>4박</th></tr>
<tr><td>33장단</td><td></td><td></td><td></td><td></td></tr>
<tr><td>북가락</td><td>따 / 쿵</td><td>따 / 쿵</td><td>따 / 쿵</td><td>따</td></tr>
<tr><td>춤사위 설명</td><td colspan="4">몸의 방향을 오른쪽 앞사선으로 하고 어깨에 좌우세를 넣어 1박에 왼발을 디디며 북을 치고, 2박, 3박에 북가락을 연주하며 좌우세를 넣고, 4박에 북을 치며 왼발을 든다.</td></tr>
<tr><td>춤 동선</td><td colspan="4">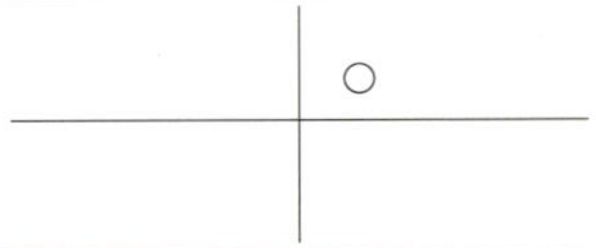</td></tr>
<tr><td>34장단</td><td></td><td></td><td></td><td></td></tr>
<tr><td>북가락</td><td>덩 / 덩</td><td>덩</td><td>덩 / 덩</td><td></td></tr>
<tr><td>춤사위 설명</td><td colspan="4">역동작으로 1박에 오른쪽 앞사선으로 왼발을 딛고, 2박에 오른발을 꼬아 딛고 왼쪽으로 회전한다. 3박에 왼발을 딛고 왼쪽으로 회전하고, 4박에 오른발을 디디며 몸의 방향을 오른쪽 뒷사선에 둔다. 이때 1박에 북을 치고, 2박에 왼팔을 몸쪽으로 끌어오고, 3박에 왼팔을 몸에서 밀어내고, 4박에 왼팔을 몸쪽으로 끌어오다 사선으로 밀어낸다. 태극선을 그리며 동선을 이동하고 3박에 북을 크게 친다.</td></tr>
<tr><td>춤 동선</td><td colspan="4">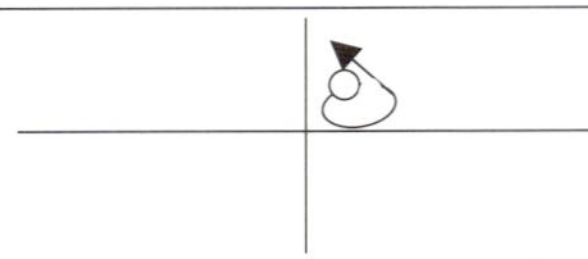</td></tr>
</table>

분류 / 장단 수	무보 및 해설			
	1박	2박	3박	4박
35장단				
북가락	덩 ┆ 덩	덩 ┆	덩 ┆ 덩	┆
춤사위 설명	몸의 방향을 오른쪽 뒷사선에서, 1박에 북을 치며 왼발을 꼬아 디뎌 오른쪽으로 회전하고, 2박에 오른발을 딛고 오른쪽으로 회전한다. 3박에 왼발을 딛고 오른쪽으로 회전하고, 4박에 오른발을 디디며 몸의 방향은 오른쪽을 향한다. 이때 1박에 북을 치고, 2박에 왼팔을 몸쪽으로 끌어오고, 3박에 왼팔을 몸에서 밀어내고, 4박에 왼팔을 몸쪽으로 끌어오다 사선으로 밀어낸다. 태극선을 그리며 동선을 이동한다.			
춤 동선	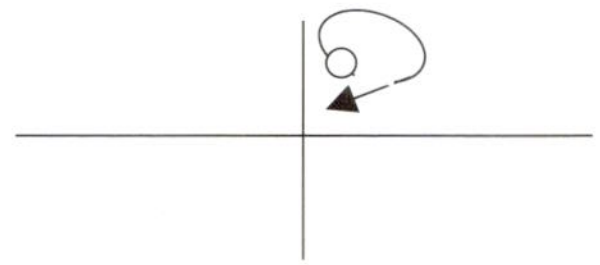			

5) 휘모리장단

분류 / 장단 수	무보 및 해설			
	1박	2박	3박	4박
1장단				
북가락	덩(합) 따 따	궁 따 궁	덩(합) 따 따	궁 따 궁
춤사위 설명	북가락을 연주하며 오른쪽으로 진행한다. 북을 점점 크게 치며 1박, 2박에 왼발부터, 3박, 4박에 오른발부터 겹디딤으로 나아간다.			
춤 동선	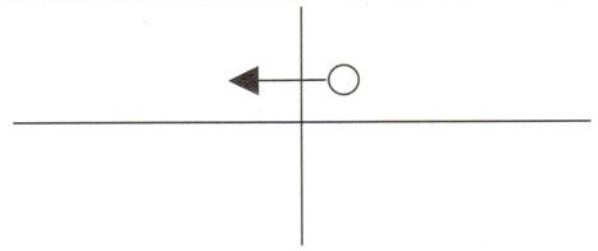 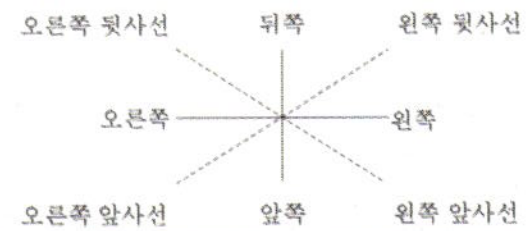			
2장단				
북가락	덩(합) 따 따	궁 따 궁	덩(합)	궁
춤사위 설명	북가락을 연주하며 1박, 2박에 오른쪽으로 나아가고, 3박에 오른발을 디디며 고개를 오른쪽 뒷사선으로 살짝 보내며 북을 친다. 4박에 왼발을 들어 왼쪽으로 돌려 몸의 방향을 왼쪽 앞사선으로 보내며 고개짓을 한다.			
춤 동선	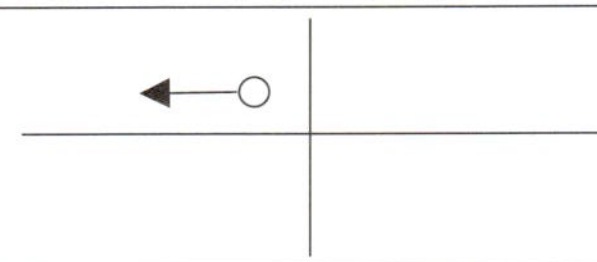			

분류 / 장단 수	무보 및 해설			
	1박	2박	3박	4박
3장단				
북가락	덩(합) ¦ 따 따	궁 따 ¦ 궁	덩(합) ¦ 따 따	궁 따 ¦ 궁
춤사위 설명	북가락을 연주하며 왼쪽 앞사선 방향으로 진행한다. 북을 점점 크게 치며 1박, 2박에 왼발부터, 3박, 4박에 오른발부터 겹디딤으로 나아간다.			
춤 동선	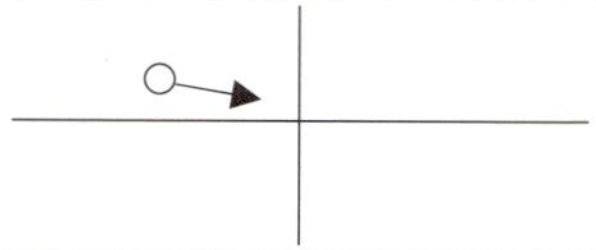			
4장단				
북가락	덩(합) ¦ 따 따	궁 따 ¦ 궁	덩(합) ¦	궁 ¦
춤사위 설명	북가락을 연주하며 1박, 2박에 왼쪽 앞사선 방향으로 나아가고, 3박에 오른발을 디디며 고개를 왼쪽 앞사선으로 살짝 보내고 북을 친다. 4박에 왼발을 들어 왼쪽으로 돌려 몸의 방향을 오른쪽 앞사선으로 보내며 고개짓을 한다.			
춤 동선	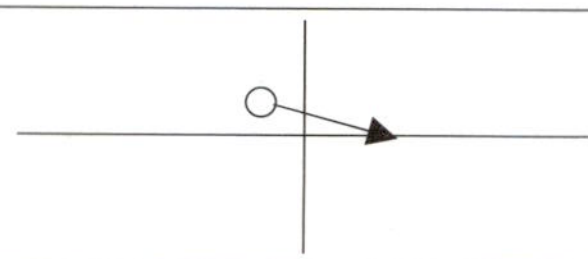			

분류 / 장단 수	무보 및 해설			
	1박	2박	3박	4박
5장단				
북가락	덩(합) 따 따	궁 따 궁	덩(합)	궁
춤사위 설명	북가락을 연주하며 1박, 2박에 오른쪽 앞사선으로 왼발부터 겹디딤으로 진행하고, 3박에 오른발을 딛고 고개를 오른쪽 앞사선으로 살짝 보내며 북을 친다. 4박에 왼발을 들어 왼쪽으로 돌려 몸의 방향을 왼쪽 앞사선으로 보내며 고개짓을 한다.			
춤 동선	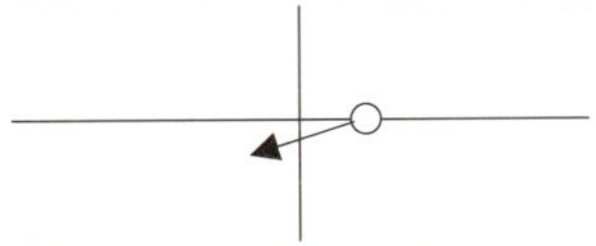			
6장단				
북가락	덩(합) 따 따	궁 따 궁	덩(합)	궁
춤사위 설명	북가락을 연주하며 1박, 2박에 왼쪽 앞사선으로 왼발부터 겹디딤으로 진행하고, 3박에 오른발을 딛고 고개를 왼쪽 앞사선으로 살짝 보내며 북을 친다. 4박에 왼발을 들어 왼쪽으로 돌리며 고개짓을 하고 몸을 왼쪽으로 회전시킨다.			
춤 동선	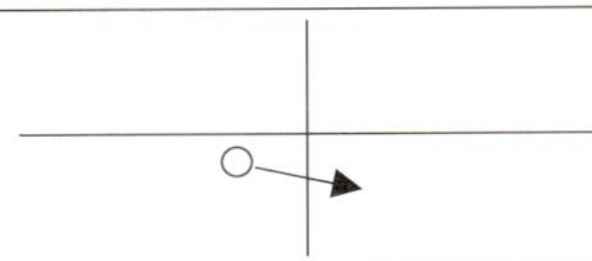			

분류 / 장단 수	무보 및 해설			
	1박	2박	3박	4박
7장단				
북가락	따	궁	따	궁
춤사위 설명	1박에 북을 치고, 2박에 왼발을 오른쪽 앞사선에 딛는다. 3박에 북을 치며 오른발을 들고 왼쪽으로 돌려 몸의 방향을 왼쪽 앞사선에 두고, 4박에 오른발을 딛는다.			
춤 동선	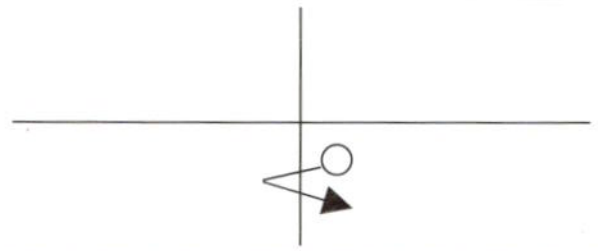			
8장단				
북가락	따 궁	따 궁	따 궁	덩
춤사위 설명	북가락을 연주하며 1박에 몸의 방향을 왼쪽 앞사선으로 하고 왼발을 왼쪽 뒷사선으로 뒤로 딛고, 2박에 오른발을 오른쪽 앞사선으로 딛는다. 3박에 왼발을 오른쪽 앞사선으로 진행하며 몸의 방향을 오른쪽 앞사선으로 하고, 4박에 뛰어 오르며 왼발을 들어 올린다. 이때 4박에 북을 치고 양팔을 들어 올려 겨누기 동작을 만든다.			
춤 동선	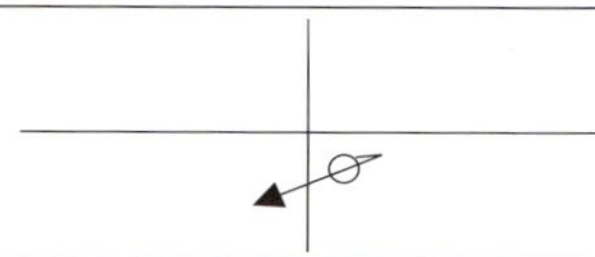			

6) 호성

분류 / 장단 수	무보 및 해설			
	1박	2박	3박	4박
1장단				
북가락	궁 따 ⁞ 궁 ⁞	⁞ ⁞	⁞ ⁞	⁞ ⁞
춤사위 설명	왼발을 앞으로 딛고 북가락을 치며 몸을 왼쪽 앞사선으로 돌린다. 악사들의 신호(으랏차)를 듣고 '으랏차'를 외치며 겨누기 동작을 하며 왼발을 들어 올린다.			
춤 동선	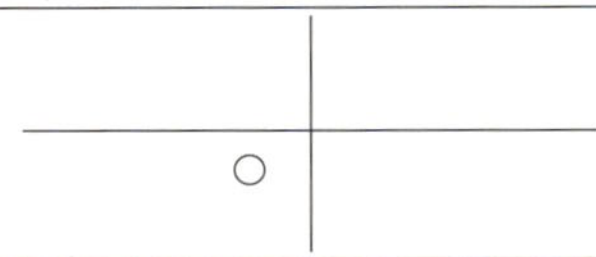 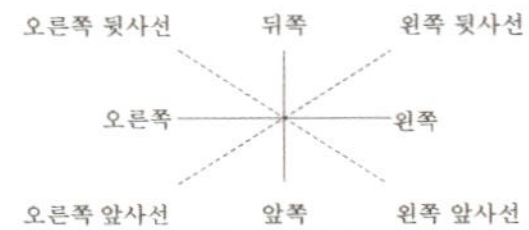			
2장단				
북가락	궁 따 ⁞ 궁 ⁞	⁞ ⁞	⁞ ⁞	⁞ ⁞
춤사위 설명	왼발을 딛고 북으로 호성가락을 친다. 악사의 신호 (아문)에 왼발을 들고 호성가락을 북으로 칠 준비를 한다. (악사의 신호에 해당하는 추임새는 상황에 따라 변화될수 있음)			
춤 동선	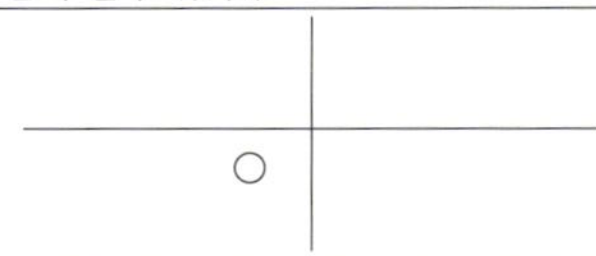			

<table>
<tr><td>분류 / 장단 수</td><td colspan="4">무보 및 해설</td></tr>
<tr><td></td><td>1박</td><td>2박</td><td>3박</td><td>4박</td></tr>
<tr><td>3장단</td><td></td><td></td><td></td><td></td></tr>
<tr><td>북가락</td><td>궁 따 | 궁</td><td>궁 따 | 궁</td><td></td><td></td></tr>
<tr><td>춤사위 설명</td><td colspan="4">호성가락을 두 번 치며 오른쪽 앞사선으로 여물썰기 발동작으로 진행한다.
악사의 신호(그렇지)에 왼쪽 앞사선으로 진행하려고 왼발을 들고 몸의 방향을 왼쪽 앞사선으로 변화시킨다.</td></tr>
<tr><td>춤 동선</td><td colspan="4">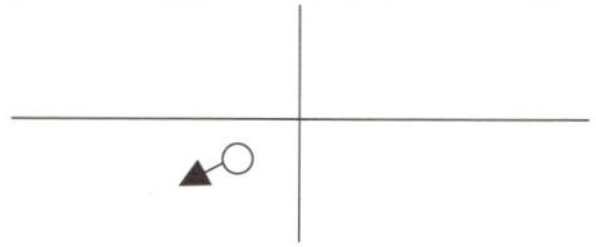</td></tr>
<tr><td>4장단</td><td></td><td></td><td></td><td></td></tr>
<tr><td>북가락</td><td>궁 따 | 궁</td><td>궁 따 | 궁</td><td></td><td></td></tr>
<tr><td>춤사위 설명</td><td colspan="4">호성가락을 두 번 치며 왼쪽 앞사선으로 여물썰기 발동작으로 진행한다.
악사의 신호에 몸의 방향을 앞으로 하고 왼발을 든다.</td></tr>
<tr><td>춤 동선</td><td colspan="4">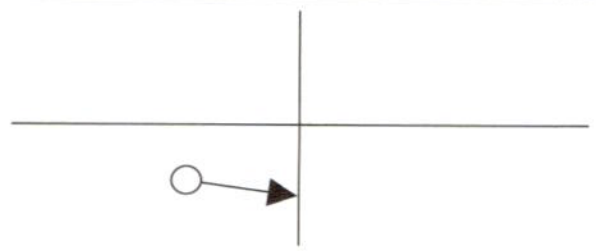</td></tr>
</table>

장단 수 \ 분류	무보 및 해설			
	1박	2박	3박	4박
5장단				
북가락	궁 따 ¦ 궁 ¦	궁 따 ¦ 궁 ¦	궁 따 ¦ 궁 ¦	궁 따 ¦ 궁 ¦
춤사위 설명	호성가락을 네 번 연속으로 친다.			
춤 동선	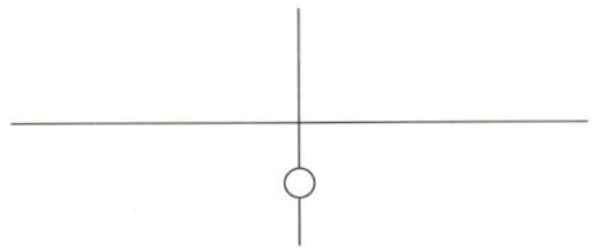			
6장단				
북가락	궁 따 ¦ 궁 ¦	궁 따 ¦ 궁 ¦	궁 따 ¦ 궁 ¦	궁 따 ¦ 궁 ¦
춤사위 설명	호성가락을 연속으로 친다. 이때 제자리 혹은 뒤로, 앞으로 동선의 변화를 일으키며 칠 수도 있다.			
춤 동선	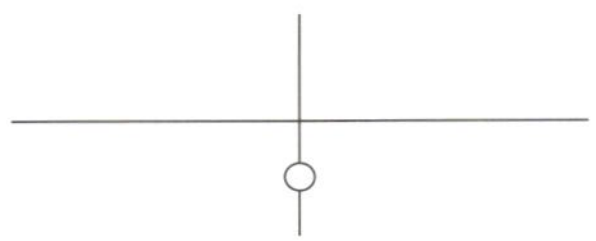			

분류 / 장단 수	무보 및 해설			
	1박	2박	3박	4박
7장단				
북가락	궁 따 궁	궁 따 궁	궁 따 궁	궁 따 궁
춤사위 설명	호성가락을 앞장단에 연결하여 연속적으로 친다. 이때 제자리 혹은 뒤로, 앞으로 동선의 변화를 일으키며 칠수도 있다.			
춤 동선	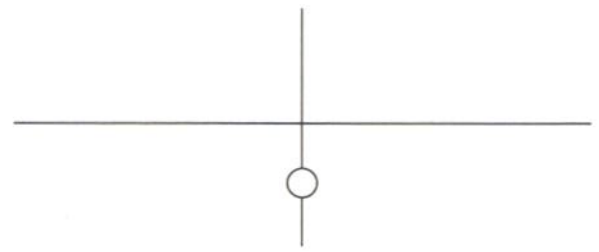			
7장단 변형				
북가락	따	쿵	따	쿵
춤사위 설명	7장단은 다음과 같이 앞의 호성가락의 속도를 늦추어 좌우세를 넣으며 1박, 2박에 왼발 중심으로 밀어내고, 3박, 4박에 오른발 중심으로 당기며 북을 치기도 한다.			
춤 동선	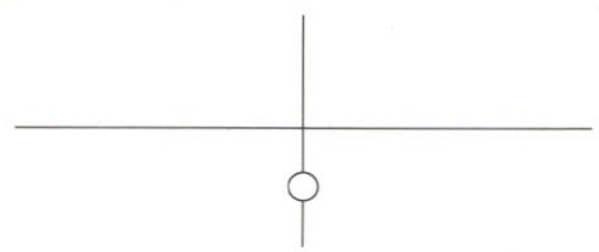			

7) 굿거리장단(마무리)

분류 장단 수	무보 및 해설			
	1박	2박	3박	4박
1장단				
북가락				
춤사위 설명	호성가락을 마무리 하고, 1박, 2박에 양손을 북면(채편)에 놓고 호흡을 머금고 있다가, 3박에 호흡을 풀면서 서서히 양팔을 들고, 4박에 북을 치기 위해 양팔을 벌린다.			
춤 동선	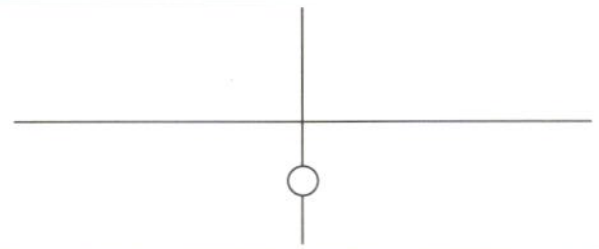			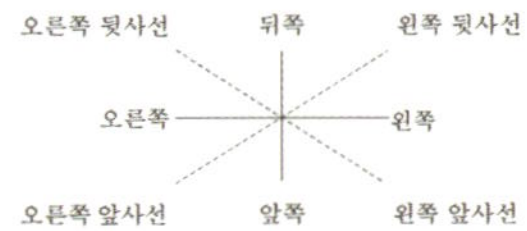
2장단				
북가락	덩			
춤사위 설명	1박에 북을 치며 왼발을 딛고 뒤로 돌아, 2박에 몸을 왼쪽 뒷사선으로 하여 오른팔을 왼쪽 뒷사선을 향해 들고 왼팔은 오른쪽 앞사선을 향한다. 3박, 4박에 왼발로 서서히 중심으로 뒤로 옮긴다.			
춤 동선	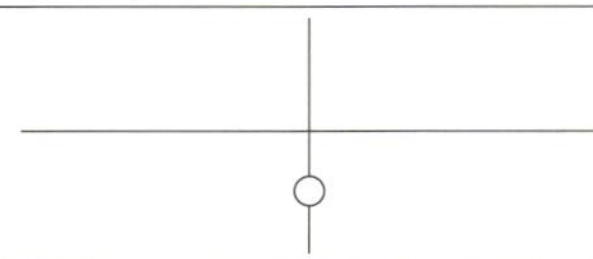			

분류 / 장단 수	무보 및 해설 1박	2박	3박	4박
3장단				
북가락				
춤사위 설명	1박에 오른발 중심으로 무지개 모양으로 원으로 호흡을 들어서 밀고, 2박에 왼발 중심으로 이동하며 호흡을 푼다. 3박에 서서히 몸을 오른쪽으로 서서히 회전하다가, 4박 마지막에 왼팔을 오른쪽 뒷사선으로 방향을 바꾸고 북채를 양손으로 힘있게 잡고 오른발을 든다.			
춤 동선	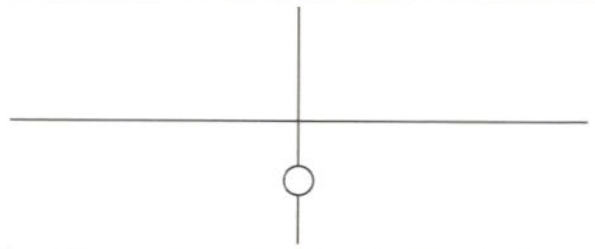			
4장단				
북가락				
춤사위 설명	1박에 북을 치고 오른발을 뒤로 이동시키며 양팔을 벌리고, 2박에 왼발을 들며 몸을 오른쪽 뒷사선으로 틀고 오른팔은 엉덩이 뒤로 왼팔은 북의 윗부분으로 끌어온다. 3박에 오른쪽으로 회전하기 위해 오른 손목을 밀어내며 회전하고, 4박에 왼발을 디디며 오른팔을 들어 올린다.			
춤 동선	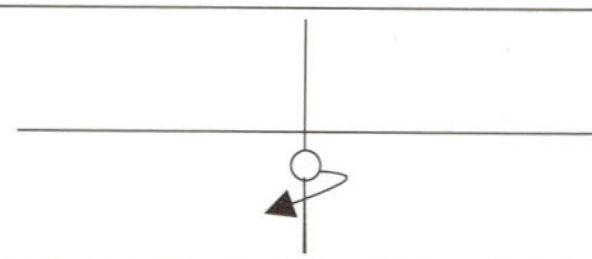			

장단 수 \ 분류	무보 및 해설			
	1박	2박	3박	4박
5장단				
북가락				
춤사위 설명	1박에 오른발을 딛고 왼발을 들며 오른팔을 높이 들고, 2박에 왼발을 디디며 팔을 사선으로 펴고, 3박에 작게, 4박에 크게 좌우세를 하며 어르고, 4박 마지막에 왼발을 살짝 든다.			
춤 동선	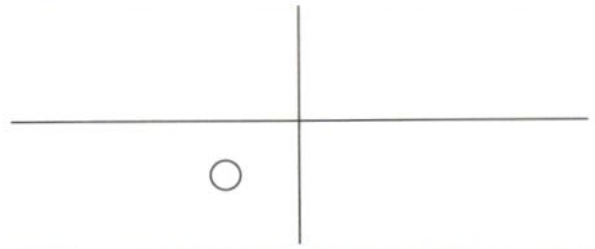			
6장단				
북가락				
춤사위 설명	털퍽~털퍽~한 느낌으로 호흡을 풀어 1박에 앞으로 왼발을 딛고, 2박에 오른발을 딛고 나아간다. 3박에 왼발을 디디며 머무르면서 손목을 올리고 마지막에 손목을 돌려 손바닥을 위로 향하고, 4박에 몸을 오른쪽으로 틀고 마지막에 손목을 돌려서 북채를 잡으며 오른발을 든다.			
춤 동선	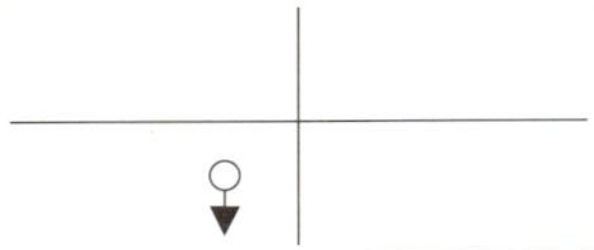			

분류 / 장단 수	무보 및 해설			
	1박	2박	3박	4박
7장단				
북가락	덩			
춤사위 설명	1박에 북을 치며 오른발을 뒤로 딛고, 2박에 왼발을 왼쪽 뒷사선으로 꼬아 디뎌 180도 회전하며 앞을 보고 양팔을 펴고 손바닥이 위로 향하게 한다. 3박에 뒷걸음으로 뒤로 진행하여 팔을 올려 4박에 몸쪽으로 양팔을 구부린다.			
춤 동선	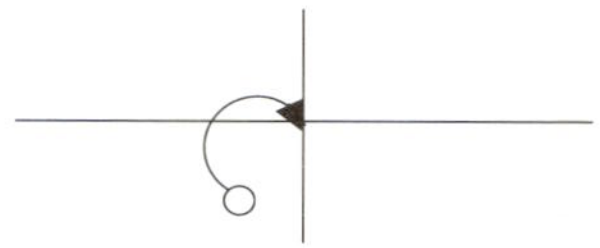			
8장단				
북가락				
춤사위 설명	제자리에서 1박에 양팔을 밀어내고, 2박, 3박에 양팔을 아래로 내리고, 4박에 오른손은 왼쪽 어깨 위, 왼손은 북에 올린다.			
춤 동선	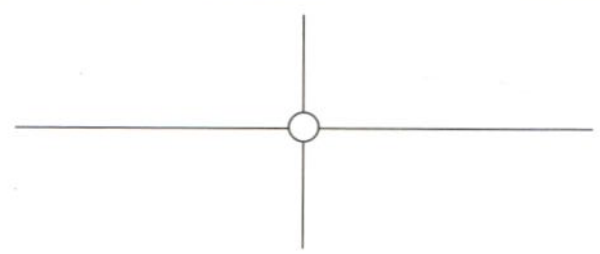			

분류 장단 수	무보 및 해설			
	1박	2박	3박	4박
맺음 인사				
북가락				
춤사위 설명	춤을 마치는 인사를 한다.			
춤 동선	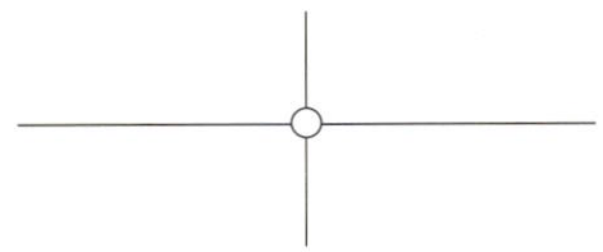			

부록

박병천 선생의 예술세계를 조명하기 위해 2014년 악樂 · 가歌 · 무舞 명인 "박병천의 예술세계"를 주제로 하여 학술세미나를 진행하였고, 2016년 11월 무송舞松 박병천 '전통춤 유산'을 재조명하기 위한 학술대회를 개최하였으며 그 내용을 부록으로 수록하였다.

I.

박병천의 예술세계

박병천 선생의 예술세계를 조명하기 위해 2014년 악樂·가歌·무舞 명인 "박병천의 예술세계"를 주제로 하여 학술세미나를 진행하였고 그 내용은 갈다.

〈2014년도 박병천류 전통춤보존회〉

학술세미나

악樂·가歌·무舞 명인

"박병천의 예술세계"

일시 2014년 11월 30일(일) 오후 3시

장소 민속극장 풍류(중요무형문화재 전수회관)

주최 한국전통춤예술원

주관 박병천류 전통춤보존회, 박병천가무악보존회

후원 한국문화예술위원회, 서울문화재단

시간	항목	내용
		좌장: 이병옥(용인대 명예교수, 이북오도청 문화재위원, 무용평론가)
15:40 - 16:00	- 제1주제 발표	- "박병천의 음악과 춤, 그 직관의 예술세계" 발제자: 노동은(중앙대 명예교수) 토론자: 김은영(중앙대 강사), 목진호(한국예술종합학교 강사)
16:00 - 16:20	- 제2주제 발표	- "박병천의 예술세계와 진도의 민속음악" 발제자: 이윤선(목포대학교 초빙교수) 토론자: 홍태한(문화재청 문화재전문위원)
16:20 - 16:40	- 제3주제 발표	- "박병천류 전통춤의 유형별 고찰과 보존에 관한 제언" 발제자: 임수정(경상대학교 교수), 박시종(청주대학교 겸임교수) 토론자: 이종숙(문화재청 문화재전문위원)
16:40 - 17:00	- 제4주제 발표	- "박병천이 남긴 무용예술의 현재적 위치와 계승적 가치" 발제자: 양종승(한국전통춤협회 부이사장) 토론자: 강인숙(경상대학교 교수)
17:00 - 17:30	- 종합토론 및 질의 응답	

2014년 11월,

악樂 · 가歌 · 무舞 명인 박병천 선생님의 7주기 추모공연 및 세미나를 올립니다.

'그리운 이름, 무송舞松 박병천' 선생님이 사무치게 보고 싶습니다.

치열한 삶을 통해 전통예술의 길을 한평생 걸어오시며 예혼藝魂이 담긴 많은 작품들을 후세에 남겨주신 선생님!

그분의 예술세계를 기리고 문화유산적 가치를 조명하는 세미나와 추모계승공연의 무대를 마련하여 제자된 도리를 다하고자 합니다.

예술혼이 담긴 장단과 소리, 춤을 한가지 한가지씩 가르쳐 주시며 전통예술의 진수珍秀를 경험하게 해 주신 선생님! 호흡에 의해서 생겨나는 기운을 장구에 싣고, 장구의 성음에서 전달되는 느낌에 빠져들어 마냥 행복해 했습니다. 또한 장단이라는 기氣의 덩어리를 넘나들면서 추어지는 춤을 추며 신명의 경지가 무엇인지를 알게 되었습니다.

악 · 가 · 무 합일合一에서 오는 환희와 무애無碍의 세계! 그분이 저희들에게 펼쳐내신 세계는 악 · 가 · 무를 가지고 자유롭게 놀[遊]줄 아는 거침이 없고 막힘이 없는 자유의 세계, 즉 해탈解脫의 경지였습니다. 자신을 장단과 음악에 맡기고 물 흐르듯 흘러 땅과 하늘의 기운이 합일한 신명의 경지에서 그저 추어지는 무위자연無爲自然의 세계, 거칠 것 없는 무애無碍의 경지를 지켜보며 그런 세계로 가고 싶었습니다.

흰 머리띠를 질끈 동여매고 양손에 북채를 쥐고 멋드러진 춤사위와 신명을 펼쳐내며 전국 방방곡곡 뿐만 아니라 세계로 한국의 기운생동한 북소리를 울리며 그의 예술세계를 표출하셨고 일평생 동안 진도씻김굿의 음악, 춤, 노래를 통해 망자亡者의 한을 풀어주고 극락세계로 인도하셨던 선생님!

"도끼를 갈아서 바늘이 될 때까지 끊임없이 학습하고 춤사위만을 익혀 추는 가벼운 춤이 아닌, 음악과 장단을 이해한 무거운 춤을 추거라, 화려한 기교와 현란한 춤사위에 머무르지 말고 무한히 깊은 사상을 담아 손 하나만 들고 있어도 그 속에 사상과 감정을 담아 낼 수 있는 진정한 예술인으로 성장하길 바란다."는 선생님의 가르침이 아직도 귀에 쟁쟁합니다.

늘 애정어린 말씀으로 가르침을 주시던 선생님을 그리워하며 이번 추모공연과 세미나를 위해 뜻을 함께 해 주신 박병천류 전통춤보존회, 박병천 가무악보존회 회원님들, 선생님의 예술세계를 기리기 위해 귀한 논문을 발표해 주시는 발표자 분들과 토론자 분들, 적극적인 후원을 해 주신 많은 분들께 감사의 인사를 올립니다.

그분이 남기신 뜻을 깨달을 수 있기를 그리고 다시 또 펼쳐낼 수 있기를...

박병천류 전통춤보존회 회장 임수정 拜上

오늘 같은 날 가족을 대표해 인사 말씀드리게 된 것을 참으로 영광스럽게 생각합니다. 내일이 음력으로 10월 10일 바로 아버님 기일입니다. 돌아가신지 엊그제 같은데 벌써 7년이 되었습니다.

7년 전 아버님 장례식장에서는 저녁마다 굿판이 벌어졌습니다. 누가 먼저라 할 것도 없이 자연스레 어우러진 굿판이었습니다. 이웃 상가에서 항의도 들어왔으나 나중에는 일부러 구경하러 모여들기도 하였습니다. 이런 굿판이 자그마치 4일 동안이나 이어졌습니다. 엄숙해야 할 상갓집이 축제의 한마당이었습니다. 진도에서나 볼 수 있는 광경이었습니다.

이제 세월이 흘러 오늘 또 다른 굿판이 열렸습니다. 오늘은 아버님의 수많은 제자 중 유난히도 극성스러웠던 사람 중 한명인 임수정 교수가 여는 굿판입니다. 무용가로서는 드물게 악기와 음악을 관통하여 정正과 칙則을 바로 알고 춤을 추려했던 춤꾼 이었습니다. 그런 극성스러움이 오늘의 그녀를 있게 한 원동력이 되었습니다. 오늘은 추모공연뿐 아니라 '박병천의 예술세계'를 조명하는 세미나까지 곁들이게 되었습니다. 과연 그녀다운 면모입니다.

10주기 때 마련하려 했던 일이 그녀에 의해 먼저 이루어지게 되었습니다. 모쪼록 귀하게 이루어진 일이니만큼 많은 성원과 격려 부탁드립니다.

부산대학교 예술대학 한국음악학과 교수 박환영

〈발표논문〉

박병천의 음악과 춤, 그 직관의 예술세계"(노동은)

"박병천의 예술세계와 민속음악"(이윤선)

"박병천류 전통춤의 유형별 고찰과 보존에 관한 제언"(임수정, 박시종)

"박병천이 남긴 무용예술의 현재적 위치와 계승적 가치"(양종승)

박병천의 음악과 춤, 그 직관의 예술세계[1]

필자의 일상적인 삶이 박선생님의 미적으로 충만한 세계에 이끌리어 곧잘 의식儀式 공간으로 전환하였다. 필자는 거룩한 두려움과 소리와 춤을 한데 아우러진 기氣찬 경험으로 내 몸이 장단감으로 오래동안 떨리면서 움직이고 있었다. 박병천의 음악과 춤은 신청神廳에서 나왔고, 그 예술은 자유이었다.

박선생의 예술을 체험한 이후부터 필자는 졸저『근대음악사』에 신청을 역사화 시킬 수 있었다. 또,「박병천론」에「음악기학」론을 집착하였다. 그리고 필자는 최근의『지영희평전』까지 장단이 음악과 춤을 통하여 궁극적으로 지향하는 곳은 기의 세계로 움직임이라 감히 말할 수 있다. 너와 내가 태양계와 북극성을 축으로 움직여가는 우주이다.

나는 전라도·경상도의 신청과 경기도의 재인청이 기氣찬 장단화로 한성준韓成俊찾을 수가 있었다. 그리고, 혜강惠岡 최한기崔漢綺의 기학론을 구체적으로 실행한 분야가 우리의 음악과 춤이었고, 그 역사이다.

1 노동은(중앙대학교 명예교수)의 발표 논문

자연히 이 글은 기-장단-신청의 음악과 춤의 즉흥성에 관심을 가지고 박병천의 예술세계를 보려고 한다. 본 세미나에서는 필자의 「가정假定과 직관直觀 그리고 근대성」 글을 중심으로 이를 대신하려고 한다.

1) 심신일원心身一元의 한국음악과 춤

한국음악이 심신일원음악心身一元音樂(psychosomatic music)이자 심신일원춤心身一元舞(psychosomatic dance)이라면 그 개념과 정의는 서양이나 다른 나라의 그것과는 달랐음을 말한다. 영혼과 육체가 하나로서 음악은 정신적이면서도 생리적인 음악이자 춤이었음을 말한다. 또, 한국음악의 세계관은 하늘음악이자 우주음악을 나타냈다. 이것은 한국음악과 춤은 논리적 이치(logical order)를 가지고 있으면서도 심미적 이치(aesthetic order)의 표현에 더 중점을 두었음을 말한다.

> 1. 樂의 쓰임은 건두建斗(북두칠성 - 필자)의 움직이는 변화와 음양陰陽의 화합에서 조절하고 팔물八物(金·石·絲·竹·匏·土·革木 등 8가지로 분류한 악기들 - 필자)의 청탁淸濁과 인사人事의 잘됨과 못됨에 비유합니다. 대개 악률樂律과 성음聲音의 제도가 위로는 하늘[天]을 논하여 그 두병斗柄(북두칠성의 다섯 번째 별에서 일곱 번째 별까지의 세 별 - 필자)의 건建(12달을 세움 - 필자)·신辰(12별자리)·해[日]·달[月]의 만남을 헤아려 12율관의 법을 만들었고, 아래로는 땅에서 살펴 그 방위方位의 기氣와 풍토의 성질에 따라 팔물의 음音을 비교하여 제작하였습니다.[2]
>
> 2. 樂이란 것은 하늘[天]에서 나와 사람에게 부쳐진 것이요, 허虛에서 발하여 자연自然으로 이루어지는 것이니 사람의 마음[人心]으로 느껴 혈맥血脈을 고동치게 하며 정신을 유통流通케 하는 것이다.[3]

2 朴堧, 「請定 廟朝正樂疏」, 『蘭溪遺藁』 國立國樂院傳統藝術振興會 편, 21권, 은하출판사, 1989, 60b-d.

3 『樂學軌範』 序.

3. 아아, 사람은 능히 스스로 착하지 못하여 반드시 가르친 다음에 착하게 된다. 그 이유는 칠정七情이 마음 속에서 얽혀 중화中和되지 못했기 때문이다. … 그러므로, 성인聖人은 거문고 · 비파 · 종 · 북 · 경쇠 · 피리 등의 음을 만들어 아침저녁으로 귀에 젖게 하고 마음에 흘러들어 그 혈맥血脈을 고동시킴으로서 그 화평하고 화락한 뜻을 유발하도록 하였다.[4]

4. 樂에는 답답한 기운氣運을 풀어 화기和氣를 이끌어내는 것을 통하여야 한다…성음聲音의 학문은 오직 청탁淸濁과 장단長短을 구별하여 사람의 소리와 잘 어울리게 하는 데 있을 뿐이다.[5]

인용문 1은 15세기 전반 악학자樂學者이자 예문관 대제학을 지낸(1453) 박연朴堧(1378~1458)이 종묘악宗廟樂 관련 상소문이다. 박연은 이 상소문에서 樂이 천지운화의 음양 기氣로 성률악聲律樂(성음론과 악률론)을 살펴 음악창작과 악기제작의 인사적용으로 성정性情 간의 중화를 이끌어 내는 것을 피력하고 있다. 앞서 말했듯 樂 특히 조선 전기의 아악 12율론은 음양의 음陰으로서 6율六律과 양陽으로서 6려六呂로 체계화하여 한 바 있고, 전자의 6율은 북극성을 중심으로 북두칠성이 12별[12辰]을 따라 왼쪽으로 도는 것을 체계화시켰고, 후자 6려는 해와 달[日月]이 12차次에 모여서 오른쪽으로 도는 것을 이론화시켰으며, 이 전자로서 예악禮樂 연주공간의 아랫부분[堂下]에서 육률六律 중심 음악이 연주되고, 후자로서 윗부분[堂上]에서 육려六呂 중심으로 연주한 바 있다.[6] 참고로 북극성과 북두칠성 간의 별자리 이름, 그리고 인용문 1에 등장하는 별자리 이름들은 다음과 같다.

4 丁若鏞, 「樂論 一」, 『茶山論叢』 36, 을유문화사, 1980, 256쪽.

5 崔漢綺, '體通', '耳通', 「神氣通」 卷一, 『氣測體義』. '十七條可通'과 '聲律言語' 항목. "於樂 通其宣鬱導和 … 聲音之學 惟在分別 淸濁長短 以和協於人聲而已".

6 북극성과 북두칠성 그리고 해와 달, 곧 일월성신(日月星辰)을 땅에서 실현한 경복궁이나 창덕궁 그리고 전국 관아의 공간처리와 음악의 공간화는 노동은, 『한국근대음악사』 1, 한길사, 1985, 244~272쪽 참고.

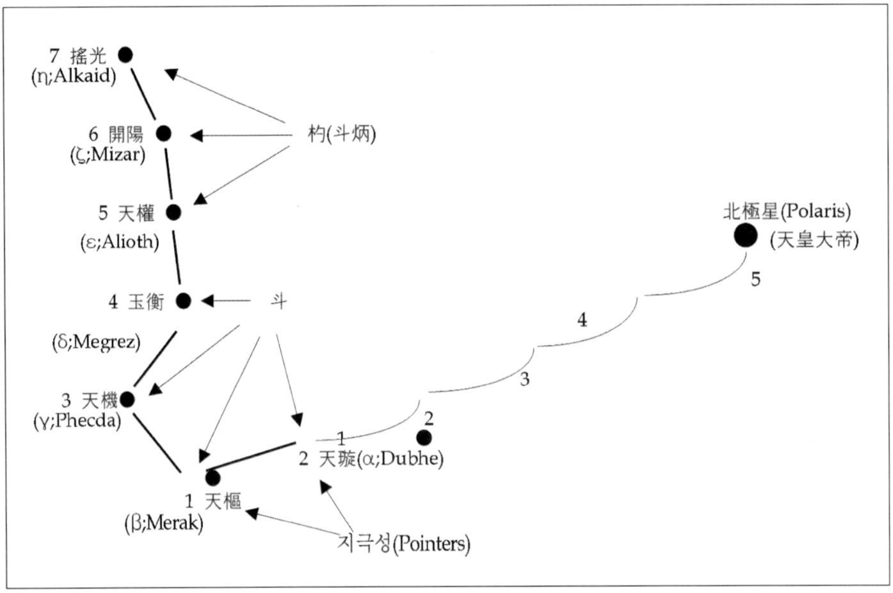

성간의 별자리 이름

이러한 악관樂觀은 15세기 후반(1493)에 가면 성정性情의 심心에서 신身을 부각시켜 간다. 인용문 2는 1493년『악학궤범樂學軌範』의 머리글에 나오는 악론樂論이다. 즉, 樂은 인위적인 것이 아니라 사람으로 태어나자 하늘과 땅의 기화氣化로 스스로 생겨지는[自然] 이치[性]이므로 그 본성을 조정하여 신체의 '혈액과 맥락[血脈]'을 고동시켜야 정신을 밝은 기氣로 통하게 할 수 있음을 분명하게 드러낸다.

15세기의 박연이나『악학궤범』의 악론은 18~19세기에 가면 심신일원음악으로서 기학氣學으로서 악론으로 발전한다. 인용문 3과 4가 그것이다.

인용문 3은 다산茶山 정약용丁若鏞(1762~1836)의 악론이다. 7정七情이 지나치면 5장五臟에 스트레스로서 병리적·정신적 이상을 초래한다. 다산은 인간이 7정으로 말미암아 문제로 가득 찬 실존이므로 교육으로 이를 다스려야 함을 주장한다. 다산의 으뜸가는 교육은 바로 악樂이었다. 이 악으로서 아침, 저녁으로 "귀와 마음에 젖게 하여 혈맥을 고동시킴으로써 화평하게 균형 있는 삶과 사회"를 이끌어낼 수 있음을 주장하는 것이 그것이다.

주목할 사실은 다산이나 한국인들은 음악과 춤이 정신과 육체간이 그 영육靈肉이나 심신心身이 이원론으로 분리된 것이 아니라 일원론으로서 하나라는 개념이다. 여기에서 악樂은 심신일원의 음악(시와 노래와 기악)이자 춤으로서 통합 장르를 가리키며, 그 내용은 심신 또는 영육의 성정性情으로서 기화氣化시켜 조화된 균형을 드러내고 있다.

인용문 4는 혜강 최한기崔漢綺(1803~1877)의 악론이다. 천지운화의 기氣와 인간 형질의 기氣가 통하지 못하는 답답한 심신心身의 기운, 곧 기화氣化로서 통하게 하여 온갖 맺힘을 풀어내는 것이 악樂임을 말한다. 또, 최한기는 음악학은 음의 높고 낮음과 기의 맑고 탁함[淸濁], 또 기수氣數의 길고 짧음[長短]을 구별하고 인성과 협화 시키는 학學임을 밝히고 있다.

따라서, 최한기는 음악의 실제(practice)에서 청탁과 장단의 주체가 기이고, 이론으로 음악학도 인간과 음악 간의 기학氣學이 주체임을 밝히고 있다. 즉, 음악을 움직이게 하고, 존재케 하는 주체가 바로 기氣이다. 이것이 서양의 음악 정의, 곧 "사상과 감정을 음을 통하여 나타내는 시간적 예술"이나 또는 "조직화된 소리(organized sound)"와 다른 개념이자 정의이다. 서양은 지금까지 합리성에 바탕을 둔 소리의 조직화이었고, 합리성으로서 음향적 재료들, 곧 음계(scale)·음의 높이·음의 길이·음의 세기·음의 빛깔·템포·아티큘레이션 등을 체계화시켜 화성학이나 대위법 등의 짜임새를 발전시켰다. 따라서, 서양음악은 분석적·분별적·과학적·개념적인 용어들로 접근하여 풀어가는 데 비하여 한국음악은 이들 용어보다는 종합적·전체적·비조직적·직관적인 용어들로 접근하여 풀어가는 이유가 여기에 있다. 예일Yale대학의 철학 교수인 노드롭F.S.I. Northrop의 용어를 빌리자면 서양음악은 '가정假定에 의한 개념(concepts by postulation)'에서 나온 것이라면, 한국음악은 '직관直觀에 의한 개념(concepts by intuition)'에 가깝다.[7]

7 *Philsophy-East&West*, ed. by Charles A. Moore, New Jersey: Princeton University Press, 1944, p.173.

2) 서양의 가정성

서양의 연역演繹(deductive reasoning)은 명제들간의 관계와 논리적 타당성을 따질 때 사용한다. 곧, 음을 조직화 할 때 음조직 내에 있는 음높이 · 음길이 · 음세기 · 음빛깔 · 아티큘레이션 · 빠르기 · 형식 등을 관계와 제1주제와 제2주제간, 또는 주제간 · 요소간 등과 그 타당성을 따질 때 사용한다는 말이다. 그래서, 연역적 이론의 가정으로 말미암아 그 전적 의미가 나타나는 개념을 말하는데 '푸른 것'이란 전자설의 파장으로 이해한다. 곧, 연역에 따른 추리방법으로, 이미 알고 있는 판단을 근거로 새로운 판단을 유도하는 추론을 이끌어내는 것이 추리방법이다. 주목할 점은 경험에 의하지 않고 논리상 필연적인 결론을 내게 하므로, 삼단논법이 그 대표적인 형식이지만, 음악에서 연역은 흔히 창작상의 논리성을 요구하는 부분이기도 하다.

이미 알고 있는 음악요소들 — 음계 · 높이 · 길이 · 세기 · 빛깔 등 — 의 전제에서 절대적인 필연성을 가진 주제간 · 양식간 · 음악 짜임새의 필연성을 가진 결론을 이끌어 낼 수 있다.

서양의 바로크 시대만 하더라도 그 음악은 인간의 감정표현에 주력한다. 인간의 감정표현이라 할지라도 19세기 낭만주의 시대의 개인적 차원의 감정표현이 아니다. '양식화'된 감정표현이다. 고대 그리스인들이 음악과 정신을 결합함으로서 음악의 윤리적 가치를 주장한 것과 달리, 르네쌍스 말기와 바로크 초기는 가사에 담겨진 감정내용을 충실히 표현하였다. 예컨대, 장조 · 협화음 · 높은 음역 · 알레그로와 같은 빠른 템포는 기쁨을 나타냈다. 여기에 비하여 단조 · 불협화음 · 낮은 음역 · 느린 템포는 슬픔을 의미했다. 연주의 경우도 마찬가지어서 현악기에서 끌어올리거나 끌어내리며 슬픔을 음정을 나타냈다. 자연히 감정의 기본형태를 나눈다. 데카르트René Descartes(1596~1650)는 『영혼감정론』(Traité des passions de l'âme, 1649)에서 인간의 감정을 6개의 기본 형태로 나누었다.[8] 경탄(admiration) · 사랑(amour) · 증오(haine) · 욕망(désir) · 기쁨(joie) · 슬픔(tristesse)이 그것이다.

8 Ulich Michaels, *dtv-Atlas zur Musik*, 『음악은이』, 홍정수 · 조선우 편역, 음악춘추사, 2000, 273쪽.

인간의 모든 감정의 변화나 뉴앙스는 이 여섯가지 기본 형태에서 나온다. 자연히, 모든 감정표현이 극도로 양식화된다. 조성의 경우는 도리아(D) 조성은 믿음이라는 미덕을, 프리지아(E)는 소망, 에올리아(A)는 사랑, 리디아(F)는 정의, 믹솔리디아(G)는 강함, 이오니아(C)는 신중, 히페르에올리아(B)는 절제로 구분하였다.[9] 그리고, 이 구분에 따라 조성과 악기를 통한 감정표현법을 하였다.

바로크 시대가 그리스인들보다 대표적인 특징이랄 수 있는 감정이론을 음악에서 다양하게 표현할 수 있었지만, 감정을 비합리적인 정념으로 보고 이성과 감정의 2분법에서 변함없이 제거의 대상이었다. 적어도 안토니오 다마시오António Damásio의 1994년 저서 『데카르트의 오류 - 감정, 이성 그리고 인간의 뇌』(Descartes' Error: Emotion, Reason, and the Human Brain)와 2003년 저서 『스피노자 찾기』(Looking for Spinoza: Joy, Sorrow, and the Feeling Brain) 등에서 감정이 외부의 위협으로부터 인간을 보호해주는 시스템이고 이성과 감정을 서로 분리될 수 없는 동전의 양면과 같은 것이라고 주장할 때까지는 오랫동안 서구는 데카르트의 오류 속에 있었다.[10]

전례에 없었을 정도로 바로크 시대에 부각된 감정이론이었지만, 그 감정은 '양식화'된 감정이론이었다. 개인적인 차원이 아니라 서로 다른 개인들의 감정은 '객관적'이며 보편적인 감정이론에 흡수되어 '합리적'으로 표현된 것이 바로크 시대의 음악관이었다. 합리적 이성은 음악 외적 요소이지만 3은 삼위일체를, 12는 12 사도 등 숫자 상징법을 비롯하여 올림표(#)는 십자가를 상징하는 등의 음악적 상징법을 작용하였다. 그 뿐만이 아니다. 기능화성학, 형식적 구조, 대위법적 전통 등 다양한 분야에 기준적으로 작용하였다. 주목받을 내용은 한 옥타브를 수학적으로 나누어 평균율을 만들어 현재의 평균율이 이러한 과정에서 정립되었다.

특히, 작곡 수업은 '동기들을 발견하는 일'(inventio)로부터 '곡 전체를 구성'(dispositio)

9 Ulich Michaels, *dtv-Atlas zur Musik*, 위의 책, 2000, 272쪽.

10 António R. Damásio, "Descartes' Error: Emotion, Reason, and the Human Brain", NY: Putnam Publishing, 1994; revised Penguin edition, 2005; *Looking for Spinoza: Joy, Sorrow, and the Feeling Brain*, Orlando: Harcourt, Inc., 2003.

하고 '가공하는 일'(elaboratio)과 '장식법'(decoratio)이었다. 작곡은 이 수업으로 가르쳤으며, 나아가 전체를 부분이나 악장 그리고 소악구 등을 나누는 '악곡 구조론'과 특정한 가사의 의미를 표현하기 위한 음형이론도 다루었다.

동기(모티브)야말로 음악을 구성하는 데 있어서 의미를 갖는 최소의 단위이다. 동기는 그러기에 선율적이면서 리듬적 특징을 가진다. 동기는 음악의 중심적 일부이지만 보조적인 소리와는 다르다. 음악의 중심적 일부이므로 동기는 반복될 수 있고, 음층을 바꾸어 나타나기도 하고, 변하기도 한다. 때로는 변화의 폭을 넓혀 유사한 새로운 동기를 만들 수 있다.

동기를 발견하는 것은 음악의 구성요소와 악곡 전체와 관련하여 동기를 발견하는 것이지 즉흥적이거나 개인적 차원의 감정에 의하지 않았다. 동기를 음악의 중심으로 악구(Phrase)를 형성(흔히 두 마디, 동기 다음으로 큰 단위)하고 완결된 8마디의 의미 단위인 악절(Satz)로 주제(Thema)가 되기까지 '동기들을 발견하는 일'이 바로 가정假定(postulation)에 의한 방법이다. 서양음악의 주제들은 그러기에 가공加工되고 변형되면서 반복된다. 주제는 때로 같은 의미로도 쓰이는 소젯토Soggetto와 다르다. 바로크 음악에서 뚜렷한 경계를 이루지 않고 계속 이어져 나오는 전형적인 소젯토Soggetto와 달리 주제는 대개 좌우 균형적인 구조(앞악절+뒷악절)와 화성적 완결성을 보여준다. 주제가 좌우 균형적 구조와 화성적 완결성을 가져오기 위해서도 동기의 음형(figure)들은 반복(Repetition)되거나 동형진행(Sequence)시키거나, 교차(Alternation)나 반진행(Contrary motion), 또는 역행형逆行型(Retrograde) · 동일박절군(Corresponding metric grouping) · 음형중복(Interlocking or Overlapping) · 음형군(The figure group) · 복합음형(The multiful figure) · 음형의 모방용법(The imativeuse of a figure) 등의 방식을 사용한다.[11]

대개의 주제가 성악적이면서 선율적 성격이 강하게 나타나는데 이와같은 특징도 이미 동기의 발견에 의한 형태를 근거로 새롭게 좌우구조를 균형을 이루고 화성적 완결성을 가져오는 발견들이다.

11 Leon Stein, "Structure and Style: The Study and Analysis of Musical Forms", Van Nuys: Alfred Publishing Co., 1962, pp.15~20.

동기들을 발견하는 일을 곧 전체를 구성하고 가공하는 일과 장식법으로 이루어지는 것이 서양음악이 바로 '직관에 의한 개념'이 아니라 '가정에 의한 개념'(concepts by postulation)에서 이루어지고 있음을 말한다.

이미 알고 있는 판단을 전제로, 가정으로 새로운 결론(conclusion)을 이끌어 내기 때문에 연역적 이론이란 가정과 정리(결론)로 구성되어 있다. 가정은 논리적으로 정리를 내포하고 있기 때문에 가정이 주어지면 정리는 증명될 수 있는 것으로 본다. 서양의 과학과 철학은 물론 음악까지도 이 가정에 의한 개념으로 형성되었다.

3) 한국의 직관성

그러나, 한국이나 중국인들의 철학적 방법은 그들이 직접적으로 파악한 경험을 가지고 철학을 한다. 비록 그 사용하는 용어가 암시적이고 명확하지 않을지라도, 또 그 내용은 풍부하나 정확한 표현은 되지 못할지라도 경험한 것을 중심으로 출발한다.

이백李白의 '백발삼천장白髮三千丈'과 더불어 중국인에게 잘 알려진 용어가 있다. '비류직하 삼천척飛流直下三千尺'이란 용어가 그 용어이다. 물줄기가 날아 흘러 곧바로 삼천척이나 떨어진다는 말로 웅장한 폭포 모습을 표현할 때 이 용어를 썼다.

다음은 그 시의 "여산폭포를 바라보며[望廬山瀑布]"의 원문이다.

日照香爐生紫煙	해가 향로봉을 비추니 자줏빛 안개가 일어나고
飛看瀑布掛長川	멀리 폭포를 바라보니, 긴 강이 걸려 있구나
沸流直下三千尺	날아 솟았다 바로 떨어진 물줄기 삼천 척
疑是銀河落九天	아마도 은하수가 구천에서 떨어지는 듯하구나.

이백이라는 시인이 그 폭포를 자로 재어보아 꼭 삼천척三千尺이 되니까 그렇게 표현한 것이 아니다. 그 폭포를 볼 때 삼천척이라고 직관하고 그대로 표현한 것이라고 말한 것이다. 이 사고방식은 33.33m라고 정밀하게 재어 보고 말하는 것이 아니라 직관적으로

보고 느끼는 바를 그대로 표현하는데 그 특징이 있다. 자연히 동양적인 사고방식에는 면밀한 개념적 표시가 없고 본질적으로 시적詩的이라는 것이 그 특색이라고 볼 수 있다.

> 1953년, 부산 피난 시절이었다. 어느 이른 봄날, 국악원에 갔더니 악사들이 연주실에 모여 있고 어떤 대머리 벗어진 건장한 노인이 가야금 줄을 고르고 있다. 단순히 줄 고르는 소린데도 무르녹은 성음聲音이 범상치가 않다. 조화무쌍이다. 줄 하나를 누르고 비벼서 변화가 종횡무진이다. 가야금이 저럴 수가 있는가. 무슨 기적을 보듯이 멍하니 바라보고 있는데 드디어 제 가락이 흘러 나온다. 줄과 손가락이 얽히고 풀리면서 가야금 소리는 온갖 사연을 사람의 목소리처럼 하소연한다. 이 분이 바로 가야금 산조의 대가 심상건沈相健 옹이었다. 지금은 고인이 되고 말았다.
>
> 서울 환도 후에 시청 뒤에 살고 있던 심옹을 찾아다니며 산조를 배웠던 일이 있다. 심옹의 명성을 듣고 찾아가서 배우는 사람이 더러 있었지만 누구나 실패하지 않을 수 없었다. 심옹의 가락은 일정하지가 않다. 그때그때 기분나는대로 곡조가 흘러나오기 때문에, 제자가 오늘 어떤 가락을 악보도 없이 배워보아야 그 다음날 선생님은 자신이 가르친 곡조를 까맣게 잊어버리어 갈팡질팡하기 때문에 못 배운다고 한다. 그 뿐 아니라 선생님이 기분이 좋아야 그날 좋은 곡조가 되기도 하려니와, 도대체 제자를 가르칠 때는 기분이 뚜딱해져서 제 가락이 나오지 못하니 어차피 이 선생님에게 가야금을 배우려는 게 잘못일지도 모른다. 그리하여 어떤 사람은 선생님한테 갈 때마다 술병을 들고가서 술부터 한잔 나누고 흥을 돋군 후에 배워보기도 했지만 역시 실패하고 말았다. 어떤 기발한 제자는 선생님한테 배울 때는 우물우물해 버리고 하직인사를 드리고 밖으로 나와 선생님댁 들창문 밑 굴뚝 옆에서 숨을 죽이고 서서 참다운 공부를 할 수 있었다고 한다. 제자를 보낸 선생님은 느긋해진 기분으로 한 곡조 타는데 이때 정말 기가 막힌 가락이 나오기 때문에, 제자는 창문 밖에서 이 주옥같은 가락을 열심히 듣고 서 있었다고 한다.
>
> 나 역시 심옹한테 배운 가락은 별로 없었다. 그러나 그 무겁고 깊은 음색과 흘러넘치는 듯한 풍성한 농현법弄絃法은 나게 많은 영향을 주었다.[12] (밑줄은 필자)

12 황병기, 『깊은 밤, 그 가야금 소리』, 풀빛, 1995, 152~153쪽.

위 장문의 인용문은 가야금 연주가이자 작곡가인 황병기黃秉冀(1936~)가 심상건沈相健(1889~1965)에게 사사 받던 당시의 가야금산조의 교육법 · 연주법 · 산조의 작곡기법 등을 극히 단편적으로 알려준 내용들이다. 여러 제자들이 심상건에게 산조를 배우고자 여러 방법을 다 동원하여 노력했지만 실패하고 말았다. 황병기조차 풍성한 농현법 영향을 받은 것 외에 산조가락은 '별로' 없었다. 이 인용문에서 산조의 교육방식이나 태도에 앞서 산조 자체가 즉흥적인 짜임새로 구성되어 있는 데서 생기는 무수한 저해현상들이 나타나고 있다. 1953년에도 양악계와 일반 사회가 5선 악보에 의한 채보가 일반화되어 있는 데 비하여 국악계는 일반화되지 않은 시대적 상황이었다. 또, 녹음기술도 일반화된 때가 아니었다. 심상건한테 매번 가야금산조를 배울 때마다 즉흥적으로 나타나는 산조 익히기는 '듣는 귀에서 보는 눈'의 사회적 관계가 풀리지 않고서는 참으로 난망스러운 익히기일 수밖에 없었다. 설령 오늘 한 대목을 익혔을지라도 내일 또 다르게 연주되므로 그 익히기는 가능치가 않을 수 있다.

그러나, 가능한 접근이 전혀 없는 것은 아니다. 설령 심상건류 산조가 아니라 최옥산 산조처럼 진양조가 모두 여덟 곡이고, 그 여덟 곡인 우조 · 변우조 · 돌장 · 봉황조 · 편계면 · 진계면 · 석화제 · 생삼청 등과 같이 즉흥곡이지만 산조의 본질과 진양 짜임새의 구조 등을 분석하여 구조적으로 분석적으로 계통별로 교육했더라면 가능할 수도 있었을지 모른다. 그렇치 않으면 음악적 양식이 실제와 경험을 통하여 산조양식의 이해를 습득한 사람들의 인식과 성향과 반응 내에 관습적으로 젖어있는 심리적 과정에 의하여 산조가 존재하기 때문에 심상건과 같은 생활과 의미가 발생되는 음악의 직관적 담론談論(discourse)의 세계로 진입할 때만이 가능할 수 있었다. 여기에서 심상건은 산조를 볼 때 '동기 발견하기'를 통한 작곡법이나 연주법을 추리를 가하지 않는다. 직관으로 산조를 경험한다. 이러한 직관의 경험자체가 산조의 실재라고 보기 때문에 한국음악의 특징인 직관은 방법론에 그치지 않고 존재론을 내포한다고 볼 수 있다. 한국음악은 산조를 직관으로 안다고 하는 것으로 그치지 않고 궁극적 목표인 산조의 실재도 직관된 경험이라는 것을 보이려고 하는 데 있다. 이러한 산조 실재파악이나 직관 접근과 어린아이의 비반성적 비지성적 직관 사이에는 큰 차이가 있다. 어린아이 직관은 주객미분主客

未分의 상태이지만, 심상건 등에게는 주객합일主客合一의 경지를 보이고 있다.

한국음악에서 직관이란 말은 어린아이의 주객미분主客未分의 상태를 가리키는 것이라기 보다는, 사물을 볼 때 추리를 가하지 않고 경험 그 자체를 그대로 본다는 뜻을 가진 말이다.

그러나, 전자의 구조적·분석적 교육은 한 세대 이전에 가능할 수 없었거니와 또 산조의 직관적인 세계가 아닌 접근이었기에 가능할 수 없었다. 또 후자와 같이 심상건에게는 산조의 양식이 다른 양식과 달리 본질적으로 변하지 않게 하는 것은 장단이나 연주법과 형식이 아니라 그 자신이 문화적으로 형성된 규범의 문맥 내에서 작용하며, 그의 마음이 산조에 나타나는 모든 국면을 선택하고 조직하는데 익숙해왔기 때문에, 악보에 의하거나 구조적으로 분석적으로 나타나는 문화권과는 처음부터 산조 전수하기가 불가능하다.

심상건 뿐 아니라 무악보 시기의 모든 산조는 즉흥곡이었고, 그 접근은 직관이었다. 위의 인용문에서 나오는 것처럼, 산조 곡조는 “기분나는대로 곡조가 흘러 나온다”고 해서 직관의 등급이 지성이나 논리적 구조에 못미치는 초보적인 등급이라고 말할 수 없다. 또, “기분나는대로 흘러 나오는 곡”이라고 해서 어린아이들이 수준에 머무른 곡이라고 말할 수 없다.

물론, 직관은 초보적인 것과 고차원적인 등급이 있다. 단순히 방법론적 차이에서 끝나는 것이 아니라 형이상학적 의미를 내포하고 있다. 그러기에 우리가 말하는 동양에서 직관은 그 지향의 목표가 고차원적인 직관을 가리킨다.

위 인용문에서 심상건이 아직 진양 첫 장을 다루지 않고 줄을 고르는데도 “성음이 범상치 않고, 조화무쌍하며, 변화가 종횡무진”이어서 어떻게 가야금에서 저럴 수 가 있을까라며 반문하는, 무슨 기적을 멍하니 바라볼 정도로 미적 찬탄을 하고 있기 모습에서 고차원적인 직관을 본다. 더욱이, 진양이 나오자 줄과 손가락이 풀리고 온갖 사연을 사람 목소리처럼 하소연하는 작품의 직관적 담론이 시작하기 때문에 그 작품과 연주는 고차원인 직관의 작품이자 연주이었다.

즉, 직관에 의한 산조는 한국음악의 마지막 단계인 제3단계에 도달하였다고 볼 수 있다. 3단계를 인류의식의 역사적 변천을 본다면 고대의 의식은 '이성 이전의 단계'(pre-rational stage)로서 제1단계이다. 제1단계에 비하여 제2단계는 현재까지 내려오는 인류의 의식을 특징짓는 '이성적 단계'(rational stage)라 할 수 있다. 인류의식이 지성적으로 발달되는 '본 것'을 생각하고 추리할 때는 '이성적 단계'라고 볼 수 있다. 제2단계로 인하여 과학과 기술의 발전을 초래하였다. 그러나, 인간의식은 이 단계에 영구히 머무르지 않는다. 인간은 갈망한다. 분별적 지식과 논리적 추리는 실재적으로 볼 때, 인간에게 모순과 충동을 가져오므로 이것을 지양하고 더 고차원적인 데로 나가기를 말이다. 여기서 최종의 단계가 '초이성적 단계'(supra-rational stage)이다. 이는 합리주의를 거쳐 나간 신비주의의 영역이다. 근래의 학자들이 코페르니쿠스 이후로 발전된 서양의 합리주의가 신비주의의 보완을 받아야 된다고 주장하는 단계이다. 이 셋째 단계는 모든 지성이 앞으로 비약하여야할 단계이기도 하다.

이 3단계에서 가지는 직관은 분리되었던 주객을 다시 합일시키어 전체에 관한 의식을 갖는다. 불교에서 직관으로 얻은 경험인 공空이 제3단계이며, 이것이야말로 불교철학의 실체이다.

동서사고의 특징인 직관과 지성이란 개념은 서로 상반되고 대립된 양극에 선 것이 아니다. 실로 직관과 지성은 인간의식의 두 양상으로서 누구에게나 있는 두 가지 작용인 것으로 볼 수 있다. 인간의식은 먼저 직관으로 시작하여 지성으로 발전해 나가고, 지성의 역리성과 모순을 또다시 직관으로 말미암아 초극된다고 볼 수 있다. 그러므로 한국적 직관은 지성과 상반되어 대립된 것이 아니라, 마침내는 지성을 포함한 직관에 도달하므로 초지성적, 초이성적 입장을 취하게 된다.

5. 춤이라는 것이 모든 장단의 시작이란 것을 알게 되고, 그도 역시 열심히 배호려 하였읍니다. 겨우 맛을 알어온 셈이지오. <u>춤도 처음은 오금이 피로하나 하도 하고나면 차츰 다시 피로한 속에서 이러 납니다.</u> 장단 역시 하도 치면 팔 아픈 것을 무엇이라고 다 말하겠습니까만, 하도 치면 <u>내종에는 손이 치는 것이 않이고 장단이 장단을 치는 것이 됩니다.</u>[13] (밑줄은 필자)

인용문 5는 한국 근대춤을 열어간 한성준韓成俊(1874~1941)이 1893년에 토로한 고백이다. 이 육성을 우리가 꼼꼼히 들여다보면 음악의 개념과 정의 등이 한국음악과 춤이 어디에 있는지를 알게 된다.

즉, 춤을 추다보면 몸을 굽히고 펴는[屈伸] 움직임 때문에 '오금이 피로하기만' 하다. 춤을 추어본 사람은 다 아는 사실이다. 그러나 피로한 오금인데도 불구하고 계속 춤을 추면 그 피로 속에서 춤이 다시 추어진다. 한성준은 피로한 몸인데도 계속 춤을 추었다는 것은 '진지'한 태도를 가졌음을 뜻한다. 장단 역시 계속 치면 팔이 아프다. 아픈 정도를 말로 다 표현할 수 없을 정도이다. 그러나 그 아픈 팔인데도 계속 치다보면 나중에는 팔과 손이 장구를 치는 것이 아님을 한성준은 알았다. '장단이 장단을 치고', '장단이 장구를 치는 것'을 한성준과 박병천은 물론 국악인들은 깨달았던 것이다. 놀라지 않을 수 없다. '장단이 장구를 치는 것'은 다름 아닌 조선이 지금까지 또 최한기가 말한 바의 '기氣' 자체이었다. 기氣가 장단으로 드러내고 그 장단에 의하여 사람의 목소리가 주어져서 성음이 주어지고, 춤을 추게 하였다. 이것은 예술의 주관자에 의하여 예술이 존재하는 것이 아니라 기가 예술의 주관자로 있음을 말한다.

기氣가 예술의 주관자임은 신청神廳의 교육에서도 잘 나타나 있다.

신청의 교육방식이 '기氣훈련 - 구음 - 장구 - 일가一家교육'으로 진행되면서 '기氣훈련'을 먼저 주목한 점도 그 '진지성'을 가능케 한다. 사람의 제규諸竅(10구멍)를 통한 기氣훈련을 하면서[習染] 호흡을 통한 장단을 창출하였을 뿐 아니라 구음口音과 장구교육 단계를 구체화하였다. 박병천은 "올콩절콩 전대콩-개건너 큰 껍닥"이란 흘림장단을 습염習染시키려 12지신 동물들의 양태를 집중화하며 그 표현력을 키우면서 호흡으로 구음장단을 소리 낸 것은 기화氣化의 장단화가 이루어졌다고 필자에게 증언한 바 있다.

13 韓成俊, 「鼓手 五十年」, 『朝光』 4월호, 통권 제3권 제4호, 朝鮮日報社出版部, 1937, 129쪽.
인용문의 현대문은 다음과 같다.
"춤이라는 것이 모든 장단의 시작이란 것을 알게 되고, 그 역시 열심히 배우려 하였습니다. 겨우 맛을 알어온 셈이지오. 춤도 처음은 오금이 피로하나 하도 하고나면 차츰 다시 피로한 속에서 일어 납니다. 장단 역시 하도 치면 팔 아픈 것을 무엇이라고 다 말하겠습니까만, 하도 치면 나중에는 손이 치는 것이 아니고 장단이 장단을 치는 것이 됩니다." (현대문은 필자)

따라서, 박병천은 춤을 제대로 추는지의 여부는 춤추는 자가 몸의 제규로 기화氣化 시키고 있는지의 여부에 달려있음 말한다. 예컨대 "올콩절콩 전대콩-개건너 큰 껍닥"이란 흘림장단으로 춤출 때 제규로 몸에 습염시킨 장단의 기화氣化 여부가 춤의 존재성을 결정한다고 한다. 장구를 치는지의 여부보다 장단의 질서에 진지해야만 몸과 기화가 하나로서 우주를 열 수 있는 단초가 마련된다고 볼 수 있다. 아무리 장고를 잘 처도 춤추는 자의 몸의 기화성을 모르면 '기분氣分을 돕지 못한다'라는 말도 이 때문이다. 장단의 존재는 장구치는 자에게 있어야 하고, 춤추는 자의 몸 속에도 구체적으로 있어야 하고, 무엇보다 장단으로 기를 존재케 해야 할 것이다.

> 무용반주 장고는 강약을 써서 풀고 맺는 눈을 잘 찍어서 무용과 같이 매듭이 지어져 떨어져야 무용을 보는 자도 어깨가 으쓱하여 신명이 절로 나서 자기도 모르게 '좋다' 소리를 하게 되는데, 무용은 죽도록 매듭을 풀든 맺든 장고는 눈을 감고 일정하게 치면 물에 술탄 기분이 되고 만다. 그러니까 아무리 장고를 잘 처도 무용에 눈을 모르면 기분을 돕지 못한다.[14]

위 인용문에서 "아무리 장고를 잘 쳐도 무용에 눈을 모르면 기분을 돕지 못한다"라는 말은 무용수의 춤이 '몸의 장단화 - 기화'가 되어 있음을 전제로 한 말이다. 무용수에게 이 전제가 없다면 그 춤 또한 고수가 "물에 술탄 기분이어서 기분을 내지 못하는"것처럼 무용수 또한 마찬가지일 것이다. 장단은 다름아닌 기氣를 "사람의 호흡하는 구간에 따라 수화數化로써 길고 짧음[長短]의 마디로 삼은 것"을 말한다.[15]

14 成錦鳶 편, 『池瑛熙民俗音樂研究資料集』, 成錦鳶가락 保存研究會, 1986, 342~344쪽, 456쪽 인용.

15 崔漢綺, 「耳通」, 『神氣通』 第二卷, 十七a, '聲律言語' 항목. "又以一聲始終之間, 人之呼吸所至之數 爲長短之節".

4) 박병천 예술의 특징

박병천 예술의 특징은 '거룩한 두려움'에 대한 '진지성', '직관성', 그리고 '동시성'에서 나온다.

첫째로 박병천과 한국음악무용인들은 예술을 '진지성'으로 열어간 태도에 있다.[16] 온몸이 아플 정도로 춤추고 장구를 쳤다는 것은 그가 장단을 열심히 쳤다는 것은 물론 '진지' 하게 다루었음을 말한다.

장단의 질서는 장단을 다루는 고수鼓手는 물론이거니와 장단으로 연주하는 음악인이나 장단으로 춤추는 사람 모두가 장단 자체를 진지한 충실성에 있음을 말한다. 장단을 몰입하지 않거나 진지하지 않을 때, 모든 연주가들은 장단과 그 예술을 망치게 된다. 장단은 다루는 자의 의식과 독립하여 자기 고유의 본질을 지니기 있기 때문이다. 그 본질의 세계는 진지할 때만이 열린다. 따라서, 장단의 주관은 음악인이 아니다. 장단이 음악인을 통하여 설명할 뿐이다. 이것이 '근대 서구미학'에서 예술이 예술인의 자유로운 행위에 의한 것이라는 주관주의를 비판하는 근거이다. 장단을 가지고 노는 자가 장단에 열중함으로써 그 노는 자를 지배한다. 장단의 실재를 규정하는 것은 장단을 다루는 자의 생각이 아니라 장단 그 자체이다. 오직 장단에 진지하게 몰입할 때 만이 장단이 지배하는 세계에 들어서게 한다.

둘째로 박병천과 한국음악인들은 장단에 진지하면 진지할수록 장단 그 자체가 지배하는 세계가 열리고 있음을 직관적으로 알고 있었다. 장단을 진지하게 선택한 후에는 그 장단이 장단을 다루는 자를 통해서 진행되는 세계에 들어가고 있음을 깨달아 알고 있다. 장단의 본래적 주관이 장단을 다루는 자가 아니다. 장단의 주관은 장단 그 자체임을 한성

16 본 문맥은 필자의 다음 글에서 옮겨왔다. 노동은, 「한성준예술의 근대성」, 『한성준선생기념학술발표회집』(문화체육부 · 홍성문화원, 1997)을 게재한 노동은, 『한국음악론』, 한국학술정보주식회사, 2002, 407~414쪽.

준 - 지영희 - 박병천과 한국음악인들은 깨닫고 있었다. 이들은 모두 역사와 음악를 통하여 직관적으로 감지하고 있다. 장단이 스스로 열린 세계에 들어간다면, 장단은 그 자체의 힘으로 참여자를 일상적 삶에서 벗어나게 한다. 장단이 총체적으로 매개媒介하는 형식이 다름아닌 춤이자 음악이다. 그래서, 한국음악인들은 "장단이 장단을 치는 것"이라 했다. 또, "모든 장단의 시작이 춤"이라고도 하였다.

따라서, 한국음악은 역사적으로 장단이 존재하는 활동적 사건, 곧 장단이 지배하는 '판'을 통하여 참여자 모두를 변모시켜왔다. 장단이 지배하는 판을 가능케 하고 참여자 모두를 변모시켜온 자는 작곡자가 아니라 장단을 실현시키는 연주가이다. 한국음악은 작곡가보다 연주가 우위로 역사적으로 전개시켰다. 장단이 지배하는 판을 열게한 연주가 거의 모두가 즉흥음악을 가능케 하였다. 「산조」가 그러하고, 작품 「시나위」, 「살풀이춤」 등의 춤과 「진도씻김굿」이 그러하다.

서양음악이 지난 2세기 동안에 걸쳐 즉흥예술이 점차 쇠퇴한 것은 합리적인 접근이라 생각한 음악기록이다. 바로 '악보'가 그것이다. 악보는 음악을 기록할 뿐 아니라 같은 음악을 재현시킬 수 있기 때문에 시공을 초월하여 보관(복원)·전달·연주·재현이 가능한 악보가 발달되었다. 음높이와 음길이가 음표의 위치와 형태로 기록되고, 템포·강약·표현·아티큘레이션 등이 별도 표시나 문자로 기록되었다. 이 기록들은 1800년 이전의 악보에서 거의 사용하지 않았다. 특히, 합리성의 꽃인 화성이 서양음악의 원동력으로 발달될수록, 또 화성법이 작곡을 위한 음높이의 계기적 및 동시적 정합整合을 탐구하는 학문의 전체라고 여길수록, 음높이 기록에 의한 악보와 그 기보법은 연주가를 엄격하고 한치의 자유도 허락지 않는 지시 그물망으로 짜여져서 즉흥연주가 쇠퇴하고 말았다.

15~16세기에 걸친 작곡법은 고정선율에 대선율을 즉흥으로 덧붙히는 즉흥연주법이 중심이었다.[17] 마드리갈 작곡에 주력했던 영국의 토마스 몰리Thomas Morley(1557~1603)의 작곡법은 대선율을 즉흥으로 만들어내는 테크닉에 관한 디스칸트descant를 이수하는 작

17 Thurston Dart, *The Interpretation of Music*, N.Y.: Harper Date published: 1963, 『음악해석론』, 서인정 역, 서울: 청하, 1983, 77쪽.

곡법이 행해졌다. 17~18세기 작곡도들은 즉흥적으로 작곡하는 법을 학습하기 위하여 대선율의 즉흥작곡법보다 더 중요과제가 계속저음(Basso continuo) 기술이었다. 바로크음악의 새로운 구조의 핵심이었던 계속저음은 통상 통주저음이나 숫자저음으로 부르기도 했지만, 바로크음악의 화성적 토대로서 이 시기의 가장 중요한 작곡양식이었다. 계속저음은 음악이 도중에 끊기는 것을 막고, 화성을 악보에 기록하지 않고 연주할 수 있게 하며, 화성은 숫자로 지시되고 즉흥연주를 해야 하므로 "즉흥으로 화음을 붙이는 테크닉"이 중요 작곡양식이었다. 18세기 말에 와서 대위법과 화성작법을 부각시킨 결과는 즉흥연주 전통말살이었다. 귀보다 눈이 더 중요했다. 지금까지 작곡가·연주가·청중들과 유대를 맺은 즉흥연주의 전통을 단절시켰다. 평균율과 기능화성학, 형식적 구조, 대위법적 전통으로 이룩되는 합리성 - 과학이 부각된 서양사회는 즉흥연주는 사라진 전통이었다. 그럼에도 불구하고, 서양음악의 영향권에 있는 모든 국가에서, 서양음악으로 한 사회가 전부 노출될수록 전통적인 즉흥연주가 사라진다.

한편, 진도의 씻김굿 연행양상에서 당골이 혼자 낭송조로 부를 때와 당골과 고인(음악인)과 합주하는 때, 그리고 춤이나 의식의 반주곡 등의 유형으로 나타나는 때에도 즉흥은 당골과 고인이 같이 합주할 때 가장 그 음악성이 잘 나타났지만,[18] 그 당골과 고인들의 삶의 마감과 함께 산조와 달리 즉흥연주가 사라질 위기에 놓여 있다. 당골과 고인의 교대창(선후창)에서 민요나 판소리와 유사한 양식를 부를 때나, 또 각자의 자유로운 방식으로 참여하여 당골의 사설창에 시나위 양식과 같은 대선율을 하는 다성창의 연행양상에서 무장구·흘림·살풀이·엇중모리 등의 장단에서 즉흥성이 발휘되었다. 그리고 이들은 장단을 가지고 놀 줄을 알았다.[19] 흘림에서 "한 박을 먹고 들어간다든지, 장단을 보내놓고 악사 음악 나간 뒤로 차고 들어온다든지" 등의 장단을 가지고 놀았다 함은 장단이 지배하는 질서에 모두가 직관적으로 '모든 것'을 감지하고 있음을 말한다. 그러기에 감지된 장場

18 박미경, 「진도씻김굿의 즉흥성 연구점정(點睛): 연구자와 연행자간의 길닦기」, 『한국음악학을 생각한다』, 한국음악학회 2008 여름학술대회 자료집, 한국음악학학회, 2008, 77쪽.

19 박미경, 「위의 글, 82쪽.

내에서 사설과 교대창과 다성창 그리고 즉흥연주에서 각각의 한 부분이 다른 부분으로부터 구별된다는 뜻이 있고, 또 당골과 고인들이 직관하며 사설과 음과 감정의 연속을 말하는 것으로서(논리적으로 정의된 수학적 물리학의 연속을 말하려는 것이 아닌) 심미적이므로 '분별된 심미적 연속'(the differentiated aesthetic continuum)의 특징을 가지고 있다. '분별된 심미적 연속'이야말로 전체적 관점에서 보는 것을 의미한다.

셋째로 박병천은 과거와 현재의 지평을 '동시적'으로 있게 함이 장단에 의한 것임을 안다. 장단에 의해서 나와 너의 모든 참여자를 변모시킬 수 있는 것이라면, 그 해석에 있어서도 과거의 작품이 현재에 '동시적'으로 있게 함을 말한다. 한국음악인들이 과거의 작품을 현재에 연주하고 해석하려했던 그 총체적 매개가 다름아닌 장단이다. 장단은 전통傳統을 신통新通으로 중개한다. 전통이 곧 신통일 수 있었던 매개가 장단이란 말이다. 과거가 현재와 함께 동시성으로 있을 수 있었던 총체적 매개가 바로 장단이다. 장단은 전통의 상像을 통해서 설명되고 있으므로, 과거의 작품을 현재로 이끌려고 했던 역사적의 연속성과 통일성이 있었다. 장단은 전통의 상으로만 설명되는 것이 아니다. 장단은 스스로 현재의 상으로도 드러내려고 하기 때문이다.

지금까지 한성준의 예에서 보아왔지만, 실은 박병천의 예술이 그러하고 또 한국음악과 춤이 그러하다.

그렇다면, 장단이 참여자 모두를 변모시키는 것이라면, 그 장단을 존재케 하는 것이 무엇인가? 그것이 기氣이다. 기는 장단을 통해서 존재한다. 장단은 "하나의 소리가 시작하여 끝나는 구간을 사람의 호흡하는 수數로서 길고 짧음의 마디로 삼은 것"이다.[20] 춤과 음악은 이 장단을 통하여 '답답한 기운을 풀어 화기和氣로 이끌어 내는 것"을 역사적으로 예술화시켰다.[21]

이것은 기가 존재하는 장단을 사람 몸의 호흡을 통하여 드러낸 춤과 장구(북)로서 성률

20 崔漢綺, 「耳通」, 『神氣通』 第二卷, 十七a, '聲律言語', "又以一聲始終之間, 人之呼吸所至之數 爲長短之節."
21 崔漢綺, 「體通」, 『神氣通』 第一卷, 三十九a, '十七條可通', "於樂通其宣鬱導和."

聲律과 조화시킨 음악 모두가 장단으로 총체적 매개가 이루어지고 있음을 말한다. 장단으로 사람 몸을 통한 춤과 음악은 그 자체의 기화氣化로 '혈맥血脈'을 타게 하므로 한국음악은 심신일원의 춤과 음악[心身一元樂]이다.[22] 즉, 기화에 의한 심신일원의 춤과 음악을 앞서 한성준은 장단으로 일통시키고 있었다. 또, 장단이 실현되는 북의 기술[鼓法] 또한 기화를 일으킬 수 있는 기술이다. 곧, 북가락을 음陰에서 가락을 훨씬 덜어 조용하고 차분하게 치되, 양陽에서 굵은 가락을 치는 것, 북은 고수의 좌편左便에 비껴놓고 치는 것, 소리가 맺을 때에는 북채로 북통을 한번 세게 치고, 달고 갈 때 즉 이어질 때에는 통에서 잔가락을 굴려 치는 것, 크게 맺은 뒤에는 뒷손으로 굴려 푸는 것, 맺고 푼 다음에는 반드시 채편 북판을 크게 치는 것 등이 그것이다.[23]

이처럼, 한국음악학의 전통에서는 '그 자체를 가능케 하는 것'을 '기氣'로 해석해 왔다. 한국은 기가 장단으로 음악과 춤, 그리고 시詩를 만들었다. 기가 고유한 논리에 따라 스스로를 충만하게 하며 드러내려고 했기 때문에, "사람의 마음으로 느끼게 하여 혈맥을 뛰게 하고 정신을 유통하게 하는 것"을 악樂의 개념으로 삼은『악학궤범』이나, 또 "음을 만들어 아침저녁으로 귀에 젖게 하고 마음에 흘려들어 그 혈맥을 고동시킴으로써 그 화평하고 화락한 뜻을 유발"하게 한다는 다산 정약용의 악론樂論이나, 그리고 "답답한 기운氣運을 풀어 화기和氣를 이끌어내는 것"을 악樂으로 해석했던 혜강 최한기의 악론 모두가 바로 '기'로 해석했다. 이 해석 앞에서는 지금과 같은 아악이나 민악民樂 모두가 2분법으로 나누어져 있지 아니하고 하나로 존재한다. 다만, 우리들의 미적 체험이나 그 이데올로기의 미학관에 따라 민악과 아악으로 나누어질 뿐이다. '그 자체를 가능하게 하는 기'가 한국음악과 춤의 '자연성'이었다. 한국음악의 미적 특성이 '자연스러움'에 있다면, 그것은 '기' 자신이 자기 세계에 스스로 그렇게 있는 결과이다.

22 노동은, 「음악기학(音樂氣學)」, 『민족음악의 이해』 3, 서울: 민족음악연구회, 1994, 92쪽.

23 이보형, 앞의 책, 1997, 18~19쪽.

서양은 근대에 전개된 예술가들에 의하여 예술이 주도된다는 그러한 주관적 해석을 해왔었다. 한성준은 이를 비판하고 있는 셈이다. 예술품은 이러한 개인의 미의식을 초월하여 존재한다. 곧, 한국음악은 기氣 자체가 주관자가 되어 음악과 춤을 움직이게 하였으니, 모든 창작자들은 기 자체가 주관할 수 있도록, 자연스러운 기의 상태로 놓아 두는 것을 바랬다.

장단으로 춤과 음악을 통하여 심신일원화하여 우주宇宙를 열어 놓은 것은 전통음악 한 사람의 의식수준으로 환원되지 않는다. 그것은 동시성으로 모든 전통음악을 역사적으로 열어서 전통성을 회복하게 하고 또한 현재의 지평으로 신통을 열어 놓는다.

장단은 전통을 신통으로, 신통을 전통으로 중개하고 융합시킨다. 장단이 과거와 현재간 지평융합을 가능케 한다. 그것은 과거의 순수한 현재를 성취하고 있어서, 창조란 언제나 역사적 전제에서 비롯되었다.

한국음악과 춤의 장단은 예술 그 자체의 존재였으며, 이것이 근대 서양의 근대적 미의식을 초월케 한 계기이다. 그러기에 사회적 관계망이 서양음악으로 구축된 한국을 비롯한 제3세계에서 「산조」나 작품 「시나위」류, 「살풀이춤」 등의 즉흥예술은 근대 서양의 미의식을 초월한 새로운 근대성으로 나타나는 예술임을 박병천은 말하고 있다.

2.
무송舞松 박병천 전통춤유산

2014년에 이어 2016년 11월 무송舞松 박병천 '전통춤 유산'을 재조명하기 위한 학술대회를 개최하였고 그 내용은 같다.

〈2016년도 악樂 · 가歌 · 무舞 명인 '박병천' 9주기〉

학술 심포지엄

무송舞松 박병천 '전통춤 유산' 재조명

일시 2016년 11월 19일(토) 오후 2시

장소 예술가의 집, 다목적홀(대학로)

주최 박병천류 전통춤보존회

주관 박병천류 전통춤보존회, 사)박병천가무악보존회

후원 (재)전통공연예술진흥재단, 사)한국전통춤협회, 사)한국공연예술원

시간	항목	내용
		* 좌장 : 양종승(한국예술종합학교 객원교수) * 사회 : 이희병(동국대학교 외래교수)
14:30 - 14:50	- 기조 발제	- "박병천의 생애와 예술세계" 발제자: 이병옥(용인대학교 명예교수)
14:50 - 15:20	- 제1주제 발표	- "박병천류 전통춤의 무용학적 가치와 의의" 발제자: 강인숙(경상대학교 교수) 토론자: 이애현(문화재청 문화재전문위원), 이미영(국민대학교 교수)
15:20 - 15:50	- 제2주제 발표	- "LMA분석을 통해 나타난 박병천류 진도북춤 춤사위의 특성 연구" 발제자: 최원선(국제공인 라반움직임분석 전문가) 토론자: 서현주(CMA, 공인움직임 분석가)
15:50 - 16:20	- 제3주제 발표	- "박병천류 진도북춤의 공연 현황" 발제자: 김영희(전통춤 이론가) 토론자: 남수정(용인대학교 교수)
16:20 - 16:40	- 휴식	
16:40 - 17:40	- 종합토론 및 질의응답	

악樂 · 가歌 · 무舞 명인

박병천 선생님의 9주기 추모 학술심포지엄을 개최합니다.

전통춤 명인 박병천 선생님(1933~2007)은 세습무가世襲巫家 집안의 9대째 예인으로 가歌 · 무舞 · 악樂에 능통할 뿐만 아니라 북춤에도 달인達人이셨습니다. 박병천 선생님은 농악의 가락에 춤을 가미시켜 전통을 바탕으로 새로운 양식으로 재구성하여 독특한 예술적 특징을 지닌 한국을 대표하는 북춤을 구성하셨습니다.

또한 진도씻김굿에 부수적으로 사용되는 춤들(굿거리춤, 지전춤, 고풀이춤)을 독자적인 형태로 재구성하여 무대 예술화하여 국립극장의 대표적 공연종목인 '도미부인'과 해외의 여러 공연을 통해 호평을 받았고 그분의 구음소리는 영혼을 울리는 소리로 많은 사람들의 심금을 울렸습니다.

이렇듯 박병천 선생님은 전통예인의 탁월한 예술적 감각으로 북춤 및 진도씻김굿의 춤들을 무대 예술화시켰고 강강술래를 정리하고 대중화시켰으며, 세계 여러 무대에서 한국전통예술의 우수성을 널리 알리고 해외의 공연을 통해 세계인과 함께 소통의 장을 펼치셨습니다.

2007년 선생님의 타계로 인해 그분이 남겨놓으신 우수한 전통예술의 자산을 정리하고 체계적으로 전승될 있는 토대를 마련할 필요성이 절실하여 무송舞松 박병천 선생님의 전통춤에 담긴 예술세계를 조명하는 학술심포지엄을 개최합니다.

악 · 가 · 무 일체의 학습이 사라진 채, 춤사위만이 전승되고 있는 전통춤의 현실 속에서 박병천 선생님의 춤과 장단과 소리의 절묘한 조화를 이루는 탁월한 양식의 북춤과 무속춤, 강강술래에 나타난 예술 양식을 재조명하여 한국 전통춤 본연의 예술적 가치를 확립하고 전통문화유산으로 후대에 올곧게 전승하는 토대를 마련하고자 합니다.

이번 학술심포지엄을 위해 귀한 논문을 발표해 주시는 발표자분들과 토론자분들, 도움을 주신 많은 분께 감사의 인사를 올립니다. 바쁘신 와중에도 박병천 선생님을 추모하는 이 뜻깊은 자리에 와주신 모든 분들께도 감사를 드립니다.

그분이 남기신 뜻을 깨달을 수 있기를
다시 또 펼쳐낼 수 있기를…

임수정 拜上

열정의 예인, 박병천 선생을 기리며…

무송 박병천 선생님이 우리 곁을 떠나신지 벌써 9주기가 된다.

내가 박병천 선생님을 처음 만난 건 1973년 국립극장이 주최한 〈한국의 명무전〉이었다. 마지막 무대를 장식한 그의 북춤은 우리 전통에 대한 나의 눈을 뜨게 한 기폭제였다.

그 후 길 가다 우연히 들은 그의 '구음'은 나의 발걸음을 멈추게 했고, 무송 선생의 북춤과 구음, 거기서 나오는 '힘'과 '자유로움'의 근원이 어디에서 오는 건지 궁금하여 나는 무송 박병천 선생님과 몇 번에 걸쳐 인터뷰를 했다. 당시 그의 옆에는 그가 자랑스러워했던 임수정 선생도 함께였다.

7년의 독일 유학을 마치고 독일을 위시한 서구의 연극과 공연예술에 심취해 있던 나는 비록 그 분야를 가르치는 교수였지만, 궁극에 가서는 우리 전통을 모르면 '나'를 모르고, '우리'를 모르는 심지 없는 사람이 되리라고 의심치 않아 열심히 우리의 전통을 공부하기 위해 힘을 기울였다. 김천흥, 이매방, 김소희, 김월하, 박병천, 정병호 선생님들과 연을 맺고 그들의 삶과 예술 속에 뿌리내린 그 힘과 저력의 근원이 어디에서 우러나오고 그 자유로움과 호방함의 근원이 어디에서 오는 것인지 나는 그 근원이 궁금하여 오늘에 이르고 있다. 다행히도 70년대는 〈뿌리〉라는 영화가 나옴으로 해서 온 세계가 제3세계권의 전통과 문화, 그 형식에 대한 가치를 인정하고 수용하기 시작한 시기이다.

세계의 그 물결과 흐름을 타고 무송 박병천의 세계도 진도와 한국의 범주를 뛰어넘어 세계 속에서 헤엄치기 시작한다. 진도와 한국의 범주를 뛰어넘어, 무당 집안 출신이란 저주는 오히려 예술혼의 날개를 달고, 북춤, 구음, 지전춤 등 전통이 무대 위의 예술로 꽃피우기 시작하고 후배양성을 위한 열정으로 환골탈퇴한다.

세상을 향한 '반항의 힘'으로 삶의 폭과 깊이를 터득한 그의 예술세계는 오늘날 우리의 공연예술의 총체적 융합의 저력으로 후손만대에 길이 빛나리라!

임수정 춤꾼을 위시한 모든 제자들의 지혜와 저력이 무송 박병천 선생의 예인으로써의 우리 공연예술 속에 자리매김하는 데 큰 힘을 발휘하리라 기대하며 무송 박병천 선생을 그리워해 본다.

사단법인 한국공연예술원 이사장 양혜숙

여운과 예술은 영원하다

어느새 무송 박병천 선생님께서 저희들 곁을 떠나신지 9년이 되었습니다. 진도하면 예술의 보고라고 생각합니다. 무송 선생님은 바로 그 아름답고 예술의 정신이 서려있는 진도의 정기를 받으셔서 평생 동안 진도의 향토 예술을 재건하시고 발전시키셨습니다. 그래서 우리들은 무송 박병천 선생님의 예술 세계를 늘 존경하였던 것입니다. 특히, 선생님께서 평생 갈고 닦으신 진도북춤은 한국무용계에 주요한 무용예술로 길이 남게 될 것입니다. 무엇보다도 무용전공자들로 하여금 감탄을 자아내게 하셨던 진도북춤의 가치는 그야말로 높이 평가되지 않을 수 없습니다.

무송 선생님을 모셨던 직계 제자들이 모여 선생님이 남기신 무용예술을 계승 발전시키기 위해 많은 애를 쓰고 있습니다. 특히 무송 선생님의 예술적 가치를 찾고자 오래 전부터 꾸준히 추진되어 왔으며 오늘도 아름다운 행사를 마련한 것입니다.

무송 선생님의 춤을 사랑하는 많은 제자들이 선생님께서 살아오셨던 삶의 궤적과 반세기에 걸쳐 이어졌던 예술적 행보를 조명하는 심포지엄을 개최하는 것은 참으로 의미 있는 일이라 할 것입니다. 선생님의 예술적 성취와 업적을 학술적 가치로 되새기려는 의지로 이 자리를 마련하였을 것이며 매년 다른 내용으로 선생님의 예술세계를 조명하는 심포지엄 행사는 전통예술을 전공하고 지향하는 후학들에게도 뜻깊은 행사로 기억될 것이고, 그 가치와 결실은 후대에까지 높게 평가되어 회자 될 것이라 믿습니다.

후학들에게 따뜻한 정을 주시며 다감한 성품으로 열정을 다하며 지도하시던 선생님은 이제 저희 곁에 계시지는 않지만 우리는 항시 선생님의 예술적 삶을 동경하고 있습니다. 특히 전통춤과 창작춤의 무대를 통해 한을 풀어내게 하는 선생님의 구음소리와 가락은 늘 기억되고 있습니다. 선생님의 예술적 여운과 정신은 우리에게 영원히 기억될 것입니다.

이번 행사를 위해 많은 애를 쓴 무송 박병천 선생님의 제자 임수정 교수님 그리고 관계자 여러분의 노고를 다시 한 번 치하합니다. 그리고 모든 행사가 시종일관 성황리에 이루어지길 기원 드립니다.

한국전통춤협회 이사장 채상묵

〈발표논문〉

박병천의 생애와 예술세계[1]

박병천朴秉天(1933~2007) 명인을 처음 만난 것은 1978년 7월 20일 전통무용연구회(회장 정병호) 주최로 YMCA강당에서 개최된 '진도씻김굿' 발표회였다. 당시 전국에 산재한 민속 명인들을 찾아 서울무대에 올려 문화계에 관심을 불러일으키는 연구회의 일원으로 활동할 때로, 이동안 재인춤과 발탈춤, 공옥진 병신춤, 김석출 일가의 동해안 별신굿 등 중앙(서울)에 잘 알려져 있지 않았던 민속 분야의 민속명인들을 소개시키는 현장연구 활동이었다. 이 발표를 계기로 당시 문화재위원인 정병호 교수의 노력으로 1980년 진도씻김굿이 중요(국가)무형문화재로 지정되었고, 박병천 명인은 예능보유자(제72호)로 인정되었다.

박병천 명인은 진도신청珍島神廳의 당장堂長이던 박범준朴凡俊씨와 진도에서 굿을 제일 잘하는 단골무당이던 김소심金小心씨의 2남으로 1933년 11월 18일 진도군 지산면 인지리에서 세습무가世襲巫家의 자손으로 태어났다. 세습무가世襲巫家집안의 9대째 예인으로 일찍부터 가歌·무舞·악樂에 뛰어났다. 1960년대까지 진도는 물론 인근 지역의

1 이병옥(용인대학교 명예교수)의 기조 발제문

모든 가·무·악을 섭렵하고 1970년대에는 진도 민속예술을 발굴하여 전국민속예술경연대회를 통하여 이들을 발표하였다. 1972년에는 남도들노래(국무총리상), 1974년 강강술래(대통령상), 1975년 거문도뱃노래(국무총리상), 1976년 진도만가(문공부장관상), 1977년 진도다시래기 등의 발표를 통해 남도의 민속예술 복원에 크게 공헌하였으며 이들 종목의 국가무형유산 지정에 결정적인 역할을 하였다.[2]

이상은 박병천 명인의 약력이다. 그의 뛰어난 예술역량을 앞으로도 더 펼칠 수 있었음에도 아쉬움을 남기고 민속예술계의 곁을 떠난 지도 벌써 9주기를 맞이하였다. 이에 박병천이 진도 태생적 명인이 될 수 있었던 독특한 지역문화적 배경이 무엇이며, 성장하여 우리에게 어떠한 예술혼을 남겼는지 그의 예술세계를 조명하기 위한 문화환경적 배경을 살펴보기로 한다.

굿판이나 공연무대에서 박병천 명인을 뵐 때마다 불가사의한 분이라고 늘 생각했었다. 처음에는 그냥 인물 좋고 굿 잘하시는 무속인으로 보았으나 뵈면 뵐수록 이분의 예능이 어디까지인지 종잡을 수 없이 무궁무진함에 탄복할 수밖에 없었다. 굿이면 굿, 춤이면 춤, 소리면 소리, 못하시는 게 없고 진도 민속에 모르는 게 없는 분이었다. 그래서 1998년 한 때 KBS-TV '국악한마당' 프로에 '사부님 우리 사부님' 코너가 생겨 강강술래와 여러 소리춤을 비롯하여 많은 민요와 춤으로 오랫동안 전국에 방송을 타기도 하였다.

우리가 아는 명인 명무들은 일반인들과는 사뭇 다르고 특수한 삶과 예술적 배경을 지니고 있다. 그중에서도 박병천 명인은 특수한 삶을 살아온 명인들보다 아주 다른 예술혼과 예술세계를 지녀 과연 이분을 명인名人이라 해야 하는가 기인奇人이라 해야 하는가 만능인萬能人이라 하는가 하는 의구심이 들 때가 있었다.

한 사람의 예술세계를 들여다보기 위해서는 그 삶의 총체적 측면을 주목해야 한다. 박병천 명인의 삶 전반을 통째로 들여다보는 접근이 이루어져야 그의 예술이 오랜 시간

2 박병천 7주기 추모공연의 추모사 내용, 2014년 11월 30일, 민속극장 풍류극장, 주최: 한국전통춤예술원, 주관: 박병천류 전통춤 보존회.

쌓여 온 한과 삭임의 과정을 통해서 추출되었음을 이해할 수 있게 될 것이기 때문이다.[3]

박병천 명인이 현대 한국 전통 예술계의 독특한 보배로 자리매김할 수 있었던 배경은 무엇인가 살펴보기로 한다.

첫째, 박병천 명인은 당골이라는 세습무 집안에서 만능예능을 접하면서 태어나고 학습하여 닦여진 태생적인 '당골 명가名家 혈통'을 지니고 있다. 정만조鄭萬朝(1858~1936)의 은파유필恩波濡筆[4]에서 언급되었던 증조부 박덕인朴德仁으로부터 대금의 명인으로 호명되는 박종기朴種基(작은 할아버지)를 거쳐 박병천朴秉天으로 이어지는 가계도가 중심을 이룬다. 박미경은 그의 글 「진도 세습무 박씨 계보와 인물연구」[5]에서 박씨 일가를 8대를 거쳐(박병천은 9대조부터 무업을 했다고 말함) 혈통으로 지속된 명가名家라고 정리하고 있다. 즉 진도의 김, 이, 박, 한, 강, 함, 전, 채, 노, 안 씨 등의 당골 중에 가장 으뜸[6]이라고 하였다. 이윤선도 말했듯이 박덕인이 있었기에 박종기가 있을 수 있었고 박종기가 있었기에 박병천이 있을 수 있었다는 뜻이다.

둘째, 박병천 명인은 평생 진도씻김굿 연행에서 악가무 등 만능 예능을 발휘하는 '바라지[7]악사의 정점頂點'에 이르렀기 때문이다. 씻김굿에서 굿연행은 지무인 당골 여인들

3 이윤선, 「박병천의 예술세계와 진도의 민속음악」, 『악(樂) · 가(歌) · 무(舞) 명인 박병천의 예술세계』 학술세미나, 2014, 28쪽.

4 무정(茂亭) 정만조(鄭萬朝)는 궁내부참의관 시절 명성황후가 시해당하고 이에 관계되었다는 혐의로 1896년 진도 금갑도(金甲島)에 유배되어 1907년까지 12년간 진도에서 생활하였다. 이 기간동안 정만조는 진도에서의 생활을 기록하였다. 이 책에는 진도의 독특한 풍속들이 기록되어 그 가치가 매우 높다. 특히 강강술래, 차첨지 놀이, 씨름, 수건놓기, 외따기 놀이 등에 대해 묘사하고 있어 조선시대 진도 민속과 풍속을 알려주고 있다. 또한 진도의 춤과 관련해서는 박덕인(朴德寅)에 대한 기록이 있다. 진도 세습무계의 종조격인 박덕인이 창, 가야금, 퉁소, 무용 등에 능한 악공이었음을 기록하고 있고, 특히 그의 춤사위를 예찬하고 있다.(『은파유필(恩波濡筆)』, 한국향토문화전자대전, 한국학중앙연구원; '은파유필'(문화콘텐츠닷컴(문화원형 용어사전), 한국콘텐츠진흥원, 2012)

5 박미경, 「진도 세습무 박씨 계보와 인물 연구」, 『한국음악연구』 제41집, 한국국악학회, 2006 참고.

6 이윤선, 「박병천의 예술세계와 진도의 민속음악」, 『악(樂) · 가(歌) · 무(舞) 명인 박병천의 예술세계』 학술세미나, 2014, 29~30쪽 재인용.

7 '바라지'는 다른 사람을 도와서 '뒷비리지한다'는 말인데 무속에서의 '바라지'는 무녀(지무)의 생활 일제를 뒷바라지 하는 것을 의미한다. 바라지는 일반적으로 무가를 되받아서 하는 것을 의미하며 지방에 따라서 '만수받이'라고도 하

의 몫이지만, 온갖 반주와 뒷 바라지는 남자 당골들의 몫이다. 그러다 보니 이들 모두 각각의 악기를 연주하면서 구음 등의 바라지를 하므로 1인 3역 혹은 사역을 소화해낸다는 점을 알 수 있다. 이들의 바라지는 모두 손으로는 악기를 연주하면서 입으로는 구음을 하는 형태를 띤다. 김귀봉이나 박진섭, 박병원의 예에서 볼 수 있듯이 심지어는 오른손으로 장구와 징과 꽹과리를 연주하고 왼손으로는 장구와 북의 궁편을 연주하면서, 때때로 피리를 불다가 구음을 하다가 무가를 합창하기도 한다. 진도 시나위 음악에서 가장 주목해야 할 점이 바로 이 연행태이다.[8] 진도씻김굿의 바라지 악사들은 반주기능과 역할과 더불어 남도 특유의 시나위 선율을 만들어 내는 데 기여하고 있음을 주목할 필요가 있다. 바로 이점이 남도시나위라는 음악을 만들어 낸 요체였다는 점에서 그렇다. 물론 이는 씻김굿판으로부터 생성된 것이며, 박병천의 구음시나위가 그 정점에 있음을 두말할 필요가 없으며 우리 곁은 떠난 후 누구도 심금을 울리는 박병천 명인의 '구음시나위'를 능가하는 이는 아직 없는 것 같다.

셋째, 박병천 명인의 '탁월한 지도력과 연출력'으로 많은 진도예술에 생명력을 불러일으키는 커다란 업적을 남길 수가 있었다. 1960년대까지 진도는 물론 인근 지역의 모든 가歌·무舞·악樂을 섭렵하였고, 1970년대에는 진도 민속예술을 발굴하여 전국민속예술경연대회를 통하여 이들을 발표하게 되었는데, 1972년에는 남도들노래(국무총리상), 1974년 강강술래(대통령상), 1975년 거문도뱃노래(국무총리상), 1976년 진도만가(문공부장관

고 '살대답'이라고도 한다. 만수받이는 무가의 일종으로 경기도 북부와 서북부 지방 굿에서는 신을 청할 때 하는 청신절차에서 부른다. 굿을 할 때 입무(立巫)가 선소리를 메기면 고수인 좌무(坐巫)가 장고를 치며 그 선소리에 따라 되받아 간다. 전라도 지방의 굿에서는 대선율형의 바라지가 많으나, 제주도 지방의 굿에서는 드물다. 무당사회에서 바라지는 반주를 의미하는데, 바라지는 원바라지와 옆바라지로 나누기도 한다. 원바라지는 장구잽이를 의미하며 옆바라지는 장구 이외의 잽이를 의미한다.〈바라지(한국민속신앙사전: 무속신앙 편, 2010. 11. 11., 국립민속박물관)〉 불교에서는 절에서 영혼을 위하여 시식(施食)할 때 경문(經文)을 받아 읽거나 시식을 거들어 주는 사람을 의미하게 되었다. 보통 절에서 영산재는 법주(法主)와 바라지가 함께 진행하는데, 법주가 먼저 경을 읽으면 바라지가 그 다음 송구를 받아 읽는다. 의식을 진행할 때 여러 사물을 다루고, 소리와 소리의 맥을 이어주는 역할이 주된 임무이다. 그래서 재의식에는 법주와 바라지가 바늘과 실처럼 어울린다. 보통 법주가 선배이나 바라지도 법주 못지않게 염불에 능해야 하고 음성 공양도구인 태징과 북·목탁도 잘 다루어야 한다.〈바라지(두산백과)〉

8 이윤선, 앞의 글, 2014, 30쪽.

상), 1977년 진도다시래기 등의 발표를 통해 남도의 민속예술 복원에 관여하여 크게 공헌하였으며 이들 종목의 무형문화재 지정에 결정적인 역할[9]을 하였다. 씻김굿의 원바라지들은 지무의 춤과 무가와 연행까지도 기획하고 지도하고 연출하는 예능지도자이다. 바로 박병천 명인이 남도 시나위와 악가무와 연행까지 갖춘 메커니즘mechanism의 총체적인 본보기이며 연출력까지 갖춘 명지도자였기 때문에 진도의 민속이 빛을 발할 수 있었고 많은 무형문화재로 지정되는 데 큰 역할을 하였다.

결국 박병천 명인은 주어진 가문과 타고난 소질을 바탕으로 무속의례 뿐만 아니라 농악과 국악, 그리고 무용예술의 근본을 깨달아 진도 세습무의 큰 당골로써는 물론이고 소리와 장단의 명인으로써 그리고 북춤의 명무로써 화려한 일대기를 그려냈다. 뿐만 아니라 박병천은 지역의 향토문화가 체계성을 갖춘 계승력과 대중화의 발판을 이루게 하는 데에도 크게 공헌하기도 하였다. 뿐만 아니라 무형유산 속에 담긴 옛 조상들의 정신적 가치에 대해 높이 평가하여 이를 새로운 시대에 새로운 가치관으로 정립해야 한다는 숙명을 안고 향토문화의 무형문화재화 및 무용예술화 작업을 전개하기도 하였다. 또한 무형의 유산은 정체되어 있는 유형의 유산과는 사뭇 다르다는 것을 깨닫고 이를 시대적 예술로 승화하여 민족예술의 기틀을 굳건하게 하는데 크게 힘을 쏟기도 하였다. 살아 숨 쉬는 전통문화의 정수로써의 민족의 신앙과 예술 등을 살아 숨 쉬는 유산으로 거듭나게 만들기 위한 작업을 평생 실천하였던 것이다.[10]

박병천 명인은 무용계에서는 진도씻김굿보다는 진도북춤 명인으로 추앙받으며 전수자들도 많았고, 전통춤 레퍼토리로 자리 잡아 쌍채북춤을 추면 모두가 '박병천의 진도북춤'이라고 할 정도로 대표 명칭이 되었다.

박병천 명인의 춤바디[11]도 우리가 흔히 아는 곱디고운 기방계춤이나 고고하고 담백한

9 진도의 민속을 무형문화재로 지정하고 고증하는 데는 지춘상 교수(1935~2009, 전남대교수, 전남문화재 위원)와 정병호 교수(1927~2011, 중앙대 교수, 문화재위원)의 노력과 역할이 지대했음도 잊어서는 안될 일이다.

10 양종승, 박병천 7주기 추모공연의 추모사, 2014년 11월 30일, 민속극상 풍류극상, 주최: 한국전통춤예술원, 주관: 박병천류 전통춤 보존회.

재인계춤 바디도 아닌 독특한 민간계 또는 무속계 춤바디를 지닌 분이다. 그래서 무용인들 특히 여성무용가들은 박병천류 춤바디를 제대로 수용하기가 어려운 점이 많다 보니 제각기 자기식 또는 섞여진 춤바디로 추는 경향을 볼 수 있을 정도이다. 뿐만아니라 진도 현지의 진도북놀이의 보유자들과도 사뭇 다른 춤기법이나 춤바디를 지니고 있어 이부분의 연구도 필요하다.

또한 박병천 명인이 보유한 예능 중 최고의 걸작은 '구음시나위와 징[鉦]소리'라고 해도 과언은 아니다. 이 소리는 '신의 경지'에 다다른 소리라고 해도 손색없는 기량이고 작품이다. 그래서인지 전통무용가들은 앞을 다투어 살풀이춤이나 입춤 등의 반주곡으로도 많이 쓰인다. 그런데 필자가 본 많은 공연무대에서는 구음소리만 들리고 춤이 묻혀버리는 무대를 종종 볼 수 있었다. 그만큼 박병천의 구음소리가 워낙 심금을 울리니까 관객들은 춤보다 소리의 감흥에 매료되어 춤이 눌리는 분위기가 연출되기 때문이다. 그러니까 전통춤의 기량과 끼가 박병천 구음소리와 자웅을 겨룰 수 있는 경지에 도달한 춤꾼이 아니면 소리에 매몰될 수밖에 없을 정도이니 이 시대의 명인 중의 거장임을 증명해 주는 사례가 아닐 수 없다.

끝으로 박병천 7주기 학술대회에서 이윤선의 글에 임수정교수의 페이스북에서 수록되었다는 김명호의 싯구 "뼛속만으로는 부족하여 누대를 이어/ 무巫를 받아 무舞를 전하네/ 온몸이 악기요 숨마저도 춤이라 보면/ 흥이요 들으면 눈물겨워/ 백년을 기다려야 님의 모습 보려나"가 함축된 시어로 박병천 명인을 다시금 떠오르게 한다.

11 '바디'라는 용어의 어원에 대해서는 두 가지로, 하나는 스승에게 받았다는 의미의 '받이'라는 말에서 나왔을 경우이다. 다른 하나는 판소리 명창이 베를 짜듯 소리를 짰다고 하는 데서, 베틀에 달린 '바디'라는 기구의 이름이 판소리의 '바디'로 전용되었을 경우이다. 비록 그 어원은 정확히 알 수 없으나 바디는 창자 개인이나 유파에 따라 그 짜임이 각기 다른 판소리 한마당을 가리키는 용어로 널리 쓰이고 있다. 바디와 같은 의미로 '제(制)'라는 용어를 사용하는 사례도 있다.([네이버 지식백과] 바디(한국민속문학사전(판소리 편), 국립민속박물관)) 또한 '바디'는 소리를 들고 나가는 방식, 장단, 붙임새, 선율 등에서 여타의 바디들과 구별된다. 그리고 이러한 특징으로부터 '바디가 좋다' 혹은 '바디가 좋지 않다'라는 미학적 평가가 이루지는 경우도 있다. 개별 바디는 저마다의 개성을 가지고 있지만, 구비전승되는 스승으로부터 전수받은 바디를 자신의 음악적 개성에 따라 재편해 독자적인 바디를 구성하는 창자들도 있다. 한편 바디는 산조에서의 제(制)와 유(流)에 비견될 수 있다. 산조에서는 연주자에 따라 다른 악곡을 구분 짓는 표현으로 '명인의 이름+제'와 '명인의 이름+류'를 사용하는데, 전자는 원래의 기본 줄기를, 후자는 그로부터 갈라져 나온 갈래를 의미한다.([네이버 지식백과] 바디(한국전통연희사전, 2014. 12. 15., 민속원)) 이처럼 비록 국악용어에서 쓰여지던 것이지만 같은 의미로 무용용어로도 차용할 수 있다고 보아 필자가 박병천류를 지칭하는 용어로 사용한 것이다.

참고문헌

〈단행본〉

노동은,『한국음악론』, 한국학술정보, 2002.

이윤선,『진도의 농악과 북놀이』, 국립남도국악원, 2009.

이치헌,『무송(舞松) 박병천』, 문보재, 2021.

임수정,『한국의 무속장단』, 민속원, 1999.

〈학술논문〉

강인숙,「박병천류 전통춤의 무용학적 가치 의미 」,『舞松 박병천 '전통춤 유산' 재조명』, 악 · 가 · 무 명인 박병천 9주기 학술심포지움, 2016.

______,「박병천 전통춤이 공연예술에 미친 영향」,『대한무용학회논문집』75-1, 대한무용학회, 2017.

김영희,「박병천류 진도북춤의 공연 현황」,『舞松 박병천 '전통춤 유산' 재조명』, 악 · 가 · 무 명인 박병천 9주기 학술심포지움, 2016.

김태희 · 신현군 · 김정은,「무용수간의 커뮤니케이션 현상학 : 박병천류 진도북춤 수행」,『한국무용연구』37-1, 한국무용연구학회, 2019.

노동은 · 임수정 · 이수정,「박병천과 신청음악」,『민족음악의 이해』, 1994.

노동은,「박병천의 음악과 춤, 그 직관의 예술세계 」,『악가무 명인 박병천의 예술세계』, 박병천류전통춤보존회 학술세미나, 2014.

양종승,「박병천이 남긴 무용예술의 현재적 위치와 계승적 가치」,『악가무 명인 박병천의 예술세계』, 박병천류전통춤보존회 학술세미나, 2014.

오승지,「박병천 진도 북춤의 본질과 구조적 제정립에 관한 발전 방향 모색」,『한국체육철학회지』12-2, 한국체육철학회, 2014.

이미영,「진도북춤 춤사위에 나타난 미적 특징 - 박병천류를 중심으로」,『한국무용사학』3, 한국무용사학회, 2004.

이병옥,「박병천의 생애와 예술세계」,『舞松 박병천 '전통춤 유산' 재조명』, 악 · 가 · 무 명인 박병천 9주기 학술심포지움, 2016.

이보형,「전통기보론에서 박의 집합론과 분할론의 합리성과 효용성」,『민족음악학』17집, 동양음악연구서, 1994.

이용희,「박병천류 진도북춤 춤사위에 발현된 화(和)의 상성원리 - 정서소(情緒素) 분석 중심(中心)으로」,『한국무용교육학회지』27-2, 한국무용교육학회, 2016.

______,「진도북춤에 발현된 타고사위의 구조분석 - 화이부동과 위이불범의 관점을 중심으로」,『한국무용교육학회지』28-3, 한국무용교육학회, 2017.

이윤선,「진도북춤의 유파별 특성을 통해서 본 놀이와 춤의 상관성」,『대한무용학회논문집』48, 대한무용학회, 2006.

______,「박병천의 예술세계와 민속음악」,『악가무 명인 박병천의 예술세계』, 박병천류전통춤보존회 학술세미나, 2014.

이정숙,「진도북춤에 내재한 무용치료 가치탐구 : 박병천류를 중심으로」,『한국체육교육학회지』26-2, 한국체육교육학회, 2021.

이희병,「한국전통춤 춤사위의 미학적 체계와 현대적 응용사례 고찰」, 제3회 사단법인 한국전통춤협회 학술대회, 2021.

임수정 · 박시종,「박병천류 전통춤의 유형별 고찰과 보존에 관한 제언」,『악가무 명인 박병천의 예술세계』, 박병천류전통춤보존회 학술세미나, 2014.

조남규 · 송정은,「박병천류 진도북춤 수행시 심폐기능 분석을 통한 운동강도와 에너지소비량의 평가」,『한국무용교육학회지』12-2, 한국무용교육학회, 2001.

최원선, 「LMA 분석을 통해 나타난 박병천流 진도북춤 춤사위의 특성 연구」, 『무용역사기록학』 43-1, 무용역사기록학회, 2016.
홍은주, 「박병천류 진도북춤의 '맺음기법'연구」, 『한국무용연구』 30-1, 한국무용연구학회, 2012.

〈학위논문〉
강윤지, 「진도북춤의 북가락과 발디딤의 상관관계 연구 : 박병천류 북춤 굿거리가락을 중심으로」, 중앙대학교 석사학위논문, 2011.
고은미, 「북과 북춤의 시대적 변천에 관한 연구」, 숙명여자대학교 전통예술대학원 석사학위논문, 2003.
김나영, 「양태옥류 진도북놀이와 박병천 북춤의 비교연구」, 중앙대학교 석사학위논문, 2013.
김미경, 「박병천流 진도북춤 굿거리장단 디딤새에 관한 연구」, 세한대학교 석사학위논문, 2014.
김태희, 「무용수간의 커뮤니케이션 현상학 : 박병천류 진도북춤 수행」, 숙명여자대학교 교육대학원 석사학위논문, 2019.
문근성, 「날뫼 북춤과 진도 북춤의 비교 연구」, 중앙대학교 석사학위논문, 1997.
문다솜, 「박병천류 진도북춤의 장단별 디딤새를 활용한 무용 창작」, 국민대학교 석사학위논문, 2019.
박선영, 「양태옥류와 박병천류 진도북춤 춤사위 비교연구」, 중앙대학교 석사학위논문, 2007.
박성희, 「진도북춤에 관한 연구」, 상명여자대학교 석사학위논문, 1988.
백지혜, 「박병천류 진도북춤 자진모리 리듬 연구」, 세한대학교 석사학위논문, 2013.
백혜경, 「진도북춤의 춤사위 연구 : 박병천류를 중심으로」, 동덕여자대학교 석사학위논문, 2001.
이용희, 「진도북춤 춤사위 구조의 심미성 연구」, 성균관대학교 박사학위논문, 2016.
이현진, 「박관용류와 박병천류의 진도북춤 춤사위 비교 연구」, 중앙대학교 교육대학원 석사학위논문, 2004.
장유경, 「북과 북춤 연구」, 경희대학교 석사논문, 1982.
______, 「한국 북춤의 조사연구 - 전통북춤을 중심으로」, 경희대학교 박사학위논문, 1997.
홍은주, 「박병천류 진도북춤의 춤사위 분석을 통한 미적 특성 연구」, 성균관대학교 박사학위논문, 2014.
황승희, 「전통무용에 나타난 북춤 연구」, 상명여자대학교 석사학위논문, 1985.

찾아보기

임수정

경상국립대학교 민속예술무용학과 교수, 무용학 박사
한국전통춤예술원 대표
박병천류 진도북춤 전승회 회장
국가무형유산 승무, 살풀이춤 이수자
국가무형유산 진주검무, 진도씻김굿 이수자
무용역사기록학회부회장
사)한국전통춤협회 이사
전통춤개인발표회(20회)
미국, 유럽, 아시아 순회공연 및 국내공연 다수
제15회 한밭 국악전국대회 명무부 대통령상 수상
2015 전통공연예술진흥재단 표창장 수상
2018 한국예술평론가협의회 최우수예술가상 수상

논문

「김숙자류 부정놀이춤 연구」(석사논문)
「경기도당굿의 장단연구」(석사논문)
「한국 여기검무(女妓劍舞)의 예술적형식과 지역적특성 연구」(박사논문)
「승전무 음악연구」(음악과 민족23호, 2002)
「태평무의 반주음악연구」(한국음악사학보 29집,2002)
「통영삼현육각의 현황」(통영문화원, 2002)
「한국의 검무음악 연구」(음악과 민족 28호, 2004)
「도살풀이 장단과 춤사위」(한국음악연구소, 2005)
「검무의 진행방식에 관한 연구」(동양예술 11집, 2006)
「남해안 별신굿의 장단연구」(한국음악사학보 37집, 2006)
「조선시대 궁중검무 공연 양상」(공연문화연구 14집, 2007)
「남부지역 여기검무의 예술적 형식」(한국무용사학 7호, 2007)
「한국여기검무의 예술적 형식」(공연문화연구 17집, 2008)
「조선시대 궁중검무의 유형별 고찰」(우리춤연구 9집, 2009)
「관서지방 배따라기 연행고(演行考)」(한국공연문화학회, 2011)
「호남검무의 공연양식비교」(우리춤연구 19집, 2012)
「한국 전통춤 장단 고찰」(우리춤과 과학기술 26집, 2014)
「박병천류 진도북춤의 예술적 특성 고찰」(유라시아연구 22-2, 2025)

저서

『장구교본』(민속원, 1999)
『한국의 무속장단 』(민속원, 1999)
『경기민속지 - Ⅷ. 개인생활사(공저)』(경기도 박물관, 2005)
『한국의 교방검무』(민속원, 2011)
『박병천류 진도북춤』(민속원, 2026)

공연 경력

- 1994.02.15~29. Asia Society 미국순회공연
- 1995.12.27. 舞·樂 발표회(개인 공연, 서울, 예음홀)
- 1997.10.28. 우리장단, 우리몸짓(개인공연, 서울, 올림픽공원)
- 1999.04.22. 우리소리의 색깔찾기(서울, 국립국악원 우면당)
- 1999.06.05.~14. 한국인의 혼(유럽 순회공연)
- 1999.08.13. 금요 상설 풍류 한마당(서울, 중요무형문화재 전수회관)
- 1999.09.11. 임수정의 춤(개인공연, 서울, 국립민속박물관)
- 1999.10.26. 세계무속축제(유럽순회공연)
- 1999.12.31. DMZ 2000(서울, 임진각)
- 2000.04.07. 내일을 여는 춤 2000(서울, 포스트 극장)
- 2000.05.31. 바다사랑 풍어제(울산, 태종무열왕릉)

- 2000.06.16. 전통춤의 밤(청주, 예술의 전당 소극장)
- 2000.11.12. 한 · 일 고전 예능제 2000(일본, 요꼬하마)
- 2001.07.21. 진도토요민속여행(진도, 향토문화회관 대 공연장)
- 2001.10.11. 제40회 한라문화제(제주, 신산공원)
- 2001.10.14. KBS국악 한마당(성남, 공설운동장)
- 2001.12.23. 이매방 전통춤 발표회(서울, 국립극장)
- 2002.03.08. 세계드럼축제(태국, 방콕)
- 2002.03.16. 경기 도립 국악단 토요상설무대(수원, 경기도 문화예술회관)
- 2002.05.08. 경기 도립 국악단 정기공연(수원, 경기도 문화예술회관)
- 2002.06.15. 경기 도립 국악단 토요상설무대(수원, 경기도 문화예술회관)
- 2002.06.30. 진도, 그 신명의 땅으로의 초대(서울, 남산 한옥마을)
- 2002.07.25. 하늘로 가는 땅의 울림(서울, 국립극장)
- 2002.08.31. 전통음악과 춤의 대향연(일본, 교또)
- 2002.10.24.~29. 한국천년의 소리(일본, 시코쿠)
- 2003.11.01. 임수정의 두들소리와 춤(개인공연, 서울, 국립민속박물관)
- 2003.12.05. 아 · 태 공연 예술제(서울, 한국언론문화재단)
- 2004.12.03.~04. 이매방 춤인생 70년 기념공연(서울, 국립극장 대극장)
- 2005.03.05. 임수정의 전통춤판(개인공연, 수원, 경기문화재단 다산홀)
- 2005.04.10. 2005 임수정 전통춤판 “열정”(개인공연, 서울, 국립국악원 우면당)
- 2005.08.10. 제1회 한국 춤제전(서울, 국립국악원 예악당)
- 2005.12.04. 우리소리, 우리가락, 환타지아 “高鼓場”(서울, 국립국악원 우면당)
- 2006.05.26. 금요예술무대(서울, 용산문화원)
- 2006.11.18. 2006 임수정의 전통춤판 “四季之舞”(개인공연, 서울, 국립민속박물관)
- 2007.03.07. 제52회 한국의 명인 명무전(서울, 국립국악원 예악당)
- 2007.05.02. 2007 류별로 본 우리춤(서울, 국립국악원 예악당)
- 2007.06.19. 제54회 한국의 명인 명무전(울산, 문화예술회관 대공연장)
- 2007.10.11. 2007 전주세계소리축제(전주, 한국소리문화의 전당)
- 2008.04.18. 2008 임수정 전통춤판 “藝魂”(개인공연, 서울, 국립국악원 예악당)
- 2008.05.10. KBS 국악한마당(서울, 한국방송공사)
- 2008.06.18. 한마음 한소리 ‘일장춘몽’(국립국악원 예악당)
- 2008.10.12. ‘월미헌화’(인천 월미공원)
- 2009.01.03. 중국 국제문화전파중심 신년회 공연(중국 북경인민대회당)
- 2009.02.08. 2009 임수정 전통춤판 ‘梅蘭菊竹’(개인공연, 파주 통일전망대)
- 2009.04.18. KBS 국악한마당(서울, 한국방송공사)
- 2009.06.19. 유명예술인 메세나 초청공연(강남파이낸스센타빌딩)
- 2009.09.08. 임방울 국악제 초청공연(광주 문화예술회관)
- 2009.10.16. 가얏고와 발디딤새(서울, 한국문화의 집)
- 2009.10.17. KBS 국악한마당(서울, 한국방송공사)
- 2009.10.27. 2009 임수정 전통춤판 “舞香”(개인공연, 서울, 남산국악당)
- 2009.11.18. 전통춤판 ‘팔일’(서울, 한국문화의 집)
- 2010.02.06. KBS 국악한마당(서울, 한국방송공사)
- 2010.05.22. KBS 국악한마당(서울, 한국방송공사)
- 2010.07.29. 사천세계타악축제 초청공연(경남, 삼천포대교공원)
- 2010.09.08. 나의 무용담(서울, 남산국악당)
- 2010.10.28. 만해예술제(서울, 성북아트홀)
- 2010.12.03. 2010 임수정 전통춤판 “그 天衣舞鳳을 보다”(개인공연, 대전연정국악문화회관 대극장)
- 2011.08.05. 사천세계타악축제 명인전 공연(경남, 삼천포대교공연)
- 2011.10.17. 한.호 수교 50주년 기념공연(호주, 시드니 인터컨티넨탈)
- 2011.11.25. 2011 임수정 전통춤판 “길에서 길을 묻다”(개인공연, 서울, 국립국악원 예악당)
- 2011.12.02. 임수정전통춤판 “향연”(개인공연, 경남 의령문화회관)
- 2011.12.08. 임수정전통춤판 “향연”(개인공연, 경남 함양문화예술회관)
- 2011.12.26. 불교TV “예술공감 울림”(서울, 불교방송)
- 2012.04.15. 춘당 김수악선생님 3주기 추모공연(서울,국립국악원우면당)
- 2012.04.25. ‘교방춤의 향기’(경남, 진주전통예술회관)

- 2012.05.10. ‘잔치’(경남, 가곡전수관 영송헌)
- 2012.05.14. 경상대학교 ‘명예교수의 날’기념공연(경남, 경상대학교)
- 2012.06.03. 한국예인의 명작.명무전(경남, 진주현장아트홀)
- 2012.06,23. KBS국악한마당(서울, 한국방송공사)
- 2012.07.30. 아리랑TV “The Sensation”(서울, 국제방송)
- 2012.08.02. 터키 라마단 축제 “예혼”(터키, 앙카라)
- 2012.09.25. 제50회 진주시립국악관현악단 정기공연(경남, 문화예술회관)
- 2012.10.11. 무형문화재 전수관 개관공연(경남, 거창 무형문화재전수관)
- 2012.10.13. 젊은소리 쟁이 “맞이와 풀이”(남원, 국립민속국악원 예원당)
- 2012.11.03. 우봉이매방 전통춤공연(서울, 국립중앙박물관 용극장)
- 2013.02.15. 계통별 전통춤(서울, 국립국악원 우면당)
- 2013.03.23. 한국춤제전(서울, 국립국악원 예악당)
- 2013.06.01. KBS국악한마당(서울, 한국방송공사)
- 2013.06.04. 2013 임수정전통춤판 “동동”(서울, 국립국악원 우면당)
- 2013.06.11. 경상남도무형문화재 축제(거창, 경남무형문화재 거창전수관)
- 2013.06.26. 임수정의 춤 “푸리”(서울, 두리춤터)
- 2013.06.27. 덕수궁 풍류(서울, 덕수궁 정관헌)
- 2013.07.19. Korean Wave in Hungary 2013(부다페스트, MOM Cultural Center)
- 2013.09.21. 전통민속예술 전승공연(마산, 만날제공원)
- 2013.10.06. 조선의 로맨스(서울, 창덕궁 낙선재)
- 2013.10.15. 대한민국 명인명무전 “기운생동”(진주, 경남문화예술회관 대극장)
- 2013.11.16. KBS국악한마당(서울, 한국방송공사)
- 2013.12.03. 춤이 있는 풍경(창원, 성산아트홀)
- 2014.03.08. 한국전통춤협회 “봉무향연”(서울, 국립국악원 예악당)
- 2104.06.22. 통영신청과 교방놀음(통영, 세병관)
- 2014.08.10. 우봉 이매방전통춤공연(서울, 국립국악원 예악당)
- 2014.08.15. 한국-인도 독립의날 기념공연(서울, 인도문화원)
- 2014.09.10. 제22회 임방울국악제 축하공연(서울, 국립극장 해오름극장)
- 2014.09.16. 경상남도 무형문화재 축제 공연(경남, 거창 무형문화재 전수회관)
- 2014.09.21. 임수정 전통춤판 “홍”(서울, 운현궁)
- 2014.10.08. 내일을 여는 춤(서울, 창무포스트극장)
- 2014.11.30. 그리운 이름, 무송 박병천(서울, 풍류극장)
- 2015.04.26. 제4회 한국예인의 명작명무전(서울, 국립국악원 예악당)
- 2015.06.20. 대통령상, 그 천의 무봉을 보다(대전, 연정시립국악원)
- 2015.09.26. 한국 전통예술의 향연 “기운생동”(독일, 베를린 동아시아 박물관)
- 2015.09.27. 한국 전통예술의 향연 “기운생동”(독일, 함브르크 민속학 박물관)
- 2015.11.04. 한국무용제전 소극장 춤 페스티벌(춤&판)(서울, 강동아트센터)
- 2016.04.23 대다난 아시아페스티벌(양산, 양산문화예술회관 대극장)
- 2016.06.18. ‘난장푸리’(경남, 합천문화예술회관)
- 2016.06.22. “솔바람 풍류”(세종시, 세종호수 공원)
- 2016.07.20. ‘단양팔경을 거닐다’(단양, 단양마루 공연장)
- 2016.07.27. 임수정전통춤판 “선경풍류”(개인공연,서울, 국립국악원 풍류사랑방)
- 2016.08.03. 거목의 춤을 기억하다(서울, 국립극장 대극장)
- 2016.09.17. 한국예인 명인명창명무 교류전(광주, 광주문화예술회관 대극장)
- 2016.10.07. 독도 대한의 땅(독도,독도선착장)
- 2016.10.27. 울산예술제(울산, 문화예술회관)
- 2017.03.15. 춤, 맥을 잇다(울산, 문화술회관)
- 2017.04.22. ‘만파식적’(서울, 나루아트센터 대극장)
- 2017.05.24. 우리춤, 우리가락 양산한마당(양산, 양산문화예술회관 대극장)
- 2017.05.30. ‘혼의 소리, 혼의 몸짓’(러시아, 모스크바공연)
- 2017.06.02. ‘혼의 소리, 혼의 몸짓’(아르메니아, 예라반공연)
- 2017.09.26. 임수정의 춤향기(개인공연, 서울, 강남씨어터)
- 2017.10.01. 우리소리축제(안동, 안동탈춤공연장)
- 2017.11.23. 무송 박병천 10주기 추모공연(서울, 국립국악원 예악당)

- 2018.04.21.~05.01. 한국 천년의 몸짓, 그 오묘한 세계(이태리, 로마공연)
- 2018.06.08. 6.8사건 위령행사공연(독도, 독도선착장)
- 2018.09.29. 기산국악제전 국악한마당(산청, 특설무대)
- 2018.11.06. 임수정 전통춤판 "무애"(서울, 남산국악당)
- 2018.12.04. 내일을 여는 춤(서울, 포스트극장)
- 2019.04.07. 춤으로, 춤하나로(임진각 평화누리공원)
- 2019.10.03. 우리소리축제(안동 탈춤공연장)
- 2019.10.05. 대한민국을 대표하는 명무&힐링(기산 국악당)
- 2019.10.17. 임수정전통춤판 '춤푸리'(한국문화의집KOUS)
- 2019.10.25. 우봉의 자취(국립남도국악원)
- 2019.12.19. '하늘길' 무송 박병천 12주기 추모공연(국립국악원 우면당)
- 2020.05.23.~24. 전통과 창작의 만남(서울, 포스트극장)
- 2020.08.13. 임수정 전통춤판 "춤길"(국립국악원 우면당)
- 2020.08.25. '팔일'(서울, 한국문화의 집)
- 2020.09.26. '가산할미의 위로 춤판'(사천문화예술회관 대공연장) 예술감독
- 2021.07.03. 국악이 좋다(명무 임수정&한국전통춤예술원)(국립남도국악원 진악당)
- 2021.07.28. 영남춤축제(한국전통춤판)(국립부산국악원 예지당)
- 2021.09.28. 우봉이매방춤(국립극장 달오름극장)
- 2021.10.26. 2021 임수정의 춤 "연지무"(전통공연창작마루 광무대)
- 2021.11.09.~10 전통과 창작의 만남 II (포스트극장)
- 2021.12.30. 코로나 극복을 위한 with 무형문화재 특별공연(함안문화예술회관)
- 2022.03.24. '춤추는 양산 황산무'(양산문화예술회관 대공연장) 예술감독
- 2022.05.14. '춤길'(양산문화예술회관 대공연장) 특별출연
- 2022.07.12. '국천주연지 한좌사신시'(국립국악원 풍류사랑방) 예술감독
- 2022.10.15. '우리 소리 축제'(안동 개목나루)
- 2022.10.16. 전통과 창작의 만남(포스트극장)
- 2022.12.11. '울산학춤보존회 정기공연' 진도북춤 특별출연(울산문화예술회관)
- 2023.03.17. 2023 대한민국 전통춤문화제(국립국악원 예악당)
- 2023.04.05. 내일을 여는 춤(포스트극장)
- 2023.09.02. 2023년 문화유산국악의 향연 축제(북서울 꿈의숲 잔디광장)
- 2023.10.06.~10.07. 2023 전통과 창작의 만남(2)(포스트극장)
- 2023.10.14. 2023년 국악로 축제(국악로 특설무대)
- 2023.10.27. 2023 대통령상, 그 天衣舞峰을 보다(대전시립연정국악원 큰마당)
- 2023.12.20. 송연콘서트(함양문화예술회관 대공연장)
- 2024.06.01. 기획공연 명인전 II 〈흥과 신명〉(국립남도국악원 진악당)
- 2024.08.30. 제30회 창무국제공연예술제 〈8대 중견 춤꾼들의 옛춤 대화〉(서울남산국악당)
- 2024.09.02. 〈오늘, 씻김하다〉(울주문화예술회관 그린나래홀) 예술감독
- 2024.09.14. 류파별 춤전(전통공연창작마루 광무대)
- 2024.10.04. 제18회 기산국악제전(산청특설무대)
- 2024.10.12. 예인의 길, 황진이(원주 동부복합체육센터 공연장) 예술감독
- 2024.10.19. 진주세계민속예술비엔날레 〈무검, 날아오르다〉(진주시 철도문화공원)
- 2025.06.27. 류파별 예인전(전통공연창작마루 광무대)
- 2025.11.01. 〈예혼지무〉(산청 기산국악당)

박병천류 진도북춤

초판1쇄 발행 2026년 1월 30일

지은이 임수정

주간 조승연
편집 · 디자인 오경희 · 조정화 · 오성현 · 신나래 · 정성희
관리 박정대

펴낸이 홍종화
펴낸곳 민속원
창업 홍기원
출판등록 제1990-000045호
주소 서울 마포구 토정로25길 41(대흥동 337-25)
전화 02) 804-3320, 805-3320, 806-3320(代)
팩스 02) 802-3346
이메일 minsokwon@naver.com
홈페이지 www.minsokwon.com

ISBN 978-89-285-2088-6 93380